KB253824

나의 작은 신음에도
응답하시는 주님

6.25전쟁 고아가 공군 군종감이 되다

나의 작은 신음에도 응답하시는 주님

초판 1쇄 인쇄 2012년 4월 30일
초판 1쇄 발행 2012년 5월 10일

지은이 전을성
엮은이 임애자
후 원 공군예비역기독전우회

발행인 이명수
발행처 도서출판 세줄(등록번호 2-4000)
        서울시 중구 인현동 1가 115-1
        ☎ 02)2265-3748~9

값 12,000 원
ISBN 978-89-92211-66-6   03230

전을성 목사 간증유고집

나의 작은 신음에도
응답하시는 주님

6.25 전쟁고아가 공군 군종감이 되다

도서출판 세줄

남편 전을성 목사님의 유고집을 내면서

하나님께서 사랑하시는 남편 전을성 목사님은 온전히 하나님과 동행하는 삶을 살기 위해 살아계신 하나님을 증거하는 삶을 살았습니다. 그런 중에 목사님은 자신의 마음속에 묻어 두었던 이야기를 틈틈이 정리하셨습니다.

그러다 2006년 국민일보 〈역경의 열매〉 코너에 목사님의 간증이 연재됐습니다. 목사님은 그 이후 그 내용을 보완하고 체계적으로 만들어 나가셨습니다.

특히 공군 군종감으로 전역하신 이후 작은 교회를 통해 역사하시는 하나님의 은혜에 대한 내용에 신경을 많이 쓰셨습니다. 그리고 하나님께 가장 영광이 될 때에 책으로 만들어지게 해달라고 기도하셨습니다.

그렇게 해서 지난해 거의 원고 작업을 마무리할 즈음 목사님의 건강이 좋지 않다는 것을 알게 되었지만 그런 중에도 목사님은 주님의 소망으로 하루하루 기쁘게 지내시면서 자신의 사명을 완수하기 위해 애쓰셨습니다. 하지만 누구도 예상하지 못한 상태에서 지상의 명령을 다 마치시고 목사님은 하늘나라로 떠나시고 말았습니다.

목사님이 세상을 떠나신 후 저는 한동안 힘들게 지냈습니다. 아직은 사랑하는 남편이 인자하고 환하게 웃는 모습으로 '여보' 하고 사랑하는 아내를 부르며 금방이라도 들어오실 것만 같기에 많은 날을 슬픔과 그리움으로 눈물 속에서 지냈습니다.

　그러다가 예전 연세기도모임에 참여했던 장선분 집사님의 전화를 받게 되었습니다. 장 집사님은 요즈음 기도를 할 때마다 전을성 목사님께서 생전에 가장 이루고 싶었던 소원중 하나인 "간증집 출판을 도우라."라는 성령의 감동을 받게 되어 목사님이 준비하셨던 간증문을 준비하여 목사님의 마지막 소원을 이루어 드리고 싶다고 하였습니다.

　그리고 출판을 결심하면서 〈역경의 열매〉에 목사님의 글을 연재하셨던 국민일보 정수익 기자님께서 여러 가지 조언을 해주셨습니다. 그런데 놀랍게도 목사님을 사랑해 주셨던 많은 분들이 출판을 기뻐하며 적극적으로 도와주셨습니다.

　특히 공군의 가장 어른이 되시는 윤자중 전참모총장님께서는 '출판 기념일을 1주기 추도식에 하면 좋겠다' 고 말씀해 주셨습니다. 공군 예비역 기독전우회 회장이신 박용택 장로님을 비롯하여 군 선교 관계자님들과 해비타트 이경회 이사장님, 홍순영 목사님, 윤창로 장로님(파월 백마부대 정훈대), 황영복 목사님, 성결교단의 선후배들과 목사님을 사랑해 주셨던 많은 성도님들이 물심양면으로 도움을 주셨습니다.

　책 내용은 돌아가신 목사님의 뜻을 그대로 전달하기 위하여 원고 그대로 군 선교 사역을 중심으로 정리하였습니다. 그리고 하나님의 인도하심으로 일이 진행되어가고 있는 것을 보면서, 간증집 출간의 날을 소원하며 "하나님이 허락하시고 영광 받으실 때를 기다린다."고 하신 목사님의 말씀이 떠올랐습니다.

1주기 추모예배를 기하여 발간되는 책을 통해 목사님의 간증이 널리 알려져 하나님께 영광이 돌려지기를 소원합니다. 남편 목사님은 생전에 "나는 이 나라에 빚진 자요. 대한민국 공군에 빚진 자요. 많은 성도님들에게 빚진 자다. 내가 받은 사랑의 빚을 다 갚을 길이 없지만 하나님께서 모두 갚아 주실 줄로 믿고 기도한다."고 늘 고백하셨습니다.

하늘나라에 계신 목사님이 많은 분들의 사랑에 대해 감사하며 그분들을 위해 기도하실 것으로 믿습니다. 전을성 목사님의 아내인 저와 세 딸에게 그간 큰 사랑을 베풀어 주신 모든 분들에게 진심으로 감사의 인사를 드립니다. 목사님의 간증을 통해 많은 사람들이 하나님의 은혜와 사랑을 체험하시기를 바라며 그리스도 안에서 축복의 통로가 되는 역사가 일어나기를 기도드립니다. 감사합니다.

2012년 4월

전을성 목사의 아내 임 애 자 사모

한 영혼을 귀하게
여기시는 하나님!

'전을성' 목사님의 삶을 돌아보면 하나님께서 한 영혼을 얼마나 사랑하시고 귀하게 여기시는지 보게 됩니다.

한국 전쟁의 비극 속에서 부모님과 동생을 잃고 낙심과 좌절 속에 살아야했던 그의 삶이었습니다.

하지만, 하나님께서는 고아처럼 버려두지 않으시고 그를 만나주셨고 사명자의 삶을 살게 하셨습니다.

이 책에는 훗날 대한민국 공군의 군종감이 되기까지 세밀하게 역사하신 하나님을 만난 전 목사님의 신앙고백이 담겨있습니다.

특별히 고통과 어려움 가운데 있는 성도들에게는

그의 간증이 큰 위로와 새롭게 일어설 수 있는 동력이 될 것이라 여겨집니다.

다시 한 번 책 출간을 축하드립니다.

극동방송 이사장 김 장 환 목사

전을성 목사 신앙간증집
출판을 축하하며

전을성 목사님 1주기를 맞이하여, 6.25 전쟁고아를 공군 군종감이 되게 하신 하나님의 역사를 간증한 '나의 작은 신음에도 응답하시는 주님'을 출판하게 된 것을 축하드립니다.

내가 전을성 목사님을 처음 만난 것은 1986년 공군사관학교 교장으로 재직시 서울 대방동에 위치하고 있던 공군사관학교를 충북 청주로 이전한 직후 전을성 목사님이 학교 이전을 축하하기 위해 내 사무실을 방문했을 때였습니다. 나는 그때 아주 밝은 표정으로 희망과 자신에 찬 전을성 목사님의 모습을 보고 명문 가정에서 출생하여 가정교육을 제대로 받고 자란 훌륭한 목사라고 생각했으며, 장차 공군복음화와 정신전력강화에 크게 기여할 인재라고 생각했습니다. 나는 공군사관학교 교장을 마지막으로 공군에서 예편했기 때문에 그 뒤 공군에 몸담고 있는 동안에 전을성 목사님을 다시 만날 기회가 없었습니다,

그 후 내가 여의도 순복음교회 장로가 되어 세계방송선교회에서 봉사하고 있을 때 '전을성 목사님이 공군군종감을 역임하신 후 예편해서 개척교회를 담임하고 계신다'는 소식을 듣고 매월 정기적으로 열리는 성령충만 예배의 주 강사로 모셨습니다.

전을성 목사님은 '어린 나이에 6.25전쟁을 맞이했는데 그때 대한민국을 적화통일하기 위해 무력남침한 북한공산군이, 부모님이 이북에

서 월남했다고 해서 반동으로 몰아 처형하는 현장을 목격하고 큰 충격을 받았으며, 졸지에 고아가 되었다'고 했습니다. 그리고 충청남도 강경의 한 고아원에서 유년시절을 보내던 중 부흥집회에 참석했다가 당시 공군군종감 임동선 목사님의 설교를 듣고 크게 감동되어 "하나님 나도 공군군종감이 되게 해 주시면 하나님의 영광을 위해 일평생을 바치겠습니다."라고 기도를 드렸다고 했습니다.

그리고 "하나님께서 어린 고아의 기도를 들으시고 나를 후에 공군군종감이 되게 하셨습니다."라고 기적을 이루시는 하나님에 대해 말씀하셨습니다.

나는 명문가정에서 출생 성장했을 것으로 생각했던 전을성 목사님이 전쟁고아였었다는 말씀을 듣고 놀랐으며, 그날 예배에 참석했던 모든 사람이 크게 감동을 받고 눈물을 흘렸습니다.

전을성 목사님이 생전에 〈전쟁고아를 공군군종감이 되게 하신 하나님의 사랑과 고비 때마다 지켜주시고 보호해주신 하나님의 은혜에 대한 간증〉을 모아 책을 발간하려다가 갑자기 하나님의 부르심을 받고 소천 하시어 사모님과 따님이 유고를 정리하여 이 책을 출판하게 된 것을 매우 기쁘게 생각합니다. 또 이 책 발간을 위해 많은 도움을 주시고 힘써 주신 많은 분들께 감사를 드립니다. 그리고 전을성 목사님을 사랑하고 존경했던 모든 분들에게 이 책을 일독하시기를 권합니다.

6.25전쟁 중에 부모를 잃고 의지할 곳 없는 연약한 어린 고아를 보호해 주시고 소망을 이루게 해 주신 하나님의 은혜에 큰 감동을 받으리라 믿습니다.

2012년 4월 7일

공군예비역 기독전우회회장 박 용 태 장로

희망의 나침판,
전을성 목사님

벌써 30년이 지난 일입니다.

군종 장교로 입대하여 가장 힘든 유격 훈련을 받을 때였습니다. 여러 명의 공군 장교들이 찾아와 훈련받는 우리를 격려해 주었는데, 그 중 한 분이 부드러운 미소를 지으며 다가와 내 손을 덥석 잡았습니다.

"나도 성결교 목사야. 박목사! 힘 내. 기도하고 있어!"

나는 그렇게 '전을성' 목사님을 처음 만났습니다. 그 때의 고마움은 두고두고 잊을 수가 없었습니다. 그 후, 목사님의 지나온 삶에 대한 간증을 들은 뒤에는 고난을 녹여 이루어낸 온유함임을 알고 더욱 존경심을 갖게 되었습니다.

언제나 목사님을 뵈올 때면 "박목사! 힘 내! 기도하고 있어."

약 30년 전, 처음 만났을 때 하셨던 말씀과 똑같았습니다. 그 한마디의 격려는 고단했던 내 마음에 큰 힘과 용기가 되었습니다.

그런데 뜻밖에 소천 소식을 듣게 되었습니다.

한 번도 편찮으시다는 소식을 들은 적이 없었던 나로서는 큰 충격이었습니다. 한편, 몸이 편찮으신 가운데서도 나를 잊지 않고 위로해 주신 것을 생각하니 선배님의 자상한 배려와 사랑에 눈시울이 뜨거워졌습니다.

언제부터인가 우리 사회는 이웃이 사라지고 정이 메말라 가고 있습니다. 예의나 신의가 실종된 지 오래입니다. 생존경쟁을 위한 모략과 중상… 그리고 비열한 암투가 우리를 위협하는 슬픈 세상이 되어 버린 것입니다.

'경험은 위대한 스승이다.' 라는 말이 있습니다. 일방통행 밖에 없는 인생을 연습 삼아 살아갈 수는 없습니다. 그래서 역사를 거울삼아 오늘을 의미 있고 신중하게 살아가려고 노력합니다.

전을성 목사님은 복음의 정도를 걸어가신 모범적 성직자이셨습니다. 고통 중에도 이웃의 형편을 헤아리는 넉넉한 인품은 우리의 귀감이 되었습니다. 그분의 어진 성품과 상황을 초월한 '할렐루야의 삶' 은 척박한 삶을 개간하는 쟁기가 될 수 있다고 확신합니다.

그러한 목사님의 삶을 담은 수기와 목회 단상을 출간한다는 소식은 매우 반가운 일입니다.

오늘 목회 현장에서 수고하는 많은 분들에게 좋은 양약이요, 참고서가 되리라 믿습니다. 꿋꿋한 신앙으로 가시밭길을 헤쳐나가신 목사님! 그분의 삶은 순례자의 길을 걸어가는 우리들에게 희망의 나침판이 될 것을 확신합니다.

2012년 4월 10일

전을성 목사님을 추모하며
기독교대한성결교회총회장 후배 박 현 모 목사

해비타트의 영적지도자
전을성 목사!

해비타트의 진정한 영적지도자이셨던 전을성 목사님이 소천하신 지 1주기를 맞이하여 목사님께서 출판을 위해 정리 중이던 간증을 중심으로 정리한 유고집을 사랑하는 사모님과 따님들의 애틋한 정성으로 세상 빛을 보게 하니 인자하신 목사님 생전의 모습이 아른거리고 정겨운 음성이 들리는듯하여 추모의 정이 깊어만 갑니다.

해비타드는 예수님 중심운동입니다. 목사님은 해비타트 사역을 하나님이 인생 후반에 주신 마지막 사명으로 알고 끝 날까지 예수님의 사랑을 실천하시다가 가셨습니다.

해비타트 신앙의 중심에 서서 자원봉사자, 후원자, 입주자, 임직원, 해비타드 가족 모두를 늘 기도로 결속시키고 말씀으로 무장시키며, 어려운 이웃을 찾아가 몸소 행동으로 예수님의 이웃사랑을 전파하시던 하나님의 충성된 하나님의 일꾼이셨습니다.

어린 시절 비명에 부모를 잃고 전쟁 고아가 된 슬픔과 견디기 어려운 혹독한 역경과 고난을 다 이기시고 공군 군종감으로, 성결교회 목회자로, 해비타트 사역자로 인간 승리의 삶을 살아오신 전 목사님의 신앙 간증은 하나님의 위대하신 섭리를 다시금 깊이 깨닫게 합니다.

이제 한 고귀한 인생의 드라마를 통해 우리는 용해된 성령의 열매를 모두 체험할 수 있게 됩니다.

"내가 선한 싸움을 싸우고 나의 달려갈 길을 마치고 믿음을 지켰으니 이제 후로는 나를 위하여 의의 면류관이 예비되었으므로, 주 곧 의로우신 재판장이 그 날에 내게 주실 것이니 내게만 아니라 주의 나타나심을 사모하는 모든 자에게니라."(딤후 4:7~8)

오직 하나님의 소명을 쫓아 평생 오래 참음과, 양선과 화평과 온유와 절제와 충성을 다 지키신 목사님은 이미 천국에서 의의 면류관을 받으셨으리니, 이를 믿는 모든 분들께 선한 목자의 숨결이 살아 숨 쉬는 이 간증집의 일독을 권하는 바입니다.

2012년 4월 8일

한국해비타트 서울지회 이사장/ 연세대 명예교수 이 경 회 장로

군목을 위해 유익을 포기한 순수한 신앙의 발자취

하나님 나라를 확장하고 한국교회의 미래를 위해 젊은 장병들을 구원시키기 위한 거룩한 고민을 하시다가 군종목사로 임관된 전을성 목사님은 군선교에 혼신을 다하여 젊은이들을 구원하고 장병들의 신앙전력화를 통한 강한 군 육성에 기여하였으며, 각급부대 군종참모 등을 역임하시고, 공군본부교회를 수년간 담임으로 섬겨왔으며, 특별히 공군 군종감을 역임하며, 군종업무의 발전 계기를 마련하고 군선교의 선봉으로 헌신하여 기성교단의 위상과 명예를 높였던 분이시다.

개인적으로는 군종담당관으로 청와대 작전부대와 수도방위사령부와 예하 사단들과 기성군선위원회에 총무로 섬기며, 전을성 선배님과 '아름다운 선교동역'을 함께하는 시간들이 많아졌고, 기성교단 총회 군목부를 함께 섬기면서 더욱 긴밀하게 관련된 사업들을 논의할 수 있었던 것이 개인적으로 너무나 영광스러운 일이었고, 귀한 사랑의 교제를 함께 나누며, 큰 은혜를 받는 소중한 추억의 시간들이 되었다.

전 목사님의 아름다운 헌신의 발자취인 책을 출판하도록 도와주신 도서출판 세줄 이명수 장로님에게 감사를 드리며, 무엇보다 전 목사님께서 군목이 되기 위해 자신의 유익을 포기하셨던 순수한 신앙의 발자취가 독자들에게 감동을 주며, 군선교의 영적전투력을 증강하는 좋은 사례가 될 것으로 기대되어 독자들에게 일독을 추천한다.

2012년 5월 3일

기성군목특별대책위원장 寶産 황 영 복 목사

차 례

제1부 | 역경의 은총

1. 나의 어린 시절과 불타는 소원

2. 여호와는 나의 목자시니

3. 하나님의 섭리

4. 공군 군목으로의 전진

5. 새벽에 하나님이 도우시도다

제 2 부 | 황금 어장의 어부

---

1. 공군본부교회

제1부

✠

역경의 은총

1. 나의 어린 시절과 불타는 소원

나와 부모님

나는 이 땅에 광복의 기쁨과 함께 이북 함경남도 원산에서 '전대길'과 '최복례'의 삼남매 중 둘째로 태어났다.

그리고 얼마 후에, 우리 가족들은 남쪽으로 내려오게 되었는데 부친께서는 경기도 포천군에 변전소 책임자로 부임하면서 우리 가족은 포천으로 이사를 하게 되었다. 그러나 우리의 단란했던 행복도 잠시였고, 그곳에서 불행한 동족상잔의 6.25 사변을 맞게 되었다.

북한군의 남침 소식이 온 마을에 퍼졌고, 어린 나의 눈에도 불안이라는 그림자가 다가옴을 느낄 수 있었다. 북한군의 진격이 임박해오자 마을을 지키던 사람들은 하나 둘씩 삶의 터전을 버린 채 피난길을 택하게 되었다.

그러나 우리 가족은 피난과는 거리가 먼 것처럼 느껴졌다. 부친께서는 피난길을 거절한 채, 마을에 남은 사람들을 위해 어두움을 밝히며 한 발자국도 움직이지 않고 끝까지 마을을 지키고 있었기 때문이었다.

그러던 중에 마을 사람들이 예상한 대로 북한군은 마을을 점령했고, 마침내 세상이 공산 치하로 바뀌자 그동안 소외감을 느꼈던 사람들이 붉은 완장을 차고 미쳐 날뛰기 시작했다.

어느 날 북한군과 빨간 완장을 찬 사람들이 우리 부모님을 찾아내어 어디론가 끌고 갔다. 당시 낮이고 밤이고 인민군 복장의 군인과 빨간 완장을 두른 당원들이 학자, 군인, 경찰, 지주(地主) 등을 반동이라고 부르며 색출하러 온 동네의 집집마다 뒤지고 다녔다. 누나와 나는 끌려가는 부모님을 따라가려고 했지만 동네 사람들의 강력한 제지로 가까이 따라갈 수가 없었다. 부모님께서 끌려가신 곳은 동네 강변의 모래사장이었다.

그곳에 많은 사람들이 우리 부모님을 바라보며 안타깝게 눈물을 흘리고 있었고, 무섭게 우리 부모님을 끌고 간 북한 인민군들은 큰소리로 고함을 지르고 있었다.

누나와 나는 계속해서 울면서 부모님을 향해 달려가려고 하였지만, 마을 아저씨들이 철저하게 우리를 감싸 안은 채 무엇인가를 말해 주었던 것 같았다.

공산군들은 부모님을 동네 강변 모래사장으로 끌고 가서 온몸을 묶고 눈을 가린 채로 세워놓고는 마구 총을 쏘기 시작했다. 갑자기 시간이 멈춘 듯이 멍한 상태가 되어 움직일 수가 없었는데, 어린 누나의 울부짖는 소리만이 주위를 울리고 있었다.

부모님은 그렇게 마을사람들과 우리 남매가 보는 앞에서, 북한군들에게 총살을 당하시고 말았다. 나의 눈에는 지금도 부모님의 옷이 붉은 핏빛으로 물들어 힘없이 쓰러지던 모습이 생생한 기억으로 남아 있다.

우리 남매는 무서움과 공포에 휩싸여있을 겨를도 없이 바로 북한 인민군에게로 끌려갔다. 다행스러운 일인지 북한군은 우리 삼남매를 바로 죽이지는 않았다.

그러나 집에 가두어 둔 채 모든 문마다 널빤지로 빗장을 만들어 못을 박은 뒤, 전기와 식량을 완전히 끊어 버렸다.

공포로 가득한 상태에서 갑자기 고함치는 소리가 들렸다. 인민군들은 '동네 마을 사람 가운데 누구든지 우리에게 먹을 것을 주는 자는 함께 죽이겠다'고 엄포를 놓으며 동네가 떠나갈 듯이 고함을 지르고 있었다.

우리를 반동의 자식들로 분류하여 굶겨 죽이겠다는 심산이었던 것 같았다. 그들에게 협조하지 않는 사람들은 총살을 시키는 등, 마을은 온통 공포와 위협으로 가득하였기 때문에 그 누구도 우리 남매를 돕기는커녕, 가까이 접근조차 못하게 하여 아무도 우리를 찾아오지 않았었다.

그렇게 우리 삼남매는 여러 날을 공포와 배고픔 속에서 울부짖다가 두려움과 충격 등으로 한동안 기진맥진하여 정신을 잃고 말았다.

피난길에서 동생을 잃다

그렇게 감금이 되어 우는 힘마저 없이 쓰러져 있던 어느 날이었다. 절망적인 시간이 지나가는 가운데, 칠흑 같이 어두운 밤에 빗장이 뜯기는 소리가 나더니 먼 친척 되시는 아저씨가 조용히 들어오셨다.

집안 아저씨는 우리를 안심시키고는 황급히 짐 자전거에 태워서 그 공포의 집으로부터 구출하여 작은아버지가 계시는 마을로 인도해 주셨다. 그러나 우리가 도착하기 얼마 전에 작은아버지께서는 인민군에게 끌려가시어 작은 어머니 혼자서 우리를 기다리고 계셨다.

그곳의 마을 사람들도 공산군들의 눈을 피해 피난길을 떠나게 되어 작은아버지 집에서도 오래 지낼 수가 없었다. 작은어머니는 끌려가신 작은아버지 기다리기를 포기하고 우리 삼 남매를 데리고 마을을 떠나 수많은 피난민 행렬의 틈바구니에 끼어 그들과 함께 남쪽으로 향하는 피난길에 오르기 시작했다.

두 살 된 남동생은 작은어머니의 등에 업히었고, 나는 작은어머니의 치마폭을 부여잡고 누나는 작은 보따리를 머리에 얹은 채로, 사람들을 따라 피난의 길을 무작정 걷고 또 걸었다. 피난을 가는 길에 남동생은 허기지고 병이 들어서 그런지 밤낮을 가리지 않고 크게 울어댔다. 작은어머니와 누나가 타이르고 달래줘도 소용이 없었다.

그 때 같이 떠났던 피난민들 속에서 "어린아이의 울음 때문에 우리 모두가 다 죽을지도 모르겠다."며 사나운 기세로 불평하는 아우성이 들려왔다.

작은어머니의 몸은 연약한 상태에서 병까지 들어 있었기에 움직이는 것조차도 힘들어 보였다. 주변에서는 동생의 울음소리때문에 우리를 곱지 않은 시선으로 바라보며 비난하는 사람들이 많아졌고 아기를 업은 작은어머니의 발걸음은 점점 피난민의 행렬에서 뒤처지고 있었다.

낮에는 나무 숲에 숨고 밤을 틈타 몰래 걸어야 하는 상황이었다. 결국 어린 동생의 보챔과 울음소리에 '모두 다 죽는다'고 하면서 작은어머니의 등에 업힌 아기를 억지로 빼앗아 나무 그늘 밑에 뉘어놓고는 우리를 잡아끌기 시작했다. 작은어머니도 피난길에서 동생을 감당하기가 어려웠는지 연신 눈물을 흘리며, '삼 남매를 모두 데리고는 더 이상 피난길을 계속갈 수가 없다'고 말씀하시더니 '미안하다, 미안하다'를 계속해서 중얼거리셨다.

작은어머니는 남동생한테 가려고 울며 떼를 쓰는 우리 남매를 움켜잡고 피난의 행렬을 놓치지 않으려는 듯 정신없이 사람들을 따라 힘겨운 발길을 옮기고 계셨다.

그것이 남동생과의 마지막 작별이었다.

어른이 되어서도 '어떻게 동생을 두고 떠나왔을까?' 하는 생각과 잃어버린 동생에 대한 죄책감은 평생 동안 나의 마음을 아프게 했지만, 그 당시 전쟁이라는 소용돌이 속에서 다섯 살의 어린 내가 할 수 있는 일은 아무것도 없었다.

부모의 죽음을 눈앞에서 목격한 어린 남매가 겨우 목숨만을 부지한 채, 희망도 없이 사람들의 피난 행렬을 따라서 걸어야 했던 심정과 어린 동생을 남겨둘 수밖에 없었던 가슴 아프고 참담했던 심정을 어떤 글로도 표현할 수가 없을 것 같다.

남쪽을 향하는 피난민들은 충남 공주 피난민 수용소에 합류하여 지내다가 다시 논산 연무대 피난민 수용소로 옮겨가게 되었다. 그곳에서 배급으로 받은 주먹밥 한 덩이로 하루하루를 연명하듯이 살게 되었다.

이곳에서 부모가 없는 아이들은 각각 다른 고아원을 배정 받아 보내졌고, 우리 남매는 강경에 있는 금강애린원(金剛愛隣院)으로 가게 되었다.

작은어머니는 우리 남매를 데리고 논둑길을 타고 가던 중 어디에선가 풀빵 두 개를 사가지고 와서 나와 누나에게 하나씩 나누어주고, 또 보리를 손으로 비벼 손에 쥐어 주면서

"너희들이 고아원에 들어가면 밥도 먹여주고 학교도 보내주는데, 작은 엄마가 같이 있으면 고아원에 들어갈 수가 없단다. 내년 이맘 때 보리가 익을 때에 다시 너희들을 데리러 올 터이니 이 고아원에서 다른 데로 가지 말고 잘 있어야 한다. 너희들은 절대로 헤어지면 안 된다." 고 신신당부를 하고는 우리를 고아원 앞까지 데리고 갔다.

드디어 고아원 대문에 이르자 우리 남매는 '고아원에 안 들어가겠다'고 작은어머니를 부여잡고 울기 시작하였고, 작은어머니 역시 우리들을 부둥켜 안고 울음을 참지 못했다. 아이들의 울음소리를 듣고 고아원 선생님이 나오자 작은어머니는 우리들을 달래며 안타까운 마음에

눈물을 흘리더니 금방 어디론가 사라져버리셨고, 고아원 선생님은 우리 남매의 손을 붙잡고 안으로 데리고 들어 갔다.

6.25 사변 이후 전쟁의 폐해는 말이 아니었다. 전쟁은 끝이 났지만 모두가 끼니를 걱정해야하는 어려운 시절이었고 가난은 고아원에서 더욱 심각하게 드러났다. 나는 영양 부족으로 각기병에 걸려 밤에는 눈이 잘 보이지 않아 밤만 되면 두려움과 공포에 지낼 뿐만 아니라 각종 이름 모를 유행병이 발생하여 여러 번 죽을 고비를 넘기기도 하였다.

그러면서도 희망을 가지고 그 다음해에 보리가 익을 때만을 기다렸다. 보리가 익을 때쯤이면 우리 남매는 작은어머니와의 약속을 기억하며 대문에 나가 쭈그리고 앉아서 작은어머니가 찾아오실 것을 기다리곤 했다. 그러나 작은어머니는 오시지 않았다.

그 다음 해에는 오시겠지… 그러나 혈육을 의지하고픈 기다림은 우리 남매를 더욱 슬프게 만들었다. 그 다음 해에도, 그리고 그 다음에도… 보리가 익을 때가 되면 대문에서 기다리는 일을 잊지 않았지만, 오신다고 약속하셨던 작은어머니는 약속을 잊으신듯 우리를 찾아오지 않으셨다.

강경 금강애린원(金剛愛隣院)

고아원에서 중앙초등학교까지는 걸어서 약 30분 정도 걸리는 거리였으나 나는 추운 겨울에도 양발은 고사하고 고무신조차 없이 학교까지 맨발로 뛰어 다니곤 하였다.

고아원의 형제들 가운데는 맨발로 학교에 갔다가 돌아 올 때에는 다른 교실 신발장에 가서 남의 신을 슬쩍 신고 온다거나 또는 다 떨어진 신을 신고 가서 다른 학생의 새 신과 바꾸어 신고 오는 경우가 종종 있었다. 심지어 배고픔과 각종 고난을 극복하지 못하고 고아원에서 도망가는 형제들도 끊이지 않았다.

보육시설인 애린원에서 여러 가지 어려운 생활 중에 믿음이 좋으신 임도례 권사님이 새 원장님으로 부임하여 오시면서 고아원의 아이들은 믿음을 가지고 신앙생활을 하는 분위기로 바뀌게 되었다.

이곳에서 이른 아침마다 예배를 드리고 성경 말씀을 배우며 기도로써 하루의 일과를 시작하였다. 고아원에서의 생활은 힘이 들고 어려운 환경이었으나 아침에 예배를 드리는 시간이 우리 남매에게는 기쁨과 축복의 시간이 되었다.

나는 항상 기도할 때마다 두 손 모아 "예수님처럼 고난을 이기고 착하게 살게 하여 주세요."라고 기도를 드리며 예수님이 기뻐하시는 생활을 하려고 노력했다.

작은어머니를 기다리는 횟수가 적어지면서 고아원 생활에 적응을 하게 되었고, 열심히 교회에 다니며 믿음이 자라기 시작하였다.

어느덧 4학년이 되어 학교에서도 모범적인 생활을 하게 되었는데 하나님의 은혜로 좋은 담임선생님을 만나게 되었다.

4학년 때 담임선생님은 '조근혜' 선생님이셨는데 다른 학생들보다 나에게 특별한 관심을 가지고 사랑으로 보살펴 주시며 많이 아껴주셨다. 선생님은 그 당시에 고아원에 있는 나의 형편을 잘 알고 가끔씩 아무도 모르게 공책과 연필을 책상 속에 넣고 격려해 주셨다.

점심시간이면 대부분의 학생들은 도시락을 먹느라 즐거운 시간을 보내었다. 그러나 도시락을 지참하지 못했던 나는 조용히 밖으로 나가 운동장에서 수돗물을 마시며 허기진 배를 달래기 위해 운동장을 몇 바퀴씩 달렸었다. 배가 고프면 부모님에 대한 그리운 마음이 더욱 커졌기 때문에, 아무런 생각도 하기가 싫어서 운동장을 달리곤 하였던 것 같다.

점심시간만 되면 조용히 교실에서 사라지는 나를 보시고, 하루는 선생님께서 몰래 뒤따라오셨다가 수돗물로 끼니를 대신하는 나를 발견하게 되자 몹시 안타까워 하셨다. 그리고 나를 돕는 방안을 마련해 주셨다.

선생님께서는 가정 형편이 좋고 경제적 여유가 있는 반 학생들에게 "순번으로 도시락을 싸오면 우리 친구 을성이가 밥을 먹을 수가 있어요."라며 도시락 지원을 제안 하시며 배려를 해 주시었다. 따뜻한 친구들의 우정과 도움으로 그때부터 점심시간에 수돗가로 향하지 않게 되었다. 그때에 반 친구들은 나를 '고아' 라고 놀리지도 않고 따뜻하게 대해 주었던 것 같다. 그리고 어른이 되어 아내와 함께 강경초등학교 교장선생님이 되신 조근혜 선생님을 찾아뵙고 나와 같은 아이들에게 써달라며 장학금을 전달해 드렸다.

불타는 소원

나는 어릴 때부터 "또 여호와를 기뻐하라. 저가 네 마음의 소원을 이루어 주시리로다."(시편 37편 4절)라는 성경말씀을 마음에 새기며 항상 암송하며 살아왔다.

고아원에서 예수님을 영접한 후로 강경성결교회에 열심히 출석하며 하나님의 말씀에 감동을 받기 시작하였다. 초등학교 6학년 때 교회에서 당시에 공군 초대 군종감이셨던 임동선 목사님을 모시고 부흥회를 열게 되었는데 나는 매일 저녁 집회 때마다 앞자리에 앉아 부흥 강사님의 설교말씀을 열심히 들었다.

임동선 목사님의 설교말씀이 어린 나에게는 너무나 재미있었고 많은 감동과 은혜를 받았다. 어린 마음에 '부흥강사 목사님께서 어떻게 저렇게 설교를 잘 할 수 있을까' 라는 생각을 하며, 특별히 강사님께서 입고 계신 공군 군종감의 대령 계급장과 유니폼의 매력에 완전히 빠져들면서 목사님은 선망의 대상이 되었다.

그런 연유 때문인지는 몰라도 강사 목사님을 존경하게 되어 더욱 열심히 집회에 참석을 하였고, 부흥회 시간마다 말씀을 통해 놀라운 은혜를 받았다. 하나님의 말씀을 전하는 대령목사님의 모습은 이 세상에 그 어느 누구보다도 훌륭하게 빛나 보였다.

그때 나도 모르게 두 손 모아 기도하기를 "예수님! 저도 부흥강사 목사님처럼 훌륭한 공군 군종감이 되게 하여 주세요."라는 기도를 드리며 마음에 소원을 품게 되었다.

그 후 약 2년의 세월이 흘러 중학교 2학년 때, 강경에서 멀지 않은 논산에서 임동선 목사님께서 부흥회를 인도하신다는 소식을 듣게 되었고, '강경성결교회' 부흥회에 참석하여 받았던 은혜를 사모하며 달려가서 다시 목사님을 뵐 수가 있었다.

부흥강사로 강단에서 말씀을 전하시는 목사님의 모습은 여전히 은혜가 넘쳤고 나에게는 너무나 멋있고 훌륭해 보였다. 이번에도 집회의 시간마다 열심히 참석하여 큰 은혜를 받고 하나님이 축복하심을 느낄 수가 있었다. 그때의 기도 제목은 2년 전의 소원기도가 구체화 된 것이었다.

"저도 훌륭한 공군의 군종감이 되어 주님의 말씀을 전하게 해주세요."

나를 보호하는 세 분(선생님과 점(占)을 보다)

중학교 2학년이 되었을 때도 다행히 좋은 담임선생님을 만나게 되었다. 한참 자라나던 시절이었기 때문에 유난히도 더 배가 고팠고 주변에 신경을 많이 쓰게 되었는데, 담임선생님은 학생들 가운데 나에게 더 많은 애정을 주시고 큰 힘이 되어 주셨다.

선생님께서는 내가 학교생활에 잘 적응할 수 있도록 필요한 부분을 세세하게 도와주셨다. 특별히 토요일이 되면 집에서 직접 음식을 준비하여 나를 데리고 산에 올라가서 여러 가지 희망적인 이야기를 들려주면서 학교생활과 꿈을 포기하지 않도록 힘을 북돋아 주신 고마운 분이셨다.

그러던 어느 토요일도 산에 오르게 되었는데 선생님께서는 갑자기 "을성아! 저기에 잠깐 들렀다 가자. 을성이는 착한 학생이니 아마 미래에 훌륭한 사람이 될 거야!"라고 말씀을 하시더니 점(占)을 보는 집으로 데리고 가시는데 순간적으로 나는 당황하기 시작했다.

그 당시 나는 열심히 교회를 다니며 하나님을 향한 뜨거운 마음으로 믿음 생활을 잘 하고 있었다. 그래서 점쟁이 집에 들어간다는 것은 상상할 수도 없었는데, 담임선생님께서는 나의 손을 이끌고 점쟁이집 안으로 이끄셔서 어쩔 수 없이 그곳에 들어가게 되었다.

미래의 삶에 대한 예측과 장래에 대한 결정은 온전히 하나님께서 이루신다는 것을 믿고 있었기에 나를 아껴주시는 선생님에게는 죄송하였지만 선생님께 담대하게 말씀을 드렸다.

"선생님! 왜 이런 곳에 들어오십니까? 하나님을 믿는 사람이 운수나 점을 보는 것은 안 된다고 생각합니다." 라고 선생님께 분명하고 또렷하게 말씀을 드렸지만, 선생님께서는 '오늘 재미로 한 번 보는 것뿐이다'라고 말씀하시면서 나를 점쟁이 앞에다가 앉혀 놓으시고 점을 보게 하셨다.

선생님께서는 점을 치는 사람에게 거듭 당부하시며 '나의 점괘를 잘 봐 달라'고 부탁하셨다. 점쟁이는 밥상 위에다 쌀 몇 톨을 짝 깔아 놓더니 나를 찬찬히 보기 시작했는데 나도 질세라 점쟁이를 똑바로 쳐다보면서 두 눈에 힘을 주며 눈을 부릅뜨고 있었다. 일종의 눈싸움을 한 것이었다.

마침내 점쟁이가 한참 동안 쌀을 이리 나누고 저리 나누다가

"이 학생은 누가 도와주고 있구면!" 그러자 선생님이 누구냐고 물으셨고 "몰라! 세 사람이 도와주고 있어, 학생 데리고 얼른 가!"라는 말만 해주고는 우리를 보고 귀찮다는 듯이 나가라고 하였다.

집으로 돌아오는 길에 선생님께서 "을성아! 세 사람이 너를 도와준다는데 누구누구일 거 같니?"하고 물어보시며 점쟁이의 말을 계속해서 생각하며 여운을 가지시는 것 같았다.

선생님을 따라 산 아래에까지 내려오면서 비록 점쟁이의 말이었지만 어린 나에게도 '그 사람들이 누구일까' 하는 생각이 머리를 맴돌며 무척이나 궁금했었다.

그리고 오랜 후에 깨닫게 되었다. 나를 도와주는 분은 나를 죄에서 구원해 주시기 위해 십자가에서 피를 흘려주시고 나의 죄의 짐을 대신 져주신 사랑의 하나님이신데, 세 분이라는 사실을 알게 되었다.

"나를 도와주고 있는 세 분은 성부 하나님, 성자 하나님, 성령 하나님으로 삼위일체(三位一體)가 되신 하나님께서 나를 세상 끝 날까지 떠나지

아니하시고 동행하시며, 지켜주시고 보호해 주신다는 것을 확실히 알게 되었다. 귀신도 이 사실을 알고 떨려서 급히 나를 내보냈는지도 모르겠다.

전매청(한국담배공사)에 취직을 추천받다

나는 오로지 하나님의 크신 은총으로 강경에 있는 강경초등학교와 중학교 졸업에 이어 강경상고를 졸업하게 되었다.

고아원에는 일정한 나이가 지나면 머물 수 없는 규정이 있었다. 고등학교 3학년 졸업이 가까워질 무렵이 되자 나 역시 고등학교를 졸업하면 고아원을 떠나서 군대에 입대하거나, 취직을 하여야만 하는 현실적인 고민이 생겼다.

고등학교 3학년 때의 담임선생님 또한 나를 아껴주시던 분이셨는데 담임선생님께서 어느 날 나를 부르시더니

"을성아! 좋은 일이 있단다. 을성이가 착하고 공부도 잘하니 좋은 일이 생기는구나!"하시며 즐거워 하셨다. 나의 취직자리를 알아보시고 자리가 결정되어 나에게 알려주려고 부르신 것이었다.

전매청(한국담배공사)에서 '강경상고 3학년 졸업생 중에 성적이 우수하고 성품이 바른 모범 학생을 추천해 달라' 는 요청이 왔었는데, 담임선생님께서는 '전을성 학생을 추천해주세요' 라고 교장선생님께 부탁을 하셨었다.

그리고 오늘 '교장선생님께서 나를 학교 추천대상자로 선정하여 입사과정에 필요한 추천서를 써 주시기로 하셨다' 는 소식이었다.

“을성아! 하나님께서 너를 도와주셨나보다.”라고 말씀하시면서 담임 선생님은 본인의 일처럼 기뻐하셨다. 졸업하자마자 취직자리에 들어가게 되었다는 사실이 학교 전체 학생들에게 퍼지자 많은 학생들의 부러움의 대상이 되었다.

고등학교를 졸업한 후의 안식처가 준비된 것이기에 다행스러운 일이었지만 기쁘고 행복한 마음을 느끼는 것은 순간이었고, 왠지 모르게 마음 한 편이 불편함으로 가득하였다.

마음속에 갈등이 생기면서 ‘나의 인생에서 가지게 될 첫 직업은 이 길이 아닌 것 같은데…’ 라는 생각이 나를 짓누르기 시작하면서 깊은 고민에 빠지게 되었다.

지금 생각해보면 너무나 단순한 생각이었지만 당시 어린 마음에 전매청에서 일하는 사람들은 모두 담배를 피우는 줄만 알았기 때문이었다. 전매청에 들어가면 담배도 피우게 될 것이고 심지어 하나님을 멀리할 것만 같은 생각이 나의 뇌리를 떠나지 않았었다.

어릴 때에 부흥회에서 은혜를 받고, ‘공군 군종감이 되게 해달라’ 고 기도하며 ‘반드시 공군 군목으로 가겠다’ 고 결심하였던 꿈을 저버리게 될 것 같았다. 그렇게 며칠을 망설이며 고민을 하다가 결단을 내린 후 담임선생님을 찾아갔다.

“선생님, 저는 전매청에 가지 않겠습니다. 저에게는 이루고 싶은 꿈이 있는데 어떻게 하여야 이룰 수 있는지 잘은 모르겠지만, 제가 직업으로 선택할 길은 그 직장이 아닌 것 같습니다.”라고 말씀을 드리자 선생님께서는 깜짝 놀라시며 오히려 진심어린 마음으로 나를 설득하기 시작했다.

“을성아! 너의 어려운 사정을 잘 알기에 너를 추천했단다. 이곳에서 일을 하면 돈은 잘 벌수가 있단다.”하시며 어떻게든 나의 마음을 되돌리려고 권유를 하시었는데, 계속해서 사양을 하자 그 이유를 물으셨다.

나는 마음속에 어려서부터 하나님께 기도해왔던 꿈을 말씀드렸고 ‘다른 학생에게 이 좋은 기회를 부여해 달라’고 부탁 말씀을 드렸다. 선생님께서는 어이가 없어 하시면서

“을성아, 바보야! 이해 할 수가 없구나, 네 형편에 대학을 어떻게 가려고…” 하시며 직장에 들어가지 못하면 고아원에서 나온 후 거취가 마련되지 못하고, 더군다나 대학교 진학이라는 불투명한 미래가 염려되어서인지 무척이나 안타까워 하셨다.

전매청에 취직을 거절하고 난 그 이후에 담임선생님께서는 어떠한 취직자리가 나타나도 권유하지 않으셨고, 고등학교 졸업 후의 진로에 대하여 어떠한 희망의 길도 보이지를 않았기에 불확실한 미래에 대한 염려가 마음속에 자리잡기 시작하는 것 같았다.

당시 학교에서는 대부분의 학생들이 취업이라는 진로를 정하여 직장을 얻기 위해 전력을 다하고 있었고 취직을 하지 않는 소수의 학생들만이 대학교 진학에 목표를 정하여 입시 준비를 하였었다. 나 역시 대학교에 가고 싶었지만 나의 형편과 처지에 대학진학은 꿈도 꿀 수 없는 상황이었고 현실만 바라보면 더욱 깊은 절망과 좌절감을 느낄 수밖에 없었다. 어찌할 바를 모르고 갈 길을 방황하던 그때에

“수고하고 무거운 짐진 자들아! 다 내게로 오라. 내가 너희를 쉬게 하리라.”는 마태복음 11:28절의 성경말씀은 위로가 되고 참 소망이 되어, 당시에 이 성경구절을 가장 좋아하며 항상 암송을 하곤 하였다.

오직 산 소망되신 나의 주님께 나의 진로를 맡기며, 특별히 진학에 대한 꿈을 포기하지 않고 반드시 신학대학에 진학을 할 수 있도록 길을

인도하여 달라고 날마다 두 손 모아 기도를 드렸다. 낙심하지 아니하고 마치 '한나'가 성전에 가서 열심히 기도하듯 나의 모든 고민을 쏟아놓고 오직 기도에 열중할 뿐이었다.

강경상고 졸업식(가운데가 전을성 목사)

2. 여호와는 나의 목자시니

주님이 인도하시는 길(신학교의 축복을 받다)

그러던 중 1965년 어느 추운 겨울 수요일 저녁이었다. 고아원 원장님께서는 교회에 갈 채비를 마치신 후, 원생들 가운데 '혹시 교회에 함께 갈 학생이 있느냐?' 고 말씀하시면서 대문에서 교회에 함께 동행 할 희망자를 기다리고 계셨다.

그런데 그날따라 날씨가 몹시 추워서 그런지 그 누구도 교회에 함께 가겠다고 따라 나서기는커녕, 도리어 원장님께 자신의 모습이 들킬까 봐 모두 다 숨소리를 죽이며 숨고 있었다.

그때 나는 자리에서 일어나 문을 힘차게 열고 원장님 곁으로 달려 나아갔다. 나이 드신 원장님께서 추운 밤길에 혼자서 교회를 가시는 것이 마음에 걸렸었다. 그리고 나 역시 하나님께 진로에 대하여 부르짖으며, 매달리는 마음으로 기도하고 싶은 생각이 간절하였기에 원장님과 함께 교회로 향하였다.

원장 어머님의 손을 부축이고 교회를 향하여 가는 도중에 눈 덮인 산비탈길을 조심스럽게 내려갔는데 고아원에서 교회까지의 거리는 걸어서 약 40분 정도의 시간이 걸렸다.

그날은 더욱 추위가 휘몰아친 겨울철이어서 그런지 교회를 가는 시간이 더욱더 길게만 느껴졌다. 한참을 원장님과 함께 교회를 향하여 가는 도중에, 갑자기 원장님께서

"을성아! 너 혹시 신학교에 들어갈 마음은 없느냐?"고 물어보시는 것

이었다. 이 질문이 나에게는 너무나도 커다란 충격으로 느껴졌기에 목이 잠기고 마음이 떨려서 당장 아무런 대답을 해 드릴 수가 없었다.

나의 꿈이 장차 공군 군종감이 되어 주님의 말씀을 전하는 것이었지만 대학에 갈 수 있다는 것은 꿈같은 일이어서, 대학진학에 대한 구체적인 생각을 한 번도 해보지 못했기 때문이었다.

지금 돌이켜 보면 당시에 어떻게 그런 꿈을 꾸었는지 나조차도 신기하지만, 하나님의 사역에 헌신할 수 있게 인도하여주셔서 약한 나를 군선교 사역에 쓰임을 받는 존재가 되게 해주신 은총에 감사할 뿐이다.

고아원생 중에는 대학에 들어가고 싶어도 학비와 기거할 숙식문제로 인하여 형편상 거의 불가능했고, 그 당시 같은 고아원에서 생활하였던 친구들 가운데도 대학에 진학하려고 했던 학생은 없었던 것으로 기억이 된다.

원장 어머님과 함께 수요저녁 예배에 참석하여 예배를 드리는 한 시간 동안 내내 '주님의 뜻대로 저를 인도하여 주세요.' 라고 간절한 마음과 진심으로 주님께 기도를 드렸고, 예배를 드리는 도중에 주님께서는 내 마음속에 기쁨을 주시면서

"신학교에 가는 길이 주님께 진정으로 헌신하는 길이요. 네가 남은 생애 걸어갈 가장 좋은 목표요. 참된 길이다."라는 성령의 감동과 확신을 주셨다. 예배를 마친 후 원장님을 모시고 고아원으로 돌아오는 길에 나는 용기를 내어

"원장님! 말씀에 순종하여 신학교에 가겠습니다."라고 말씀을 드리자, 원장님은 크게 기뻐하시면서 "참 잘했다. 오늘밤에 네가 주님이 주시는 축복을 받았구나!"라고 말씀하시면서 나의 얼어붙은 손을 꼭 잡아 주셨다.

원장 어머님의 손은 분명히 진심으로 나를 아끼시는 사랑의 손이었고, 동시에 전능하신 주님께서 인도하시는 축복의 오른손으로 느껴졌다.

서울신학대학교

강경 '금강애린원'에는 나와 같은 전쟁고아보다는 부모님이 생존해 있지만 끼니를 연명하지 못해 가족으로부터 어쩔 수 없이 버려진 아이들이 대부분 기거하고 있었다.

6.25 전쟁 후에 우리나라가 아직 빈민국 상태를 벗어나지 못해서 그런 것인지 몰라도 '우리는 열악한 고아원 시설에서 항상 배고프고 추웠다'는 것이 아직도 생생하게 기억에 남아 있다.

전쟁 직후에 부모님의 보살핌 속에 살고 있는 아이들도 '보릿고개'로 어려울 때인데, 우리 같은 고아들의 배고픔은 당연한 일이었다.

그러나 그보다 더 우리가 견디기 어려웠던 건 밖에서 당하는 보이지 않는 멸시와 조롱이었다. 학교에서 '고아원 아이들'은 언제나 경계와 차별의 대상이었다. 그래서 고아원의 몇몇 아이들은 어쩔 수없이 난폭해졌고 악착같은 기질인, 일명 '깡다구'를 기를 수밖에 없었다.

그 당시 난폭했던 아이들에게는 그것만이 '고아'라는 이름으로 생존할 수 있었던 힘과 수단이었을 것이다. 그리고 그 힘으로나마 설움 많은 세상에서 버티고 싶었는지도 모르겠다.

우리 고아원의 일부 아이들 가운데도 '본성은 선량한 친구였는데도 불구하고 실제로 잘못된 길로 빠졌다'는 안타까운 소식을 종종 듣곤

하였다.

어쩌면 나와 같은 처지에 있는 사람으로서는 어쩔 수 없는 결과인지도 모르겠다. 그래서 그 친구들이 불쌍했고, 그 아이들이 결코 악해서 그런 것이 아니라는 것을 나는 잘 알고 있었다.

그러나 한편으로는 같은 형편에 처해 있었음에도 불구하고 선량하게 자라서 훌륭한 어른이 된 친구들도 많이 있었고, 나 역시 하나님의 인도하심과 강력한 붙드심으로 여기까지 오게 되었으니 '후자에 속한다'고 생각한다.

돌이켜 보면 내가 가깝게 지낸 친구들은 모두가 맑은 미소와 정직함을 소유하고 있었던 것 같다. 몇몇 친구들은 일찍 고아원을 떠나 각자의 길을 개척해 갔지만, 나는 고등학교까지 고아원에 남아 있게 되었다. 그곳에서 원장 어머니를 도와 궂은일도 마다하지 않고 동생들을 씻기고 돌보며, 약한 아이들에게 힘이 되어주려고 노력하였다.

열악한 환경에서 내가 강경상고를 졸업한 것만 해도 하나님의 큰 은혜요 축복이었지만 신학대학교에 입학까지 하게 되었으니 그 놀라운 은혜야말로 어떤 식으로도 표현하기는 어려울 것 같다.

나는 신학대학이라는 진로가 정해지긴 하였지만 그 당시 고아원의 형편은 나를 대학에 보내줄 수 있는 상황이 아니었다. 그러나 하나님께서는 나의 선한 목자이셨고, 원장어머니는 항상 밝은 미소로 모든 일에 성실하게 생활을 해온 나를 아껴주셨다. 원장어머니와 내가 신학대학교라는 목표를 가지고 하나님께 간절하게 기도한 결과, '선명회 장학금'을 받을 수 있는 축복의 응답을 받게 되었다.

"선명회는 지금의 월드비전(worldvision)으로 전 세계 100개국에서 약 1억 명의 지구촌 이웃들을 위한 구호, 개발 및 옹호사업을 진행하는 국제구호개발 NGO이다.”

한국에서는 당시에 영어 이름인 월드비전 대신 ‘베풀 선(善)과 밝을 명(明)’을 써서 「선명회」라고 불렀다.

미국인 ‘밥 피어스’(Bob Pierce, 1914~1978)목사가 전쟁의 폐허 속에서 거리를 헤매는 고아들을 위해 영락교회 한경직 목사와 모자원(母子院) 구제사역을 시작한 것이 월드비전이라는 구호단체를 탄생시킨 것이다.

당시 나는 선명회장학금을 신청해 놓고 서울신대의 입학을 위해 더 열심히 공부를 하며 준비해나갔다. 그리고 시험일자가 다가오자 서울역 뒤편에 조금만 방을 하나 얻었다.

서울이라고는 난생 처음 발을 디딘 날이었다. 아니! 고아원 밖의 세상이 처음이라고 하는 것이 맞는 표현일 것이다. 서울의 첫날밤을 어떻게 보냈는지 기대와 설렘, 두려움과 떨림의 감정이 교차하면서 거의 뜬 눈으로 지새다시피하고 하루가 지나갔다.

아현동에 있는 ‘서울신대’를 찾아가서 시험을 치르고, 아는 이 한명 없는 서울에서 무작정 남산을 찾아갔다. 강경의 시골에서 ‘서울에 가면 남산은 꼭 올라가 봐야 한다’는 이야기는 많이 들어서, 사람들에게 물어물어 남산의 정상을 목표로 삼고 묵묵히 걸어 올라갔다.

한참을 올라가서 어느 정도 정상이라는 생각이 들자 걸음을 멈추고 아래를 내려다보니 서울시내의 풍경이 눈앞에 펼쳐져 있었다. 서울의 야경은 많은 불빛들로 반짝이며 거리를 환희 비추고 있었다. 난생 처음 보는 황홀한 광경이었다. 그럼에도 불구하고 이 많은 불빛 중에 내가 아는 곳은 한 군데도 없었고 앞으로의 서울생활과 나의 미래에 대해 많은 생각이 스치듯 지나갔다.

그러나 하나님의 인도하심에 대한 신뢰와 믿음으로 서울신대의 합격을 주실 것이라는 확신이 생겼다. 그래서 그 자리에서 무릎을 꿇고 하나님께 감사의 기도를 드렸다. "나의 아버지 되신 하나님! 감사합니다. 축복해 주셔서 감사합니다."

넓은 서울에서 의지할 곳 없는 나의 미래가 두렵다고 고백한 것이 아닌, 감사의 고백이 계속해서 흘러나왔다. "저가 무엇이관대, 많고 많은 사람들 중에 저를 축복하시고… "

날이 아주 깜깜해질 때까지 그곳에서 하나님과의 깊은 영적 대화는 계속되었다. 그리고 늦은 시간이 되어서야 남산을 내려왔는데, 솔직히는 캄캄한 산길이 무서워서 찬양을 부르며 손뼉을 쳤던 걸로 기억을 하고 있다.

그리고 신학대학교에 들어가는 여건을 허락해 달라고 소원하였던 기도가 응답을 받아, 마침내 서울신학대학교에 합격을 하였다는 통지서를 받게 되었다.

서울 생활의 시작, 신덕성결교회

강경 금강애린원의 생활을 정리하고 신학교를 다니기 위해 서울로 올라왔다. 그 당시 서울신대에는 기숙사가 있어서 그곳에 지원을 하여 학교생활을 시작할 수 있었다.

난생 처음 고아원을 떠나 시작한 학교 생활은 낯설기도 하였지만 즐거움으로 가득했다. 그러나 항상 시간이 모자라는 것이 문제였다. '선명회'의 장학금은 무조건 고아라고해서 받을 수 있는 것이 아니라, '고아' 라는 환경속에서도 노력하고 능력이 있어야만 받을 수가 있었다.

학교 성적이 학점을 이수하는 모든 과목에서 올(All) A학점을 받아야만 선명회의 장학금을 계속해서 지급받을 수 있었다. 나 같은 경우에는 한번이라도 올 A학점을 받지 못하게 되면 '선명회 장학금 수여 대상자' 의 자격이 상실되어, 학기 중 등록금이나 기숙사비의 지원이 끊기는 상황이 되기 때문에 마음을 편하게 가지고 대학교 생활을 즐길 수도 없었다.

처음에는 오직 성적이라는 조건에 얽매어 올 A학점을 받아야 학업을 계속할 수 있다는 생각으로 모든 것을 제쳐두고 공부에만 전념을 했었다. 그러다 보니 밤을 새워 공부를 하는 것은 다반사였고, 심지어 새벽예배 마저 빠지기 일수였다.

어느 날 '김태구' 교수님께서 새벽에 내가 기거하던 방을 두드리면서 "전을성 학생! 공부만 잘하면 그만이야, 새벽기도를 나와야지."라며 새벽기도회 참석을 독려하셨는데, 교수님이 찾아오신 적이 한두 번이 아니었다.

서울신대 동기목사님들과 함께(왼쪽에서 첫번째가 전을성 목사)

그렇게 얼마를 보내다가 학교생활에 적응을 하면서 조금씩 마음의 여유가 생기기 시작했다. 그리고 '윤의광'이라는 친구를 알게 되었는데, 솔직히 이 친구에게는 부러운 점이 많이 있었다.

나의 어린 시절 교회생활은 항상 수동적이었다. 주님을 사랑하는 마음은 뜨거웠지만 중, 고등부를 활발하게 앞장서 본적도 없고, '다른 사람 앞에서 성가대를 선다'는 생각은 해 본적이 없었다.

그러나 윤의광 친구는 교회생활에서 모르는 것이 없을 정도로 교회 활동에는 무슨 일이든지 자신감이 넘쳤다. 의광이의 아버님은 '윤의봉' 목사님으로, 의광이는 서울에 올라오기 전에 이미 아버님으로부터 학교생활과 교회 생활에 대비하여 많은 정보를 듣고 계획 속에 모든 일들을 처리해 나갔다.

심지어 주일날 예배를 드릴 곳까지 정해 놓은 상태였다.(윤의광 친구도 나중에 목회사역을 하는 목사가 되어서 이후로는 호칭을 '목사'로 칭하여 부르기로 하겠다.)

윤의광 목사는 나에게 신덕성결교회에 등록을 하고 '성가대를 함께 섬기며 봉사하자'고 제안을 하면서 내가 제일 취약한 부분으로 설득을 하기 시작했다.

"신덕성결교회에서는 성가대를 하면 모든 대원들에게 점심을 준다."는 말로 설득을 하자 나는 식사가 한 끼 해결되는 것만 해도 너무나 감사한 일이었고, 성가대원으로 교회를 섬길 수 있다는 생각에 바로 "오케이!"하면서 기뻐했다. 그리고 바로 그 주일부터 성가대원이 되어 신덕교회를 섬기는 영광을 얻게 되었다.

나의 신학대학생활이 익숙해지면서 앞으로의 목회사역과 군목사역을 감당하는데 가장 중요한 것이 바로 성경말씀이라는 것을 인지하고 날마다 하나님의 말씀을 묵상하며 공부에 최선을 다하였다. 점점 성경

말씀의 깊이를 깨닫게 되면서 신학을 공부하는 재미에 빠져들게 되었고, 나의 마음속에 하나님의 은혜가 가득하여 나의 밝은 본성(本性)과 밝은 성격이 살아나기 시작하였다.

어느 덧 나도 모르는 사이에 나의 유머가 회중을 휘어잡았고 재미있는 언변으로 학교에서 친교부장이 되었다. 친구들과 폭 넓은 교제가 이루어지면서 학교생활은 나날이 즐거운 삶의 일부가 되었다.

윤의광 목사와 나는 신덕성결교회에서도 각종 봉사와 성가대원으로 섬기는 사역에 함께하므로 든든한 동반자요, 좋은 파트너가 되었다.

교회 생활에서 더욱 좋은 기억을 가지게 된 것은 그때 당시 신덕교회의 장로님 중 한 분이 중앙극장의 사장님이셨는데 한 달에 한번 씩은 신학생들이 공짜로 영화를 관람할 수 있게 배려해주셨다.

힘든 환경에서 학교를 다니는 나에게는 문화적인 풍요를 누리며 여유를 갖게 해 주신 좋은 기회가 되었고, 다양한 문화를 체험하므로 나의 사고가 넓어질 수 있었던 것 같다. 후에 군에서 목회를 할 때 장로님을 찾아뵙고 중앙극장직원들에게 설교를 하면서 감사의 마음을 전해드렸지만, 장로님이 주신 사랑을 다 갚지 못한 것이 죄송스럽기만 하다.

하루는 신덕교회 담임목사이신 정승일 목사님께서 전도사들에게 "모두 모이라."고 소집을 하셨다. 담임목사님께서 모처럼 부르신 것이라 무슨 영문인지 모르는 신학생들은 긴장을 하였지만, 담임 목사님 앞에 모여서 나름대로 예의를 갖추고 조용히 기다리고 있었다.

정승일 목사님께서는 '이번 주에 미국을 다녀오는데 수요예배설교를 외부 강사를 초청하지 않고 우리 교회 전도사들 가운데 한 분이 해 주었으면 좋겠다.' 고 말씀을 하셨다. 그리고는 그 자리에서 누가 설교를 담당할 것인지 정하라고 하셔서 모두들 '서로 못 한다' 고 미루기 시작하였다.

아직 신학생들로서는 설교의 경험도 없었고 큰 교회를 다니다 보니 수요일 저녁에도 신자들이 가득했었다. 나 역시 조금씩 뒷걸음질 치며 한쪽 구석에 숨기로 작정하였다. 그런데 누군가가 나를 목사님 앞으로 밀치면서

"전을성 전도사가 할 겁니다."라고 큰 소리로 대답을 하였다. 나는 얼떨결에 목사님 앞으로 나아가게 되었고 밀친 친구를 원망했지만 이미 모두의 시선이 나에게로 향해지면서, 목사님 역시 나를 바라보시는 눈에 진지함이 가득 차 있는 것처럼 보였다.

나는 '주여! 순종합니다.'를 속삭이며 용기를 내어 "목사님, 제가 하겠습니다. 걱정 말고 다녀오세요." 라고 대답을 하자 목사님께서는 "전을성 전도사, 잘 부탁해요! 양복은 있나요? 없으면 빌려 줄테니 마음 편하게 기도로 준비하세요." 라고 격려를 하시고는 미국 집회를 떠나셨다.

목사님의 말씀에 순종하는 마음으로 열심히 설교를 준비했지만 처음으로 많은 성도들 앞에 서게 될 것을 생각하니, 수요일이 다가올수록 마음은 무거워져 갔다. 설교를 준비하기 위해 성경본문 말씀으로 정리한 원고를 읽고, 읽고 또 읽어 한자도 빼지 않고 암기를 하였다. 그리고 난생 처음으로 수요일 저녁에 양복과 와이셔츠, 넥타이를 빌려 입고 강단에 서게 되어 더욱 간절하게 하나님께 기도할 수밖에 없었다.

'주여! 나의 입술로 전하는 성경말씀을 주관하여 주소서, 성령님의 인도로 은혜를 끼칠 수 있게 해 주소서!"

그리고 그날 밤 예배 후 성도님들은 '전을성 전도사의 말씀에 은혜를 받았다' 며 계속해서 인사를 건네주었다. 지금도 누군지 궁금하다. 정

승일 목사님 앞으로 나를 밀친 사람이!

'아마도 성령님께서 역사하여 나를 존귀한 자리에 서게 하신 것 같다'는 생각으로 오히려 당시 나를 지목해준 그 친구에게 감사하는 마음을 가지게 되었다.

신학대학에 입학하자 '어릴 때 품었던 꿈을 이룰 수 있다'는 희망이 생겼고, 신학교에서 공부를 하면서도 초등학교 6학년 때 부흥집회에서 받은 강렬했던 은혜의 느낌은 오랜 세월을 건너뛰어도 생생히 되살아났다.

당시 공군 군종감이던 임동선 목사님께 큰 감동을 받고 "예수님! 저도 저렇게 멋진 공군 군종감이 되게 해주세요."하고 기도했던 일을….

학교생활로, 교회생활로 분주하게 지냈지만 착실하게 군종장교 시험을 준비하고는 있었다. 그리고 기회가 다가와 졸업 전에 오랫동안 염원하던 군종장교 후보생시험에 지원하였고, 하나님께서 불타는 소원으로 기도하던 군목의 길을 갈 수 있도록 합격을 허락해 주시었다.

성령님의 역사와 응답

나는 지금까지 호흡과 같이 부르짖는 기도의 제목이 있다. 그것은 "성령님의 충만함을 주옵소서."라는 기도제목이다.

당시 고아였던 내가 강경상업고등학교를 졸업하고 서울신학대학교에 들어가게 되었는데 '선지자의 학교에서 성직자의 길을 걷는 신학공부와 목회사역은 주님의 은혜가 아니고는 감당할 수가 없다'는 것을 깨닫고 항상 성령님의 도움과 성령의 충만함을 간구하였다.

신학교 방학 때에는 아르바이트를 하는 친구들도 있었지만, 나는 내가 받은 사랑을 조금이라도 보답하고 싶었다. 그래서 강경 고아원에 내려와서 고아원 동생들과 같이 생활하면서 그들을 위하여 성경말씀을 가르치며 예배를 인도하였고, 그 외의 시간들은 고아원 동생아이들과 함께 논과 밭에서 구슬땀을 흘리며 일을 하였는데 봉사와 섬김을 통해 더 큰 기쁨을 얻게 되었다.

고등학교에 다닐 때에는 고아원 동생들과 같이 숙식을 하였지만 신학생이 된 후 방학 동안에는 원장님께서 특별히 식사를 같이 하자고 제안하시며 원장님의 방 건너편 방에서 편히 지낼 수 있게 편의를 봐 주셨다.

어느 날 깊은 밤에 잠이 깨었는데, 아랫방에서 주무시는 원장님의 방에서 눈물로 기도하는 소리가 들려왔다. 나는 당시 피곤한 몸을 엎치락 뒤치락하며, '연세가 들면 밤에 잠이 없다고 한다는데…그런가 보구나' 라고 생각하며 억지로 이불을 뒤집어쓰며 잠을 청하였다.

그런데 원장님의 기도는 오래 지속되었고 눈물로 간절하게 드리는 기도소리가 점점 분명하게 들려왔다. 그리고 눈물의 기도 소리는 마침내 나의 마음을 움직여서 기도에 귀를 기울이게 되었고 내용을 파악할 수가 있었다.

원장님은 원 아이들 가운데 문제가 있는 아이들, 몸이 아픈 아이들, 힘들어 하는 아이들의 이름을 부르시며 기도하시고는 특별히 신학생인 나를 위하여 눈물로 기도를 하시는 것이었다.

"하나님! 원생들 가운데 구별되어 부름을 받아 하나님의 선지학교에 들어가 성직자의 길을 걷고 있는 전을성 신학생에게 은혜를 베풀어 주옵소서! 하나님께 쓰임 받을 수 있도록 성령의 충만함을 주옵소서! 늘 성령님의 인도함 가운데 살아가게 하옵소서!"라고 기도를 하고 계셨다.

나는 원장님의 기도 소리를 듣는 순간 두 눈에서 눈물이 흐르기 시작했다. 나도 모르게 일어나 무릎을 꿇고 기도하게 되었고, 원장님의 기도 제목이 그 때부터 나의 기도 제목이 된 것이다.

나는 힘들고 어려운 인생의 고비 고비마다, 원장님께서 기도하시던 모습과 눈물의 기도소리를 기억하며 두 손 모아 "성령충만을 주옵소서. 성령을 좇아 행하게 하옵소서."라고 기도를 드리게 되었다. 그 이후로는 무슨 일을 하든지, 길을 걷거나, 쉬거나, 어느 때든지, 나는 성령님의 감동과 음성 듣기를 늘 사모하고 행동하는 것이 습관화되었다.

천동성결교회

군종장교의 과정을 모두 마치고 성결교단에서 최초로 젊은 나이에 목사안수를 받았다.

목사 안수를 받은 후에도 시골 교회에서 열심히 목회를 하며 어린 시절의 꿈을 위하여 기도를 드렸다. "아버지! 공군에서 말씀을 전하고 싶습니다. 이루어 주십시오." 3년 동안 남모르게 두 손을 모아서 간절함을 하나님아버지께 아뢰었다.

신학교 4학년 시절에 잠깐 지냈던 논산 천동성결교회와의 인연으로, 졸업 후에 천동성결교회에서 초년생의 목회를 시작하게 되었다. 그곳에서 목회사역을 할 때에(군종장교로 입대하기 1년 전) 국방부 군종실에서 연락이 왔다. '군종장교 후보생들은 국방부로 나오라' 는 소집이었다. 군종장교 후보생들을 소집해 놓고 마지막으로 군별로 나누게 되었다.

군종장교 후보생들이 모이자 모두에게 종이 한 장씩을 나누어 주면서 공군, 육군, 해군 중에서 희망하는 군(軍)을 선택하라고 하였다. '희망지'에는 1희망, 2희망, 3희망을 선택하여 쓰는 란이 있었다.

나는 주저 없이 1희망 란에 '공군', 2희망 란에도 '공군', 3희망 란에도 '공군'을 써 놓았다. 희망지를 써 놓고 면접을 기다리고 있었는데 그때 나의 번호는 408번이었다. 나는 나의 차례를 기다리며 대기실에서 간절하게 기도드렸다.

"하나님! 저의 희망이 어디인지 아시지요! 제 꿈을 이루어 주세요!"

마침내 나의 차례가 되어 면접실에 들어갔다. 대령되시는 여러 군목님들이 나의 희망지를 보시고 계셨다. 그 가운데 양 목사님께서 빙그레 웃으시면서 나의 희망지에 오직 공군만을 선택한 것이 궁금하셨는지

"당신은 공군과 특별한 인연이 있나요."하고 묻는 것이었다. 나는 다른 말을 하지 않고 다만 '이를 위하여 3년간 기도를 하였다'고 대답을 하였다.

그러자 이번에는 '공군에 입대할 것을 믿느냐'고 다시 반문하셨다. 그때 나는 확신에 찬 목소리로

"예, 믿습니다." 라고 우렁차게 대답을 하였다.

위험한 급류의 강을 건너서(대명교회의 부흥집회)

고구마가 주산지인, 공기 맑고 아름다운 두메산골인 천동교회에서 총각 전도사로 담임 목회할 때였다. 상월면에 소재한 대명교회에서 주일 저녁 '일일 전도 집회'의 강사로 초청을 받았다.

그런데 전도집회를 하기로 한 전날부터 심한 폭우가 내리기 시작하였다. 다음날 아침, 집회에 가기로 약속한 날이었기에 주일 11시 예배를 끝내고 상월면으로 가기 위하여 교회 문을 나서는데, 계속 내리고 있던 폭우는 끝이 날 줄 모르고 하늘에 창이 열린 것처럼 더욱 거세게 쏟아지고 있었다.

성도님들은 "전도사님! 이렇게 폭우가 쏟아지는데 어떻게 가시려고 합니까?"라고 걱정을 하면서 말리는 것이었다. 그러나 대명교회의 성도님들이 오래전부터 전도집회를 준비하며 말씀과 은혜를 사모하는 모습을 알고 있었고, 원로되신 임 목사님께서 간절히 초청하시며 '기다리겠다'고 하신 말씀을 생각할 때 그냥 머물러 있을 수가 없었다.

특별전도 집회에 초청을 받은 대명교회는 내가 시무하는 천동교회보다 더욱 깊은 산골에 세워져 있었다. 또한 교회가 어렵고 교통이 불편하여 그간 목회자가 없었던 형편이었는데, 은퇴하신 '임상호' 목사님께서 남은여생을 주의 일을 하며 헌신하려는 마음으로 오셔서 교회를 맡아 양들을 돌보고 계셨다.

'이런 어려운 교회에 초청을 받았으니 더욱 집회를 잘 인도하여 은혜를 끼쳐야 되지 않겠느냐!' 라는 성령님의 감동에 사로잡혀 성도님들의 걱정의 소리를 뿌리치고 시골 버스길에 올랐다. 버스로 50리 길을 달려 상월면에 내렸다.

그러고도 한참을 걸어서 대명교회가 있는 마을로 들어갈 수 있는 다리에 다다랐지만, 여전히 폭우는 앞을 분간할 수 없을 만큼 계속해서 쏟아지고 있었다. 설상가상으로 그동안 내린 폭우는 파괴의 흔적을 남겨 강둑은 이미 무너져 내려 앉았고, 마을을 이어주는 유일한 수단이었던 다리마저도 끊어진 상태가 되었다.

더군다나 홍수가 된 강물은 무섭게 급류를 이루며 세차게 흐르고 있었는데 강의 급류(急流)에 휘말리면 위험할 것을 직감하였다. 금방이라도 삼킬 것 같은 물살을 바라보면서 생각에 잠기다가 두 손을 모아 하나님께 기도를 드리게 되었다.

"주님! 사도 바울이 복음을 전하기 위하여 위험한 유라굴라 광풍도 이기고 지중해 바다를 건넜는데, 저도 이 위험한 급류의 강을 건너 갈 수 있게 도와주세요!"라고 기도를 드린 후에, 한참을 불어난 강물에 눈길을 모아 건너갈 수 있는 곳을 찾으면서 강을 건널 비장한 결심을 하고 있었다.

하나님의 선하신 인도하심을 느끼며 "죽으면 죽으리라."는 용기와 믿음이 나의 마음을 평온하게 하였다. 나는 강둑에 서서 옷을 벗은 후, 성경을 옷으로 싸서 허리띠로 묶어 머리에 이고, 폭우가 쏟아지는 위험한 강물로 들어가 한 손으로는 급류의 물결을 헤치며, 또 다른 한손으로는 거센 물결을 따라 헤엄을 치며 강을 건너고 있었다. 다행스럽게도 어릴 때 금강줄기에서 목욕을 하며 수영하던 실력이 큰 도움이 되었다.

죽음의 위험까지 무릅쓰고 간신히 강을 건넌 후 건너편 언덕에 오르게 되었다. 다행히 어두움이 조금 깔린 저녁이었음으로 아무도 벗은 몸을 보는 이는 없는 것 같았다. 젖은 옷을 짜고 난 후 툭툭 털어서 입고는 약 4Km나 되는 시골길을 힘차게 달려 대명교회에 숨 가쁘게 이르게 되었다.

교회 문을 들어서니 이미 예배는 시작이 되어 있었다. 내가 예배당에 들어서자마자 성도님들은 일제히 박수를 치면서, 할렐루야!를 외치며 기쁘게 맞이하여 주셨다.

당시에는 전기 불도 들어오지 않아 석유등을 달아 놓고 있는 상태여서 내부는 조금 어두운 편이었다. 그러나 자세히 살펴보니 교회 안에는 은혜를 사모하는 성도님들과 외부에서 온 부흥강사를 보기위해 찾아온 동네 주민들로 가득 차 있었다.

이날 밤에 성령님께서 강하게 역사하셔서 전도사의 힘있게 외치는 설교 는 초대교회처럼 말씀의 은혜가 넘쳤고 성령의 역사가 나타나 회개와 예수님을 구주로 영접하여 구원 받는 일이 일어날 뿐만 아니라 병이 낫는 신유의 역사도 나타났다.

그날 저녁집회에 얼마나 열정적으로 설교를 하였던지, 교회에 모인 사람들의 구원을 위해 설교를 외치는 동안 내 몸은 이미 성령의 충만함으로 가슴에 뜨거움이 넘쳤고, 내 젖은 옷이 설교하는 동안에 다 마를 정도로 열기가 가득하였다.

예배 후 그날 밤은 임상호 목사님 댁에서 머물게 되었는데, 폭우 속을 뚫고 정신없이 달려 왔기 때문에 집회를 마치자마자 긴장이 풀리면서 몸이 많이 아프다는 것을 느끼게 되었다. 바로 쓰러진 나는 온 몸에서 열이 나고 심한 감기에 걸린 상태가 되어 기침으로 잠을 이룰 수가 없었다.

밤새도록 아픈 몸을 뒤척이면서 끙끙 앓고 있었는데, 마침 주택에 상비약으로 준비된 감기약을 임 목사님의 따님이 따뜻한 물과 함께 건네주어 복용을 할 수 있었다. 쓰러져 잠이 들었는데 누군가 밤새 이마에 차가운 얼음찜질을 해주는 것이 느껴질 뿐 눈을 떠서 확인 할 수조차 없었다.

약기운인지 얼음찜질로 열이 가라앉은 것인지 알 수는 없었지만 그날 밤에 편안히 잠을 자고 쉴 수가 있었다. 그날 밤 감기와 몸살로 쓰러졌던 나를 간호해 주었던 분이 누구인지 몰랐는데 나중에 알고 보니 목사님의 따님이었던 사실을 알게 되었다.

진심어린 간호에 감동을 받았고, 아름다운 목사님의 따님은 지금의 내 아내가 되었다.

하나님께서는 돕는 배필을 예비해 두셨다가 하나님을 위해 최선을 다하여 순종과 헌신을 할 때 귀한 내자(內子)와의 만남과 복된 가정을 허락해 주신 것이다. 할렐루야!

(위, 왼쪽) 선명회 (월드비전)에서 장학금과 지원물품을 받고 기념촬영

(위, 오른쪽) 전도사 시절

(아래) 사랑하는 아내와 결혼식, 1970년 1월 3일

3. 하나님의 섭리
(네 병은 죽을병이 아니다. 치료해주신 '라파'의 하나님)

피투성이로 교회 종을 울리는 전도사

때로는 하나님의 생각과 사람의 생각이 다른 것을 살아가면서 많은 체험을 통하여 배우게 된다. 사람은 미래의 결과를 예측할 수도 없고, 현재 순간들의 상황도 분별할 수 없는 연약한 존재임을 깨닫게 된다. 그리고 삶의 고비 고비마다 고난과 아픔, 슬픔에 처하면서 실패와 좌절 혹은 감사와 기쁨을 얻게 된다.

광야와 같이 힘든 세상에서 하나님의 도움이 없이는 살아 갈 수 없다. 인생에 찾아온 고난은 하나님의 섭리 가운데 허락해 주신 것이며, 때로는 우리를 더욱 귀하게 사용하시려고 연단시키시는 선한 뜻이 담겨져 있음을 누구보다도 잘 알고 있다. 그러나 고난의 현장에서 '범사에 감사하는 것이 부족할 때가 많은 것'이 나의 경험에서도 살펴보면 사실인 것을 느낀다.

그럼에도 불구하고 나는 할 수만 있으면 삶의 고난의 의미를 기도와 말씀 속에서 늘 찾았다. 기도하며 늘 묵상하던 성경 말씀은

"네 하나님 여호와께서 이 사십 년 동안에 너로 광야의 길을 걷게 하신 것을 기억하라. 이는 너를 낮추시며, 너를 시험하사 네 마음이 어떠한지 그 명령을 지키는지 아니 지키는지 알려 하심이라. 네 열조도 알지 못하던 만나를 광야에서 네게 먹이셨나니 이는 다 너를 낮추시며 너를 시험 하사 마침내 네게 복을 주려 하심이었느니라."(신명기 8 : 2, 16)와

"나의 가는 길을 오직 그가 아시나니 그가 나를 단련하신 후에는 내가 정금같이 나오리라"(욥기 23 : 10)는 말씀이었다.

나는 서울신학대학교를 졸업하고 첫 목회지인 천동성결교회에서 총각 전도사로 담임 목회를 하였다. 나는 이곳에서 3년 기간의 목회를 하다가 목사 안수를 받고 군에 군종장교로 입대하려는 계획이 있었다. 천동성결교회에서는 총각 전도사로 목회생활을 하고 군에 입대하여 군종장교가 되었을 때 결혼 할 것을 마음에 굳히고 있었는데, 이것은 나의 생각이요, 나의 계획이었고 하나님의 뜻은 아니었다.

사랑의 하나님께서 예비하신 섭리와 계획은 나로 하여금 위험한 급류를 건너 대명성결교회에서 설교하도록 기회를 주셨고, 또 임상호 목사님의 아름다운 딸을 만나는 축복을 주시어 결혼을 허락해 주셨다.

내가 군종장교가 되었을 때 결혼하려고 한 이유는 무엇보다 결혼에 필요한 물질 즉, 가진 것이 하나도 없었기 때문에 '결혼을 해야겠다.'는 결심을 하지 못하고 있었다. 그러나 장인, 장모님과 지금의 아내의 배려로 결혼이 이루어진 것이었다.

나는 결혼할 때 전혀 결혼 준비가 되어 있지 못했다. 당시 고아였던 나에게 가정을 이루도록 물질적 도움을 줄 수 있는 분은 없다고 생각했다. 그러나 하나님의 뜻은 달랐다. 사람의 부질없는 걱정과 근심의 생각과는 다르게 '선한 목자께서 인도해 주신다' 는 것을 결혼이라는 것을 통해 체험하도록 역사해 주셨다.

천동성결교회에서 결혼할 당시, 신부에게 줄 예물 반지가 내가 신부에게 해 줄 수 있는 전부였다. 사실, 그 예물반지도 엄격하게 따져본다면 교회에서 준비해 주신 것이었다. 그래도 신부 측에서 시계와 결혼식 때 입을 신사복을 준비해 주셨다. 그리고 당시 내가 담임으로 목회하는 천동성결교회에서 결혼식을 올렸는데 교회 여전도회에서 음식을 준비하여 하객들에게 정성스럽게 대접해 주었다.

1970년 1월 3일, 결혼식 날의 날씨는 화창한 봄 날씨처럼 따뜻하고 매우 포근하였다. 성도님들 모두가 기뻐하며 '하나님께서 가난한 전도사의 결혼식에 겨울 날씨를 봄 날씨처럼 따뜻하게 축복하셨다' 고 이구동성으로 말하며 하나님께 영광을 돌리었다.

나는 가난한 시골 전도사에게 딸을 주신 임상호 목사님 내외분에게 진심으로 감사를 드렸고 무엇보다도 아가페의 사랑으로 그리고 모험적인 신앙으로 시집 온 아내에게 너무나도 감사한 마음이 가득하였다.

가난한 성직자에게 시집 온 아내는 그 후로도 생활의 빈곤을 한 번도 불평하거나 탓하지 않고 묵묵히 함께 하며 주어진 군 선교사명을 위하여 헌신을 해 주었다. 나는 가진 것이 없어도 결혼 생활에 만족하며 행복하였다.

"비록 무화과나무가 무성치 못하며 포도나무에 열매가 없으며, 감람나무에 소출이 없으며 밭에 식물이 없으며, 우리에 양이 없으며 외양간에 소가 없을지라도 나는 여호와를 인하여 즐거워하며, 나의 구원의 하나님을 인하여 기뻐하리로다."(하박국 3:17-18)라는 말씀처럼….

나는 돌이켜 보면 사망의 골짜기에서 건져주셨고, 구원하여 주신 하나님의 은총에 너무나도 감사할 뿐이었다.

그동안 고아원에서 단체생활 그리고 신학교에서 기숙사 생활을 하던 내가 이제는 한 가정을 이루어 아내가 정성스럽게 지어주는 밥으로 식사를 하게 되었다. 마치 외롭던 한 마리의 기러기가 짝을 지어 먼 길의 복음 선교를 향하여 창공을 훨훨 날아가듯이, 하나님께서 약속하신 축복의 가나안 땅을 향하여 믿음의 발걸음을 내딛게 된 것이 꿈만 같았다.

그 해 5월에는 교단 총회로부터 군목 후보자로 목사 안수를 받는 축복을 하나님께서 허락해 주셨다. 목사 안수를 받고 신혼의 생활을 하는 중에 가장 기쁜 일은 아내와 함께 심방하는 일이었고, 교역자 회의를 하거나 혹은 다른 일로 외출했다가 집으로 돌아 올 때에 사랑하는 아내가 반갑게 맞아주는 일은 이전에 내가 경험하지 못한 가장 행복한 순간이었다.

때때로 시골길 언덕까지 나와서 기다리는 사랑하는 아내의 모습을 보게 되면 너무나 사랑스러웠고 마냥 행복감을 느낄 수가 있었다. 그리고 얼마 후에 행복이 가득한 삶속에서 하나님의 축복으로 사랑하는 아내에게 태의 열매가 맺어졌다. 외롭던 나에게 아내의 선물에 이어 하나님께서는 아이까지 선물로 허락해 주시니 말할 수 없는 기쁨으로 모든 일들이 즐겁고 하루하루를 구름위에서 걷고 있는 느낌이었다. 아내는 거의 만삭이 되어 해산의 날을 준비하게 되었다.

해산 일이 가까이 다가오자 나와 아내는 '분만을 어디에서 할 것인가' 를 서로 상의하곤 하였다. 우리의 마음은 논산에 있는 '하산부인과' 에 입원하여 분만하고 싶었지만, 경제적 여유가 허락하질 않았기 때문에 늘 걱정이 되었다.

그러던 차에 천동리 같은 마을에 살고 있는 감리교회의 '양 장로님' 딸이 보건소 간호사로 근무하고 있음을 알게 되어 우리 부부는 교회 주택에서 해산할 것을 최종적으로 정하였다.

마침내 아내는 열 달의 힘든 과정을 잘 참아 주었고 이제는 해산 준비를 해야 했기때문에, 나는 간호사를 만나 "해산일이 가까오니 좀 도와 달라."고 특별히 부탁을 하였다.

1970년 11월 18일 오전 10시경에 양 간호사가 옷을 잘 차려입고 주택을 찾아 왔다. "오후에 대전에서 결혼식이 있는데 가기 전에 임산부의 상태가 어떤지 알아보려고 들렸다.”는 것이었다.

아내의 출산 예정 상태를 살펴보더니 “지금은 좀 시간이 이른데 내가 없을 때, 오후에 늦게 분만할 것 같은데 어떻게 하나!”라며 걱정을 하고 서성거리면서 자꾸 시계를 보더니

“결혼식에는 꼭 참석해야 하는데…”라고 혼잣말로 중얼거리고는, “촉진제를 사용하여 좀 빨리 분만하도록 조치를 취하겠다.”는 말을 하였다. 당시 우리는 해산과 관련된 어떤 경험이나 일반적인 상식이 없었기 때문에 그녀의 말에 응하여 따를 뿐이었다.

양 장로님의 딸은 아내를 눕힌 후에 분만의 준비를 하더니 촉진제 두 대를 한꺼번에 주사로 놓았다. 그러자 아내는 배의 진통을 호소하기 시작하였다.

양 간호사는 “양수가 보인다.”고 하면서 촉진제 4대를 계속하여 놓았다. 아내는 심한 산통을 하기 시작하였는데, 그 고통으로 괴로워하는 모습은 차마 눈뜨고 볼 수가 없었다.

아내는 여러 시간의 통증과 고통으로 기진맥진하여 정신을 잃어가는 것 같았다. 양 간호사는 아내에게 ‘힘을 더 쓰라’고 큰 소리로 외치고 있었고, 나는 어떻게 산모를 도와야 할지 몰라 발만 동동 구를 뿐이었다.

오후 6시경이 될 때까지 한참을 그렇게 고통스러워하던 중에 산모의 양수가 터지더니 아기의 머리가 나오기 시작하였다. 그러나 아내는 너무 힘이 들었는지 아기를 출산하기 위한 힘을 내지 못하고 있어서 아기가 세상 밖으로 나오지 못하는 진퇴양난의 상태가 되고 말았다.

양 간호사는 ‘이 상태로 두면 산모와 아기가 위험해진다’는 것을 직감했는지 손으로 아기의 머리를 잡고 억지로 빼내기 시작했다. 그렇게

아기를 잡아 빼다시피 한 상태로 마침내 어렵게 출산을 하게 되었다.

그런데 아기가 탄생하는 순간에 자궁에서 '펑'하는 소리와 함께 피가 터져 나오는 것이었고 양 간호사는 다급하게 떨리는 소리로 '자궁혈관이 터졌다'고 말해 주었다.

순식간에 온 방이 피로 범벅이 되었고 아내는 호흡이 잠시 중단되면서 의식을 잃고 말았다. 이 모습을 보고 양 간호사 또한 쇼크를 받아 피가 흥건한 방바닥에 정신을 잃고 쓰러지고 말았다.

이런 비참한 상황을 보고 있던 나는 어찌 할 바를 몰랐다. 한순간에 행복하던 가정과 모든 것을 다 잃어버리는 절박한 느낌이 들었다. 나는 그 자리에 무릎을 꿇고 '하나님! 살려 주세요'라고 외친 후 온 몸이 피로 젖은 채, 밖으로 뛰어 나가 교회종의 줄을 부여잡고 힘껏 종을 치기 시작하였다.

그때는 수확의 철이라 성도들이 집에 있지 않고 논과 밭에서 일을 하고 있어서, 종소리를 듣고 빨리 교회에 와주기를 바라는 심정으로 계속해서 종의 줄을 잡아당기었다.

"하나님! 도와주세요, 사람들을 보내주세요." 피투성이가 된 손으로 온 힘을 다하여 사람들이 들을 수 있도록 한참동안 종을 치고 있었다.

그 종소리는 온 동네뿐만 아니라 온 들녘에 울려 펴져 나갔다. 그 종소리가 잠시 치다 멈추는 것이 아니라 계속 울리고 또 울려서 마침내 들녘에서 일하던 성도들이 교회에 무슨 일이 생긴 것을 느끼고는 일손을 멈추고 교회로 달려오게 되었다.

나는 피투성이로 정신없이 종을 치다가 방으로 들어와서는 다시 아내를 살피며 기도를 하는데, 종소리를 듣고 신자들이 모이기 시작하였고 성도 중 한 사람이 병원에 연락을 취하였다.

얼마 후, 논산 하산부인과 원장이 연락을 받고 택시를 타고 급하게 달려 왔지만 아내의 자궁에서는 계속해서 피가 흘러나오고 있었다. 하산부인과 원장은 급히 지혈제를 놓고 솜으로 자궁을 막았다.

"산모가 피를 너무 많이 흘리어서 생명이 위험합니다."라고 산모의 상태를 알려주고는 계속해서 지혈에 모든 노력을 다하였다. 그러나 상태는 점점 악화되었고, 원장은 '자기로써는 더 이상 손쓸 수가 없다' 는 말을 남기고 돌아가 버렸다.

산부인과 원장마저 포기를 한 상황에서 내가 의지할 곳은 전능하신 하나님 한 분 뿐이라는 것을 잘 알고 있었다. 아내의 얼굴은 여전히 백지장처럼 창백하고 숨소리도 들리지 않았다.

교회 예배당과 방안에서는 성도들이 함께 기도를 하면서 눈물과 통곡으로 하나님께 "산모를 살려주옵소서."라는 간절한 호소를 하며 시골의 밤을 울리고 있었다.

"너는 내게 부르짖으라. 내가 네게 응답하겠고 네가 알지 못하는 크고 비밀한 일을 네게 보이리라."(예레미야 33:3)

"누가 우리를 그리스도의 사랑에서 끊으리요. 환난이나 곤고나 핍박이나 기근이나 적신이나 위협이나 칼이랴? 기록된바 우리가 종일 주를 위하여 죽임을 당케 되며 도살할 양같이 여김을 받았나이다. 함과 같으니라. 그러나 이 모든 일에 우리를 사랑하시는 이로 말미암아 우리가 넉넉히 이기느니라."(로마서 8:35-37)

탄식어린 기도는 새벽 1시가 넘어서도 계속 되었고 좌절할 수밖에 없는 상태였지만 하나님께 간절히 기도하면서 아내의 상태를 살피고 있었다. 그런데 갑자기 아내가 미동을 하면서 놀랍게도 입에서 방언이 터져 나오고 기도소리를 내면서 정신이 돌아오기 시작했다. 나는 그제야 정신을 차리고 한 쪽에 놓여있는 아기를 감싸주었다.

나와 아내 그리고 신자들은 피로 얼룩진 방에서 생명의 근원이 되시는 하나님께 부르짖으며 눈물의 통성 기도로 방 안을 가득 채웠다. 그렇게 모두가 눈물의 기도를 드리고 있는데 기적과 같은 일이 일어났다. 아내의 백지장 같이 창백한 얼굴에서 생기가 솟아나고 아기가 꿈틀거리면서 울음을 터뜨리는 것이었다. 오직 하나님의 은혜요, 기도의 응답이었다.

할렐루야! 그 후 시간이 흘러감에 따라 아내와 아기는 점점 건강의 회복을 얻기 시작하였다.

"내가 사망의 음침한 골짜기로 다닐찌라도 해를 두려워하지 않을 것은 주께서 나와 함께하심이라. 주의 지팡이와 막대기가 나를 안위하시나이다."(시편23:4)

화정교회에서의 신혼생활(사랑하는 아내와 큰딸 경하)

화정교회 여름어린이성경학교 (1971. 7. 26~7.30)

화정교회

목사 안수를 받은 지 일 년이 지나서 '천동성결교회'를 떠났다. 그리고 1971년 5월에 이곳, 충남 강경과 전북 함열 사이에 위치하고 있는 '화정교회'의 담임목사로 부임하게 되었다.

교회는 동산 한 가운데 우뚝 서서 자리 잡고 있었으며, 삼면이 논으로 둘러 쌓여있었다. 또한 뒤로는 소나무 숲이 우거져 있었고 그 사이로 시골의 큰 동네가 펼쳐지는 아름다운 풍경을 배경하고 있었다. 주일 낮 예배 출석 교우가 약 250명 가량으로 그 당시 시골 교회로써는 꽤 큰 편에 속했는데 예배드릴 때마다 예배당이 가득 찬 분위기를 느낄 정도였다.

목회생활에 하나의 큰 불편이 있다면 목사관이 준비가 되어 있지 않아서 교회 인근의 유 집사님의 사랑채에 거주해야 하는 것이었다. 그러나 유집사님의 따뜻한 배려로 가족들은 그런대로 적응하며 기쁘게 생활하고 있었으며, 나도 목회생활에 전념할 수 있었다.

하나님의 은혜로 인해 그동안 교회 출석이 뜸했던 성도들이 열심히 심방을 하자 다시 교회로 발걸음을 하기 시작했고 새롭게 전도를 받은 불신자들이 교회로 몰려오는 성령의 역사도 일어나고 있었다.

나는 부임한 지 몇 개월 후 대 심방을 마칠 즈음 감기가 들었는데, 기침으로 호흡곤란과 몸 전체가 심한 고통을 느끼게 되었다. 당시 그곳 인근에는 약국이나 병원시설도 없었고, 멀리 시내로 가자니 교통이 불편하여 차일피일 미루다 보니 치료받을 기회를 놓쳐 병의 증세는 더욱 악화되었다. 게다가 아내는 "목사님이 기도로 병이 나아야지요. 약만 의지하여서 되겠어요."라는 말에 나의 믿음 없는 것이 부끄러워 아예

병원과 약국에 가는 것을 포기하게 되었다.

그 즈음에 추석을 맞이하게 되었는데 시골 농번기를 피해 한가한 틈을 타서 그 기간에 교회에서 부흥회를 열기로 하고 돈암동교회 김정호 목사님을 강사로 모시기로 하였다. 나는 부흥회를 위하여 특별 새벽 기도회를 열고 심방을 하기 시작하였다.

한편으로는 불신자들을 위한 전단지를 준비하여 온 동네에 배포하는 등, 몸을 돌볼 겨를도 없이 정열을 쏟아 부었다. 나의 몸을 돌볼 겨를도 없이 교회 부흥에만 관심을 기울이고 건강을 방치한 결과, 병은 점점 더 악화되어 갔으나 담임목사가 아픈 것을 성도들이 알게 되면 실망을 하게 될까봐 그 누구에게도 말을 하지 못하고 있었다.

그러던 어느 날 아내와 논두렁을 걸어 심방을 가던 중, 심한 기침과 가래로 기도(氣道)가 막혀 잠시 호흡이 멈추게 되었고 그 여파로 마침내 정신을 잃고 논두렁에 쓰러지고 말았다. 얼마 후에 눈을 떠보니 집에 누워있었는데, '교회 청년이 부축해 왔다'는 말을 전해들을 수 있었다.

기관지 확장증(천식)

그렇게 간신히 위기를 넘기고 있던 어느 날 저녁에 갑자기 나에게 또 다른 시련이 찾아왔다. 숨소리가 거칠어지더니 가슴에서 마치 돼지 소리처럼 "거~럭! 거~럭!"하게 소리가 나면서 밤새 숨이 막혀오기 시작했다.

결국에는 숨이 막히기를 여러 차례 계속하여 새벽 기도에 나가질 못했더니 성도들은 염려가 되어 예배가 끝난 후에 사택을 방문하였다. 성도들은 사택으로 들어오면서 목사님의 숨소리가 거친 돼지의 울음처럼 들리자 모두가 놀라서 당황하기 시작했다.

한 성도가 나의 상태를 살피더니 '목사님! 그냥 계시면 큰일 납니다.'라고 말한 뒤 택시를 불러 나를 읍내의 병원으로 입원을 시켜 주었다. 병원에서 여러 가지 검사를 마친 후 의사는

"목사님의 병명은 기관지 확장증인 천식입니다."라고 알려주어 처음으로 병명이 무엇인지 알게 되었다. 이 병은 기관지가 벌렁 뒤집어져서 숨소리가 마치 돼지 울음소리처럼 나게 된다는 것을 직접 알게 되었다.

담임목사가 병원에 입원중인 상황에서 교회에서는 예정된 부흥집회의 일정을 연기하지 못하고 집회가 진행되었다. 성도님들은 예배가 끝나면 오히려 담임 목사님의 상태를 보기위해 병원에 오가며 분주한 시간을 보내야만 했다.

나는 교회에 부임한 지 얼마 안 되어서 이런 일이 발생하자 교인들에게 너무나 부끄러웠고 또한 하나님께 죄송함을 금치 못하여 울면서 고통의 시간들을 보내고 있었다.

결국 병이 호전되지 않아 오랫동안 음식을 먹지 못하고 물조차 넘기기가 어려워서 몸은 점점 야위어갔고, 뼈만 앙상하게 남게 되었다. 2주일이 지나는 동안에 몸이 점점 더 약해져 간다는 것을 느끼게 되어 '이제 드디어 내 생명의 불꽃이 꺼져가는구나' 라는 생각마저 들게 되었다.

그런데 입원한 지 약 2주 만에 돼지 울음소리 같던 숨소리는 어느 정도 걷혀져서 병이 치료되어 가는 줄 알았지만 병원장은 아내에게 '교회 어른들을 모시고 오라' 고 하더니

"목사님을 집으로 모시고 가세요. 그리고 이제는 편안하게 해드리세

요. 목사님이 하시고 싶은 일이 있으시면 마지막으로 다 들어 드리세요.”라고 청천벽력 같은 말을 성도들에게 전해주었는데 사형선고를 받은 셈이었다. 신자들은 송장처럼 보이는 젊은 목사를 차에 실고 사택으로 돌아온 후 한숨을 쉬며

“젊은 목사가 죽어가는구나! 교회 부흥에 지장이 생기겠구나!”라는 말을 하며 걱정을 하기 시작했다.

나는 뼈와 가죽만이 남은 송장과 같은 몸을 이불에 기대고 앉아서 아내를 불렀다. 아내는 돌도 안 된 어린 딸을 안고서 남편의 모습을 보고 하염없이 울기만 하였다. 마지막 힘을 다하여 사랑하는 아내에게 말을 하기 시작했다. 아내와 딸에게 남편으로서, 아빠로서 미안한 마음으로 유언을 한 것이었다.

“아빠가 먼저 가게 되어 미안하다. 여보! 내가 천당에 가더라도 슬퍼하거나 낙심하지 말아요, 믿음을 끝까지 잘 지키고 세상을 용기 있게 살아가세요. 사랑하는 어린 딸 경하를 잘 부탁해요.”

이렇게 처절하고도 기가 막힌 유언을 남기고 더 이상 말을 잇지 못한 나는 아내의 두 손을 잡았다. 아내는 어린 딸을 무릎에 앉혀 놓고 한없이 눈물만 흘리고 있었다.

더욱 앙상하게 변해버린 몸으로 물 한모금도 못 넘기는 상태가 되었고, 뼈와 가죽만이 남은 몰골이 괴롭기만 하였다. 그래도 우리 부부는 믿음을 저버리지 않고 하나님만을 의지하며 괴로움을 견디어나갔다.

나의 신음하는 소리를 들을 때 마다 아내는 나를 대신하여 끊임없이 주께 부르짖으며 기도해 주었고, 희망을 버리지 않는 아내의 모습을 볼 때에 나도 용기를 내어 믿음으로 오직 하나님과의 관계 속에서 도우심만 바라며 다시 주님께 매달릴 수밖에 없었다.

그러던 어느 날 오토바이를 타고 젊은 아저씨 한 분이 찾아왔다. "여기가 목사님 사택입니까?" 젊은 아저씨는 면사무소에 볼 일이 있어서 들렸다가 '여기저기에서 수군거리는 소리를 듣고 찾아왔다' 라고 말해주었다.

마을 주변 여기저기에서 '젊은 사람이 죽어간대, 안됐네! 젊은 아내와 아기는 이제 어떻게 살아가나…' 라는 말들이 온 마을에 퍼져 있어서 젊은 아저씨도 무슨 사연인지 궁금했다고 하였다. 그래서 "목사님이 무슨 병이냐"고 물어 보았는데 정확한 병명을 모르는 마을 사람들은 '숨을 못 쉬고 돼지 울음소리가 들리는 병' 이라고만 말해주어서 "직접 목사님을 만나서 확인하러 왔습니다."라고 하였다. 이 젊은 사람은 나의 손목에서 맥(脈)을 한 번 짚어보고는

"목사님, 내일 오전에 꼭! 다시 오겠습니다."라는 말을 남기고 돌아갔다.

젊은 아저씨가 왔다가 돌아가고 하루 밤을 지내면서 누구인지도 모르는 사람이 "다시 오겠다."고 한 말을 기다리며 반신반의하면서도 작은 희망의 불빛이 보이듯이 소망을 가지고 기도의 시간을 보내고 있었다.

그런데 다음날 오전 10시가 넘어서 집 앞에 오토바이 소리가 들리기 시작했고 젊은 아저씨가 약속한대로 다시 찾아온 것이었다. 우리 내외는 오토바이 소리로 기도의 응답을 받은 것처럼 기뻐했고 아내는 맨발로 문을 열고 뛰쳐나가 약속을 지킨 아저씨를 반겼는데, 젊은 아저씨의 손에는 한약재 5봉지가 들려있었다. 이 젊은 사람은 이제야 자신을 소개하며 나를 찾게 된 이야기를 시작하였다.

"나는 부여 가는 길에서 조그마한 한약방을 하는 한의사입니다. 목사님께서 죽어간다는 소식을 듣고 꼭 살려야 하는 사람이라는 마음의 감동을 받아서 즉시 달려와 맥을 짚게 되었습니다. 이 약 5봉지를 잘 달

여 드시고 계십시오. 떨어지기 전에 또 오겠습니다.”

이렇게 우리에게 찾아온 시골 한약방 선생님은 약이 떨어질 때쯤이면 어김없이 약봉지를 들고 찾아오기 시작했다. 젊은 선생님이 약봉지를 전해주는 일은 거의 3개월을 넘어 계속되었고 아내의 손은 한약을 짜느라 양손이 갈라져 피가 줄줄 흐르고 있었다. 그 덕분인지 얼굴색이 조금씩 돌아오며 거친 숨소리도 약간은 부드러워진 것 같았다.

두 통의 등기우편

그러던 어느 날 시골 우체부 아저씨로부터 등기 한 통을 받게 되었다.

총회본부에서 보내온 편지였는데, 육군군종장교후보 11명의 명단 속에 ‘전을성’ 목사 이름이 있었고 “1971년 11월 1일부로 국방부에 출두하라.”는 명령이 적힌 군목후보생 징집 내용이었다.

등기 한 통을 받아든 아내는 죽어가는 남편 몰래 편지 내용을 확인해 보고는 교회에 올라가 주님께 울며 기도하기 시작하였다. 사랑하는 남편 전목사가 죽음의 골짜기에서 헤매고 있는데 알리지도 못하고 혼자서도 감당하지 못하여 서럽게 울면서 오직 주님께 간구하며 기도만 할 뿐이었다.

“주여! 어떻게 얻은 군종장교기회입니까? 전 목사의 소원을 아시는 주님! 지금 저렇게 아픈데… 어떻게 지금 군으로 갈 수가 있습니까?” 아내의 눈물의 중보기도는 나도 알지 못한 채 계속되고 있었다.

그런데 총회본부에서 등기를 받은 지 열흘 후에 우체부 아저씨로부터 또 한 장의 등기를 받게 되었다. 그런데 이번에는 국방부에서 직접 보내온 편지였다.

그 내용은 타이핑으로 또박 또박 쓴 것으로 "전을성 목사는 다음해 봄에 연락하면 국방부로 나오시오."라는 통보였다.

군 입대와 관련된 통지가 이상하게도 소집 일자가 몇 월 며칠이라는 정확한 날짜도 쓰여 있지 않은 채, 입대 일자가 뒤로 연기되었다는 것만 통보를 해준 것이었다.

아내는 그때서야 뼈만 앙상하게 남은 채, 죽음의 문턱에서 필사적으로 기도하고 있는 남편에게 두 통의 등기편지를 내놓으면서, "주님께서 당신, 전 목사님을 너무나도 사랑하십니다."라며 그동안 있었던 사연을 알려주었는데 결국 아내와 함께 소리없는 눈물로, 한없이… 한없이… 양 볼을 적시고 말았다.

"하나님 아버지! 감사합니다. 이렇게 기회를 주시니 참으로 감사합니다."

기쁜 소식에도 불구하고 병이 호전되지 않게 되자, 어느 날 교회 청년회장의 등에 업혀서 교회 기도실로 자리를 옮겨왔다. 교회 기도실에서 죽음을 기다리려고 하였는지 아니면 하나님의 사랑과 치유를 받고 싶어서였는지 성령님께서 나의 마음을 인도하시어 기도실로 자리를 옮기어 모든 것을 주님께 맡기기로 하였다.

"주께서는 꺼져가는 등불을 마저 끄지 않으시며 상한 갈대를 꺾지 않으시는 참으로 좋으신 하나님 아버지가 되십니다."라는 고백과 기도를 쉬지 않았다.

나와 아내는 오직 기도로 시간을 보내며 모든 것을 하나님께 맡기고 있을 뿐이었다.

전 목사야! 네 병은 죽을 병이 아니다.

이렇게 기도실에서 기도생활을 시작한 지 40일째가 되는 날이었다. 꺼져가는 심지와 같은 목숨을 헐떡거리면서 살았는지 죽었는지 조차 알 수 없을 정도로 송장 같은 몸을 가누어 겨우 움직일 정도였다. 그렇게 몸을 추스르고 있던 어느 날 주님의 커다란 음성이 우레 같이 나의 두 귀에 분명하게 울려 펴져 들리는 것이었다.

"전 목사야! 내 사랑하는 아들아! 네 병은 죽을병이 아니다!"

이렇게 커다란 음성에 놀라서 사방을 살펴보니 나는 교회 기도실에 엎드러져 있었고 나의 앙상한 모습을 눈으로 확인하면서 '내가 왜 이렇게 이곳에서 누워 있을까?' 라는 생각으로 갑자기 정신이 번쩍 나면서 몸이 움직이기 시작했다.

놀랍게도 그때에 나의 양손과 손가락, 양발과 발가락 끝에 새 힘이 쑥쑥 들어오는 것이 느껴지기 시작했다. 나는 하나님께서 나를 향해 들려주신 축복의 음성에 감격하여 너무 기쁜 마음에 "할렐루야!"를 외쳤는데 순간적으로 놀라서 잠에서 깨어나게 되었다.

잠에서 깬 나는 어디서 그런 힘이 솟아나는지 자신도 모르는 사이에 일어나 앉을 수가 있었다. 하나님께서 치료해 주셨다는 확신이 들었다. 주님의 강한 손이 나를 치료해 주셨고 이 자리에도 임재하고 계심을 느끼며 마음속에 평안이 샘솟는 듯하였다.

깊은 밤에 무릎을 꿇고 치료해 주신 하나님께 감사의 기도를 드리려는데, 먼저 회개의 기도가 나오기 시작하였다. 바로 믿음 없는 것을 회개하고, 잠시 동안이었지만 낙심하고 하나님의 사랑에 대하여 의심을 한 것까지도 회개하게 되었다. 그러자 곧 손끝과 발끝에서 새 힘이 솟

아 오르는 것을 체험하게 되었다. 하나님께서는 말라기 4장 2절 말씀을 통하여

"내 이름을 경외하는 너희에게는 의로운 해가 떠올라서 치료하는 광선을 발하리니 너희가 나가서 외양간에서 나온 송아지같이 뛰리라."는 치유에 대한 확신을 주셨고, 나도 모르게 감사의 기도가 터져 나오고 있었다.

"살아계신 하나님 아버지! 감사합니다. 나를 살려주신 하나님 아버지! 여호와 라파"(Healing God)의 하나님! 감사합니다. 할렐루야!"라고 외쳤다. 그 뒤 청년회장의 등에 업혀 집으로 돌아왔고, 1월 둘째 주에 처음으로 강단에 서서 겨우 설교를 몇 마디 전할 수 있었다. 예배에 참석했던 성도들이 놀라며 말하기를

"강단에 서 있는 목사님의 얼굴에서 주님의 영광의 광채가 떠오르는 것처럼 목사님의 얼굴이 환하게 빛나 보였어요."라고 말해 주었고, 심지어 '목사님의 얼굴 모습이 예수님의 모습처럼 보였다' 고 말하며 용기를 주어서 설교를 할 수 있게 되었다.

육군에서 공군으로

몸이 조금씩 회복되면서 미음을 먹었던 상태에서 죽을 먹을 수 있게 되자 혈색도 차츰 돌아오기 시작하였고 숨소리도 평온을 찾기 시작하였다. 그런 가운데 하나님이 주신 희망이 봄과 함께 다가오는 것만 같았다.

하나님께서 새 힘을 주셔서 건강이 회복되었고 봄이 오면 군종장교

로서 공군에 들어갈 수 있다는 희망과 꿈을 가지면서 더욱더 간절한 기도의 생활을 보내고 있었다.

죽음의 문턱에서 총회본부로부터 전달된 처음 군 입대 명령에는 "1971년 11월에 전을성 목사를 육군 군종장교 후보로 소집한다."는 내용이었지만 두 번째 국방부로부터 전달된 소집 등기에는 '1972년 봄에 공군 군종장교 후보로 전환하였다'는 내용이 적혀 있었다. 그래서 군 입대일이 연기 되어질 수가 있었고 공군으로의 입대가 가능해진 것이었다.

두 통의 등기 편지는 하나님이 주시는 응답의 증거였다. 연약해진 병을 치료받는 시간이 필요하였는데 하나님께서 역사하셔서 육군에서 공군으로 전환되어 군종장교 소집이 연기될 수 있었다.

또한 희망지에 선택했던 공군에 입대할 수 있게 되어 다음해인 1972년 4월 26일자로 국방부의 명령을 받고 대전교육사령부에서 훈련을 받게 되었다.

'군종장교로 입대를 해야 한다'고 말하자 화정교회에서는 모든 성도들이 나의 건강상태를 알고 있었기에 말리기 시작했다. '그런 몸으로 군대를 가게 되면 중간에 건강 문제로 의무복무 기간의 임기도 마치지 못하게 되어 불명예 전역을 하게 될 것이고 건강도 악화될 수가 있다'며 믿지 않는 동네 어르신들과 모든 성도들이 군목으로 입대하는 것을 하지 못하게 만류하기 시작하였다. 그러나 나의 어릴 적 꿈을 이루고 싶다는 강력한 주장에 성도들은 걱정스러워 하면서도 군목 입대를 끝까지 말리지 못하고 축복해 주었다.

그리고 '만약에 훈련 중에 어려움이 생기면 반드시 화정교회로 다시 돌아오라'고 모든 성도들이 격려해 주시면서 '그 동안은 다른 목회자를 모시지 않겠다' 며 젊은 목사를 걱정해 주었다.

어려운 상황 가운데도 '죽으면 죽으리라' 는 신앙적 자세로 모든 것을 주님께 맡기고 나는 사랑하는 아내와 어린 딸의 손을 잡고 편안할 수도 있었던 임지인 화정교회를 뒤로 한 채, 주님께서 예비하신 곳을 향하여 나아갈 수 있었다.

사랑하는 아내와 어린 딸을 데리고 화정을 떠났지만 솔직히 마땅하게 갈 곳이 없었다. 교회 사택을 나와 군 입대를 하면, 아내와 어린 딸은 있을 곳이 없어진다. 그래서 어렸을 때 자라왔던 곳, 원장어머님이 계신 강경고아원으로 들어가기로 결심하였다.

고아원에 찾아간 후 원장님에게 말씀을 드려 방 하나를 빌려서 아내와 어린 딸을 그곳에 맡긴 후 군종장교 후보생으로 훈련을 받으러 떠나며

"하나님, 나의 사랑하는 아내와 어린 딸을 눈동자처럼 지켜주세요." 라며 기도할 때 나에게 소망이 된 말씀은 "내가 산을 향하여 눈을 들리라. 나의 도움이 어디서 올꼬! 나의 도움이 천지를 지으신 여호와에게서로다."라는 시편 121:1-2절의 말씀이었다.

마침내 1972년 4월 26일에 공군 군종장교 후보생으로 대전 교육사령부에 입대를 하게 되었다.

당시 훈련을 받으러 입대를 하였지만 체중이 너무나 적었고 깡마른 해골 같은 몸에 철모와 완전무장한 배낭의 무게는 연약한 몸이 감당하기가 무척이나 어려운 상태였다.

기력이 쇠약한 나로서는 몸을 지탱하기에도 천근만근과 같았는데 군복은 왜 그리 큰지 두 사람이 들어갈 정도였고, 군복과 군화와 각종 군장으로 무장하니 가만히 서 있기만 해도 쓰러질 것 같았다.

무엇보다 장애가 된 것은 '기관지확장증'(氣管支擴張症)이었다. 아직 병에서 완전하게 치료되지 않은 상태였던 나로서는 힘든 훈련 과정 중에 불규칙한 호흡으로 인하여 여러 가지 어려움이 뒤따랐다.

그러나 화정교회에서부터 호흡이 곤란해질 때마다 아내가 챙겨주었던 생강을 씹어 삼키자 하나님께서 전적으로 도우시는 은혜로 조금은 숨이 편해지는 것 같았다. 그래서 훈련 시에 비상약으로 생강을 몰래 비닐봉지에 넣어가지고 호흡이 곤란해질 때마다 먹기로 작정을 하였다. 모든 의복과 물건을 반환할 때도 생강만큼은 한쪽 귀퉁이에 던져 놓았다가 다시 씹고 호흡을 찾고 하는 일이 되풀이 되었다.

생명줄 같은 생강이 기침과 가래를 이기는 약재로 많은 도움이 되었다. 그래서 기침이 심하거나 호흡이 곤란해질 때는 생강을 조금씩 씹어 목에 넘기면 기침도 참을 수가 있었고 호흡도 부드러워져 어느 약보다 많은 도움이 되었다.

공군 군종장교 훈련 후 군목으로 하나님의 부르심을 받다

4. 공군 군목으로의 전진

영적전쟁(할렐루야! 아멘!)

따뜻한 봄날이었지만, 아침저녁으로 느끼게 되는 쌀쌀한 기운은 기관지가 약한 나에게 군종장교로 훈련받는 것을 힘들게 만들었다. 나는 감기에 걸리지 않도록 매우 조심하는 한편, 기도하면서 전능하신 하나님의 손길을 붙잡고 의지하며 힘든 장교훈련을 견디어 나갔다. 훈련 중에 주시는 하나님의 말씀은 나에게 많은 용기가 되었다.

"두려워 말라. 내가 너와 함께 함이니라. 놀라지 말라. 나는 네 하나님이 됨이니라. 내가 너를 굳세게 하리라. 참으로 너를 도와주리라. 참으로 나의 의로운 오른손으로 너를 붙들리라."(이사야 41:10)

하나님께서 나와 함께 계시는 임마누엘(마태복음1:22~23; 이사야7:14)로 함께 계심을 순간순간 확인하며 훈련에 임하였다. 이른 아침마다 완전 전투복 차림으로 하는 약 8km의 조기 구보(驅步, 달리기)는 내게 제일 힘든 훈련이었다.

조기 구보 대열에서 달릴 때마다 호흡이 힘들어지고 숨이 차는 것을 느꼈고, 그럴 때마다 나는 도중에 쓰러져 '훈련 중에 도태 당하면 어떻게 하나' 라는 걱정이 들기도 하였다. 이럴 때마다 이사야 41장 10절 말씀을 외우며, 구보대열에서 총대를 가슴에 부여잡고

'할렐루야! 아멘! 할렐루야! 아멘!' 하며 가쁜 호흡을 조절하며 달리게 되었다. 할렐루야, 아멘을 부르짖으면 주님께서 나를 이끌고 달리시는 것 같아서 많은 힘이 되었다.

　군종장교 훈련생 중에 신부님도, 법사님도 함께 훈련을 받았다. 하루는 여느 때처럼 '할렐루야'를 외치는데, 옆에서 법사님이 '나무아미타불' 하고 답을 하는 것이었다. 처음에는 별 신경을 안 쓰고 달렸는데 내가 '할렐루야' 만하면 꼭 따라서 나무아미타불을 외치고 있었다.

　법사님은 나를 시기나 하듯이 나무아미타불을 외치면서 약을 올리기 시작했다. 그렇게 훈련받는 며칠 동안 나의 '할렐루야!'와 스님의 '나무아이타불'의 소리는 마치 '영적전쟁'처럼 느껴지게 되었다. 그때마다 주님께 간절히 기도를 드릴 수밖에 없었다.

　'하나님! 앞으로 군 선교 사역을 감당할 때 어떠한 어려움이 닥쳐와도 이기게 하여 주옵소서. 오직 나의 입술과 마음이 주께로만 향하여 세상의 어떤 소리에도 귀 기울이거나 흔들리지 않게 하셔서 주님이 주시는 사명을 완수하게 해 주옵소서!'

　이런 기도가 나의 입술에서 쏟아지며, '할렐루야! 주님을 찬양합니다. 아멘, 이루어 주옵소서.' 오직 주님만을 찬양하며 행군을 계속할 수 있었다. 그러다가 어느 날부터인가 내가 말할 때마다 후렴구처럼 반복하던 스님의 '나무아미타불'의 소리는 들리지 않게 되었다. 법사님은 지쳤는지 나를 따라 하지 않았다. "할렐루야!"

　그때 나는 하나님께서 주신 군 선교사명을 마음에 새롭게 새기게 되었다. 군에는 많은 종파가 공존하는 곳이다. '이곳 군에서 나의 믿음을 더욱 굳건히 지키기 위해서는 외부의 어떠한 상황에서도 흔들리면 안 된다'는 것을 군종장교 훈련과정을 통해 깨우쳐 주시기 위해 역사해 주셨다고 믿는다. 이렇게 고된 훈련 속에서 오직 하나님께 부르짖고 의지하며 나의 생명줄을 놓지 않고 훈련에 임했다.

　하나님께서 기도할 때마다 허락해 주신 지혜와 새 힘으로 위기의 순간들을 하나씩 하나씩 지나오고 있었다. 아침부터 총대를 메고, 철모를 쓰고, 무거운 군화를 신고, 돌덩이 같은 배낭을 메고 구호에 맞추어 하나, 둘을 외치면서 뛸 때, 나는 '할렐루야! 아멘! 할렐루야! 아멘!' 을 부르며 철저하게 나의 힘이 되신 하나님께 의지할 수밖에 없었다.

그러자 주께서는 나의 몸을 연단시키시어 오히려 연약한 몸이 변하여 건강이 회복되는 기적이 일어났다. 하나님께서는 군종장교 후보생 훈련과정을 통해 은혜와 축복을 주셔서, 10주간의 훈련을 마쳤을 즈음에는 나의 고질병인 천식이 완전히 치료되어 있었다.

대한민국 공군에 중위로 임관하다

두 달의 훈련기간 중 사랑하는 아내는 한 번도 면회를 오지 못했다. 차비조차 아껴야 하는 넉넉지 못한 형편에 아이를 혼자 키우느라 고생하고 있을 아내가 눈에 선하였다. 훈련소에는 토요일이면 면회 행렬이 줄을 지어부모님, 형제들, 아내나 자녀들이 맛있는 음식을 싸가지고 훈련소로 왔다.

다른 가족들이 면회를 와서 서로를 위로하며 기쁨으로 만나는 것을 보면, 나는 아무도 찾아와 주지 않는 토요일 오후가 더없이 쓸쓸하고 외로웠다. 그러면서 군에 있는 젊은 병사들이 안쓰럽게 느껴지면서 그들의 처지를 이해하는 마음이 깊어지게 되었다.

외로움이 생길 때마다 주님께 의지해 기도를 하곤 하였는데 문득 아내가 불쌍한 마음이 들었다.

"내 마음이 이렇게 쓸쓸할 때 사랑하는 아내의 마음은 얼마나 외롭고 쓸쓸할까? 오히려 면회를 와 줄 수 없는 형편이 얼마나 속상하고 외로울까?"라며 처지를 바꾸어 생각하니 아내가 더없이 측은하고 안쓰러워져서 미안하기만 했다.

마침내 고된 훈련과 연단 속에 정금같이 되어 성숙한 모습으로 2개월간의 훈련이 끝나고 1972년 7월 2일 공군 군종장교 중위로 임관식을 하는 날을 맞이하게 되었다.

사랑하는 아내는 어린 딸을 데리고 남편의 임관식에 참석을 해 주었다. 몇 개월 만에 만나 보게 되는 아내와 어린 딸이었다. 아내는 남편의 의젓한 중위 계급장의 장교복이 늠름하게 보였는지, 아니면 죽지 않고 살았지만 아직도 뼈만 앙상한 남편의 모습이 안쓰러웠던지 나를 만난 뒤에도 계속하여 흘러내리는 눈물을 그칠 줄 몰랐다. 하나님의 도움으로 힘든 훈련과정을 마치며 임관식 때에는 놀랍게도 명예스러운 2등의 영광을 얻었다.

"어려운 상황 속에서도 포기하지 않고 참고 견디고 인내하게 하시고 연약한 육체를 강건하게 바꾸어 정금 같이 빛나게 하셔서 영예로운 2등으로 졸업을 하게 하신 하나님! 나를 여기까지 인도하여 도우신 에벤에셀(삼상 7:12절)의 하나님께 이 모든 영광을 돌리고 감사를 올립니다."

군목 기원의 설화(說話)

나는 어릴 때부터 시편 37편 4절의 말씀을 항상 가까이 하며 암송하기를 좋아했다. "또 여호와를 기뻐하라. 저가 네 마음의 소원을 이루어 주시리로다."라는 말씀을 마음에 새기며,

"공군 군종감이 되게 하여 주세요."라는 소원기도를 항상 드리며 갖가지 모든 역경과 고난을 극복하고 이겨왔다.

전능하신 하나님의 도우심과 강권적인 은혜로 공군 군종장교 중위로 임관하여, 황금어장이라고 표현하는 군에서 장병들에게 복음을 전하는 것을 가장 기쁘고 보람으로 여기게 되었다.

그러나 군목이 되었다는 자긍심과는 다르게 그때 당시 나를 당황하게 하는 말들이 여기저기서 좋지 않는 소문으로 들려 왔다.

그 말은 '군목들 가운데 기도생활과 신령한 경건의 생활을 하지 않는 사람들도 있다.' 는 이야기였다. 사회에 있는 교회와 성도들 중에는 아무런 근거도 없이

"군목도 무슨 목사인가? 사회 목회를 하려면 단기로 빨리 제대하여야 한다."라는 빈축을 사며 '앞으로 목회를 할 생각이라면 장기로 군대에 있지 말고 의무 복무 기간만을 빨리 끝내고 제대하여 목회의 길을 찾아야 한다.' 는 충고를 해 줄 정도였다.

어쩌면 당시 일부 군목들 출신의 성직자들의 모습을 보고 실망하여 그런 말이 나온 것인지도 모르겠지만 군목으로 복무를 하는 나로서는 충격 그 차체였다.

나는 그런 이야기가 들려오는 군 선교 현장에 있었음에도 불구하고 성결교단의 군목으로서 기독교대한성결교단의 명예를 지키고, 목회자로서 모범을 보이며 성결한 삶을 살기위해 기도의 생활을 게을리 하지 않았다.

'구약의 위대한 인물 요셉은 성결한 생활과 믿음으로 승리하여 타국인 애굽에서 국무총리로 발탁되어 자기 민족을 구하였다. 나는 성결한

요셉의 위대한 삶과 신앙을 생각하며 군에서 선교의 비전을 세우고 '젊은 장병들을 반드시 구원해야겠다'는 목표를 가지게 되었다.

그래서 군이라는 특수한 사회에서 어떻게 예수님과 같은 선한 성직 자상을 이루어 나갈 것인지를 생각하며 '군에 그리스도의 계절이 올 수 있게 해 달라'고 하나님께 힘써 기도하며 노력하였다.

특별히 나에게 있어서 군목생활의 큰 자극과 깊은 영향을 준 것은 군목 기원의 설화였다.

"불란서 군대에 성 '마틴'(St. Martin A.D 316-400)이라는 장교가 있었다. 그가 하루는 '아민'(Armien)이란 성문 곁을 지나다가 추위에 떨며 구걸하는 거지를 보았다. 그는 무엇을 주려고 했으나 가진 것이 없었으므로 차고 있던 칼로 자기의 외투를 반으로 잘라 한 조각은 추위에 떨고 있는 거지에게 주고, 나머지 한 조각은 자기가 걸쳤다고 한다.

그런데 그날 밤 꿈에 낮에 본 거지가 예수님으로 나타났고, 예수님은 반 조각 외투를 입고 무척 기뻐하셨다고 한다."

천사들이 예수님께 "왜 반 조각 외투를 입고 그렇게 기뻐하십니까?" 하고 반문하니 예수님께서는 "이것은 내 친구 마틴이 준거야!"라고 말씀하시며 아주 기뻐하셨다고 전해진다.

그리고 예수님은 '마틴에게 세례를 주었는데 세례를 받은 후 마틴은 그리스도를 위해서 헌신하기로 결단하였고, 그 외투를 걸치고 나가기만 하면 전쟁의 승리를 거두게 되었다'고 전해진다. 그래서 불란서의 역대 왕들은 그 외투를 성자의 유물로 보존하고 '전쟁이 일어나면 전쟁터에 그 외투를 가지고 나갔다'고 전해진다.

전쟁에서 승리한 이유는 마틴의 옷은 '거룩한 옷'(Holy Clothing)이기에 하나님께서 이 옷을 입고 있을 때 항상 함께 하신다고 믿었기 때문이며, 장병들을 신앙으로 무장시키는데 도움이 되었고, 실제로 사기를 앙양시키기도 하였다고 전해진다.

그리고 이 거룩한 옷을 보관하고 종교의식을 거행하는 곳을 '채플'(Chapel)이라고 불렀고, 종교의식을 집행하고 거룩한 옷을 지키는 군인을 '채플린'(Chaplain)이라고 불렀다. 이 '채플린'은 축일(祝日)에 왕을 위하여 종교의식을 드리고 다른 직무도 수행하였으며, 이들은 교회문제와 세속문제에 있어서 군주에게 직접 조언하는 봉사자로 취급받았고 왕들이 직접 임명하였다.

이상과 같이 전해져 내려오는 군목기원의 설화에서 성 마틴(St. martin)이 베푼 자비와 동정의 정신은 그리스도의 정신과 일치되는 군목의 본래 정신이라고 말할 수 있다. 나는 성 마틴과 같은 군목의 기본정신을 가지고 현장에서 이를 실현하고자 늘 경건의 훈련을 쌓아 나갔다.

1. 평택기지교회에서 장병들과 성탄 축하예배 후에
2, 3. 평택기지교회에서 합동세례식 4. 한경직 목사님을 모시고 공군을 위한 기도회

5. 새벽에 하나님이 도우시도다

새벽기도의 축복

중위 계급을 달고 첫 부임한 부대는 의상봉부대에 있는 기지교회였다. 부안에서 50리 정도의 거리로 변산 해수욕장이 가까운 곳이다.

나는 경건된 신앙생활과 주님께서 원하시는 성직자상을 따르려고 기도에 힘썼다. 그런 가운데 다윗이 고백한 "새벽에 하나님이 도우시리로다."(시편 46편 5절)라는 말씀에 은혜를 받고, 새벽기도를 실천함으로써 일평생 승리할 수 있다는 사실을 깨닫게 되었다.

그래서 첫 부임지인 의상봉부대 기지교회에서 성도들이 새벽기도를 드릴 수 있도록 새벽예배를 시작하기로 하였다. 그때 당시에는 새벽기도회를 갖는 부대교회는 전무한 상태였다. 그런데 막상 새벽기도회를 시작하니 생각 외로 많은 부대 장병들과 관사의 가족들이 교회로 모여 기도를 드리며 하나님의 말씀과 은혜를 사모하기 시작했다.

기도의 횃불이 타오르면서 성령의 역사로 병든 자가 나음 받고, 성도들의 문제가 해결되는 역사가 일어나는 등 날마다 교회가 부흥의 불길이 타오르는 것을 목격하게 되었다.

그런데 좋은 일에는 흔히 시샘하는 듯이 안 좋은 일들이 많이 따르는 '호사다마'(好事多魔)가 있기 마련이라고 하였던가? 타종교로부터 불평과 핍박이 들어오기 시작했다. 그 불평의 소리는 새로 부임한 군목이 새벽기도회를 만들어서 새벽부터 부인들이 재수없이 부대를 설치고 다니고, 또 내무반 군인들이 일찍 잠자리를 떠나게 되어 다른 군인들 잠도 못 자게 만든다는 것이었다.

이렇게 불평하고 핍박하는 사람 가운데에 공군본부 군종감실 군종감에게 '새벽기도회를 중지시켜 달라' 는 내용의 투서를 보내기도 하였다. 그 당시의 군종감은 천주교 신부님이었다.

이 투서를 접수한 군종감은 즉각 '새벽기도회를 중지하라' 는 지시공문을 하달하였다. '군대는 명령에 살고, 명령에 죽는다' 는 말이 있을 만큼 엄격하게 명령을 따르는 곳인데, 이런 상급 기관(부대)의 지시사항을 어기고 '새벽기도회를 계속한다' 는 것은, 지금도 그렇지만 당시에는 거의 불가능한 일이었다.

나는 이런 어려운 상황에 이르게 되었음에도 불구하고 '군목의 경건 생활은 오직 새벽기도회에 있다' 고 확신하고 제대할 것을 각오한 채, 새벽기도를 계속 밀고 나갔다.

얼마 후 공군본부 군종감실을 방문하여 군종감님을 찾아뵙고 "새벽기도회로 심려를 끼쳐 죄송합니다만, 목사가 새벽기도회를 하는 것이 성직자의 본연의 경건된 생활입니다."라고 말씀을 드렸다. 이어서 "만일에 새벽기도회 때문에 군복을 벗으라면 벗겠습니다."라고 강한 의지로 나의 결심을 말씀 드렸더니 군종감님께서는

"전 목사! 당신이야말로 정말 목사야!"라고 격려하시면서, '앞으로 새벽기도회를 문제 삼지 않을 것' 이며, 도리어 '나의 군종활동을 돕겠다' 는 대답을 듣게 되었다. 참으로 무거운 짐을 내려놓는 순간이었다. "새벽에 도우시는 하나님 아버지! 감사합니다."

추수감사절 절기를 맞이하여 추수감사예배에는 '합동세례식' 을 하게 되었다. 예수님을 구주로 영접한 많은 장병들이 합동세례식을 통해 세례를 받게 되었고, 믿지 않던 장병들이 구원을 통해 십자가 정병으로

거듭나게 되는 놀라운 역사가 일어났다.

이 세례식으로 인하여 근무하던 부대교회는 나날이 부흥을 더해 갔다. 믿음의 장병들은 열심을 가지고 충성심과 모범적인 태도로 근무하게 되었고, 신앙으로 자살을 예방하며, 인사사고, 군기사고, 병기사고, 차량운행 사고예방 등이 군목들의 감당해야 할 군종 업무 가운데 일부였고, 각종 사고가 예방되는 등등으로 마침내 우수한 부대로 표창을 받기까지 하였다.

하나님께서 새벽에 기도한 응답으로 도우셨던 증거가 군종활동의 열매로 나타난 것이었다. 또한 지역주민들을 위해 군목으로서 돕고 싶었다. 마침 인근에 진학을 하지 못했던 농어촌 청소년들을 위해 변산 해수욕장지역에서 야학을 시작하여, 나는 교장이 되고 아내와 장병들은 국, 영, 수 등 각 과목을 맡아 야간 학교의 선생이 되었다.

부대 인근주민들에게 우리의 군종활동이 알려져 부대와 마을의 유대관계도 좋아져서 군부대 교회에 찾아오는 신자들이 생겨 더욱 부흥하게 되었다.

황금어장인 군의 복음화를 위한 뜨거운 사명과 불타는 소원을 이루고자 늘 기도하며, 주님이 나와 함께 하심을 믿고 하나님께서 기뻐하시는 믿음의 역사를 위해 담대히 나아가며 헌신하였다.

그래서 부대를 옮겨 전속할 때마다 그 부대 장병들의 영혼을 위하여 '심령대부흥회'와 '새벽기도회'를 계속하였고, 기도하는 곳에 성령의 역사가 강하게 일어나 기지교회는 부흥되었고, 부대는 그리스도의 계절이 찾아오게 되었다.

십배로 펑! 튀겨 주옵소서! - 합동세례 -

목회자는 항상 3가지 준비를 하고 있어야 하는데 첫째는 설교 준비요. 둘째는 이사 준비요. 셋째는 죽음 준비를 해야 한다. 군 장교들은 한 부대에서 근무하는 기간이 정해져 있었기 때문에 군복무를 하는 동안에 수없이 많은 이사를 하여야 한다. 나 역시 군목이기에 많은 이사를 통해, 이삿짐을 꾸리는 데는 전문가처럼 숙달이 되어 있었다.

몇 해 전에 상부의 명에 의하여 이삿짐을 꾸려 가족과 함께 평택에 있는 공군 통신부대로 전입하게 되었다. 부대 지휘관님께 전입신고를 하기 전에 먼저 '기지교회'를 찾아갔다. 교회는 부대 정문에서 좀 떨어져 있는 곳에 위치하였는데 주위환경이 잘 정리된 곳에 아담하게 지어져 있었다.

교회에 들어가 가장 먼저 만난 군종병과 손을 잡고 첫 기도의 시간을 하나님께 드렸고 안내 장교의 안내로 지휘관께 전입신고를 드릴 때, 지휘관께서는

"군목님께서 부대를 위해서 열심히 뛰십시오. 그러면 군종업무가 잘될 것입니다."라는 말씀을 해 주실 때 한편으로 마음에 부담이 가기도 하였으나 지휘관의 관심에 대하여 진심으로 감사하는 마음이 생겼다.

당시 통신대장이셨던 김백련 중령님은 군목인 나를 기쁨으로 맞이해 주었다. 부대에서는 통신대장님을 장로님이라고 부르기도 하였는데, 김백련 장로님은 주님의 일에 항상 앞장서서 군목을 도와 크고 작은 군종활동에 큰 힘이 되어주셨다. 당시에는 지금처럼 지원이 넉넉지가 않았던 실정이어서 교회나 관사의 환경이 많이 열악하였다.

교회의 여건이 허락지 않을 때면 통신대장님께서는 자신의 사무실에

서 주일학교 예배를 드리도록 배려를 해 주셨고, 심지어 성도들을 자기 집으로 모이게 하여 군종업무에 대하여 협력하도록 자리를 마련해 주시는 등, 각종 지원을 아끼지 않고 해주셨다.

심지어 군종업무와 관련된 일이라면 작은 부분도 지나치지 않고 세세하게 돌보아 주셨는데, 겨울에 너무 추워 업무를 볼 수가 없을 때면 조용히 자신의 사비로 교회 앞에 기름을 놓고 가시면서 교회의 어려운 사정을 남몰래 도와주시곤 하셨다.

김백련 장로님은 평택기지교회가 부흥할 수 있게 모든 사랑과 정성을 주셨던 기도의 동역자이셨고, 나의 목회 활동에 생사고락을 함께하며 끝없는 사랑을 베풀어 주신 분이셨다.

나는 군목으로 국가에 충성하는 것이 당연하지만 지휘관으로서 장병들이 각종 안전사고나 병영생활에 문제가 생기지 않도록 더욱 혼신의 노력을 기울이게 되었다.

나는 성경을 들고 다니며, 많은 장병들을 만나 신앙의 이야기를 나누고, 개인적인 문제나 부대 내무반 생활 등, 장병들이 느끼는 어려움에 대하여 상담하는 일을 게을리 하지 않았다.

신앙전력화와 영혼구원을 위해 장병들을 찾아다닐 때마다 마음속에는 늘 불타듯이 소원하는 기도가 있었는데 바로 부대의 복음화와 기지교회의 부흥이었다.

신앙전력화는 곧 무형전투력(無形戰鬪力) 증강으로 무장하는 것임을 확신하기에 더욱 군 선교에 전력을 하였고, 병사들의 사고를 예방하여 사랑하는 가족의 품으로 돌려보내는 일에 최선을 다하였다.

"내게 능력 주시는 자 안에서 모든 것을 할 수 있느니라."(빌 4:13)

나는 이 성경말씀을 부여잡고 기도를 하던 어느 날 기지교회에서 철야기도를 드리는 가운데 "합동세례식을 전개하라."는 뜨거운 성령님의 감동과 은혜가 넘치게 되었다.

나는 꿈속에서 푸른 제복을 입은 보라매 장병들이 찬송을 부르며, 구름 떼와 같이 기지교회로 모이는 환상을 볼 수가 있었다.

나는 그 해 가을에 부대에서 처음으로 합동세례식을 거행할 것을 결심하고 며칠 간 금식기도를 하였다. 그 후 20여 일간 부대를 누비며 장병들을 만나 전도를 하며 세례를 받도록 권면하였지만, 결심한 장병은 25명에 불과하였다. 나는 25명의 명단을 성경 위에 놓고 무릎을 꿇었다.

"하나님! 예수님을 구주로 영접한 25명을 구원과 변화를 시켜 성령의 불로 펑 튀기듯이 부흥의 역사를 허락해 주옵소서. 마치 쌀 한 되를 펑 튀기면 한 말의 튀밥이 나오듯이 펑 튀겨 주시옵소서."라고 기도할 때,

"너의 믿음대로 될찌어다."라는 말씀의 응답과 확신을 받았다.

그 후에 더욱 열심을 내어 장병들을 만나 전도하였는데 성령님께서 만나는 병사들에게 역사하시며 함께 하시는 것을 느낄 수 있었다. 집을 나간 탕자가 허랑 방탕한 생활을 하다가 결국에는 아버지의 넓으신 사랑의 품에 안기어 복된 삶을 누리듯이, 결신하는 장병들 중에는 삶이 변화하는 역사와 전도의 사역에 참여하는 일이 일어나기 시작했다.

성령님께서는 새로운 능력과 아이디어를 나에게 주시어 좋은 사람뿐만 아니라 꼭 만나야 할 사람을 만나게 해 주셨고 전도의 열매가 차차 나타나게 되었다.

누가복음 15장의 비유에서 나오는 내용인 선한 목자 되신 예수님의 심정을 생각하였다. 우리 안에 있는 99마리의 양을 놓아두시고 한 마

리 잃어버린 양을 찾기 위해 험난한 산길과 계곡을 헤매며 찾아다니셨던 모습을 생각하니, 나는 잃어버린 보라매 장병들의 한 영혼을 구원하기 위하여서라도 장병들이 머무는 곳은 어디든지 찾아가서 상담하고 고민을 해결해 주는 일을 주저하지 않았다.

높은 고지에 파견된 통신부대 장병들을 찾아가기 위해 산을 오르내리며 피곤에 지쳐 육체적으로는 힘이 들었지만 오히려 구원의 소식을 전할 수 있다는 기쁨으로 부대원들을 돌보며 치유하는 일에 더욱 힘쓰게 되었다.

한 번은 부대에서 문제의 사병으로 분류된 김 상병을 찾아갔을 때, 그는 군목인 나를 피하여 달아나려고 하였다. 나는 기회를 놓치지 않고 김 상병을 설득하기로 마음을 다지고 웃음을 잃지 않고 그 병사에게 다가가 손을 내밀어 악수를 청하였다.

"김 상병! 사나이다운 데가 있어. 멋이 있어."라고 하며 옷에 묻은 먼지와 흙을 털어 주며 친절하게 말을 건넸다.

김 상병은 미소를 지으며 "군목님! 종이비행기 태우지 마세요."라며 대화를 피했다.

"아니야, 김 상병! 예수님만 믿고 그분을 마음에 영접하면 정말 참 멋있는 생활을 할 수 있어." 그러면서 주머니에서 껌을 꺼내어 포장을 벗겨 김 상병의 입에다 넣어 주었다. 김 상병은 껌을 씹으면서

"목사님이 주신 껌이 참으로 맛이 있는데요."라고 즐겁게 말을 하자 "그래. 내가 주는 껌은 보통 껌이 아니야!"하며 김 상병과 나는 함께 껌을 씹으며 깊은 대화를 나누기 시작하였다.

지극히 작은 껌에 불과하였지만 이미 이 병사를 위해 기도해 왔고,

그 영혼을 사랑하는 마음으로 찾아가서 동생처럼 대할 때, 김 상병 역시 자신을 인격적으로 대해주는 모습에 감동하여 즐겁게 대화에 응해주었다.

김 상병은 드디어 마음의 문을 열고 중심에 있는 생각을 허심탄회하게 이야기했다.

"목사님! 저의 부모님들은 서울 모 교회에 다니시며 직분을 맡고 계십니다. 저도 어렸을 때는 어린이 주일학교에 다녔습니다. 상급학교에 진학을 위해 공부하다 보니 차츰 교회에서 빠지게 되었고 드디어 교회가 아주 싫어진 지경에 이르게 되었습니다. 그래서 집에서는 물에 기름이 섞인 듯이 생활을 하였으며, 부모님의 마음에 많은 괴로움을 주었습니다. 그러다가 군대에 입대해서도 아무런 목표도 없는 삶을 살다보니 저도 모르게 방황하고 모든 일에 대하여 반항하게 되었습니다."

그 말을 들었을 때 나의 과거의 신앙생활을 하던 모습이 생각나서

"김 상병! 나도 한 때는 부끄러운 생활로 회의와 갈등이 많았었네. 그러나 그럴 때마다 예수님께서는 나를 인도하여 믿음으로 살 수 있도록 인도해 주셨지… 김 상병! 금년 가을에 합동세례식이 있는데 세례를 베풀기 위하여 서울에서 훌륭하신 목사님들이 오신다네. 금번 천국잔치는 다른 사람들을 위하여 열린 것이 아니라, 바로 자네를 위해 하나님께서 허락해 주신 기회인 것 같네. 이번 기회에 결단하여 세례를 받아 돈독한 신앙을 갖고 부모님 곁에 돌아가면 얼마나 부모님께서 기뻐하시겠나."

간곡하게 진심으로 권하면서 김 상병의 손을 잡고 기도를 드릴 때에, 따뜻한 주님의 사랑이 김 상병에게 임재하심을 느낄 수가 있었다.

김 상병은 그 자리에서 무릎을 꿇고 성령님의 감동으로 말없이 회개

의 눈물을 흘리며

"하나님께서 저를 위하여 군목님을 보내 주셨습니다. 저도 세례를 받고 주님이 원하시는 뜻대로 새로운 삶을 살아가겠습니다."라는 고백을 하였다.

나는 너무나 기쁜 나머지 그를 얼싸 안으며 기뻐하였고, 김 상병도 구원의 은총에 감격하여 나를 얼싸안고 세례 받게 된 것을 기뻐하며 하나님께 영광을 돌리었다.

마침내 세례를 집례하는 날, 성령님의 감동과 역사로 많은 사람들이 모인 연병장에서 김 상병은 머리를 숙여 세례식에 임하였다.

나는 "나의 양식은 나를 보내신 이의 뜻을 행하며, 그의 일을 온전히 이루는 이것이니라."라는 예수님의 말씀에 순종하고자, 계속해서 바쁘게 부대를 누비면서 잃어버린 양을 찾는 심정으로 군종활동에 전력하게 되었다.

과거에 신앙생활을 하다가 신앙을 멀리하고 영적으로 잠자던 신자들도 나의 열심 있는 군종활동으로 변하기 시작하여 잠에서 깨어나듯이 다시 활기를 찾기 시작했으며, 적극적으로 협조하는 기독교 장교들도 늘어나게 되었다.

마침내 전도활동을 시작한 지 두 달 정도가 되었을 때는 결신자가 약 300여명에 이르게 되었는데 예수님께서 베드로에게 '깊은 곳에 그물을 던지라' 고 하셨을 때 순종하고 던지니 많은 고기를 잡았던 것처럼 많은 장병들이 주님 앞에 돌아오게 되었다.

군대는 조직과 계급의 사회인지라 계급이 높은 사람이 예수를 믿고 교회에 나오게 되면, 많은 장병들에게는 좋은 영향을 주어서 간접적인 전도가 되기도 하였다. 그래서 기도하는 가운데 복음의 그물을 계급이 높은 장교에게 먼저 던지기로 목표를 세웠다.

그 가운데 부대 내 통신대에서 가장 계급이 높은 분인, 통신대 대대장 이 대령님을 먼저 전도하여 '예수님을 구주로 영접하고 세례 받을 것을 권하기 시작하였다.'

이 대령님을 만나서 전도를 시작하면, 그럴 때마다 "부대에서 신앙생활을 하는 것이 여건상 어려우니 나중에 제대하고 나면 세례를 받겠습니다."라고 거절하며 나를 피하곤 하였다. 그러나 나는 낙심하지 않고 계속해서 기회가 있으면 업무적으로 개인적으로 따라다니며 권면하기를 계속하였다.

그러자 대대장님은 이번에는 작전을 바꾸었는지 먼데서 내가 나타났다하면 미리 피하는 것을 알 수 있었고 그럴수록 나는 그분을 앞질러 다가가서 뜨겁게 예수님을 전하며 신앙생활 할 것을 권면하였다. 그리고 어느 날이었다. 통신 대대장님과 마주쳤는데 미쳐 못 피하셨는지 나를 붙잡고 웃으시며,

"정말, 목사님은 보통이 아니시군요."라고 말하였지만, 끈질기게 전도하는 나의 모습을 보고 이런 고백을 하게 된 것 같았다.

그때 나는 "네, 저는 보통 목사가 아닙니다. 제가 이렇게 대대장님을 따라 다니며 세례 받을 수 있도록 권면하는 것은 제가 하고 싶어서가 아니라 하나님께서 하시는 일인데 아마도 많고 많은 사람들 중에서 하나님께서는 대대장님을 가장 사랑하시는가 봅니다."라고 대답을 하였다.

그때 대대장님은 결심한 듯이 "목사님, 이번 주말에 집에 가는데 안사람에게 이야기를 해보고 안사람이 '오케이' 하면 세례를 받고, '노' 하면 받지 않겠습니다. 나의 신앙 결정이 오직 부인의 결재에 달렸습니다."라고 하였다.

나는 '하나님께서 역사하시어 구원을 받게 해 주옵소서. 세례를 받도록 대대장 부인의 마음을 움직여 주옵소서!' 라고 기도드렸다.

다음 주 월요일 출근 시에 사무실에서 대대장님을 만날 때, 그분의 모습에는 기쁨이 넘쳐 있음을 알 수 있었다. 그는 나의 손을 붙잡고

"목사님께서 기도하신 것이 응답을 받은 것 같습니다. 아내로부터 세례 받아도 좋다는 결재를 받아왔습니다."라고 말할 때, 나는 "아멘, 할렐루야!"를 크게 외치며 하나님께 영광을 돌렸다.

나중에 알게 되었지만 대대장님의 부인은 서울 모 교회에 나가는 독실한 기독교인이었고 사랑하는 남편이 자기와 같이 신앙생활을 하도록 오래 전부터 눈물로 기도를 하였는데, 이번에 응답을 받게 되었다고 간증을 하였다.

나는 신앙생활을 하겠다는 결신자가 늘어나자 몇 개월 동안 세례자를 위한 성경공부 및 문답공부를 진행하고 신앙 잡지를 나누어주어 성경말씀을 바르게 가르치며 예배 참석과 신앙지도를 하여 믿음이 성장할 수 있도록 최선을 다해 도와주었다.

드디어 추수감사절 즈음이 되어 서울 영락교회 한경직 목사님을 모시고 부대 합동세례식이 하나님의 축복 아래 경건하게 시작되었다.

당시 젊은 보라매 장병 약 300여 명이 예수님을 구주로 영접하였고 세례 대상자로 문답교육을 마친 후, 기도했던 모습 그대로 세례를 받는 모습을 볼 때, 너무나 기뻐 감격의 눈물이 한없이 흘러 내렸다.

내가 몸담고 있는 부대가 마침내 그리스도의 푸른 계절이 찾아온 것이다. 그 후에 부대교회는 부흥을 이루었고 부대는 하나님의 축복을 받아 무사고 및 모범부대로 상부의 공로표창을 받기도 하였다. 아멘, 할

렐루야!

"여호와께서 집을 세우지 아니하시면 세우는 자의 수고가 헛되며, 여호와께서 성을 지키지 아니하시면 파숫군의 경성함이 허사로다."(시 127:1)

나의 작은 신음에도 응답하시는 주님(평택)

나는 벽고지(僻高地)에서 근무하는 장병들 중 30명을 선정하여 불광동에 있는 수양관에서 4박 5일 간의 영성 수련회를 개최하였다.

그들 가운데는 군대 입대하기 전에 이미 깊은 신앙심을 가진 장병들도 있었지만, 군대에 들어온 후 부터 신앙생활을 하는 초보적인 신앙인들도 있었다. 이들은 수련회를 마치자 곧바로 전국 각 곳에 흩어져 있는 벽고지 부대를 향하여 되돌아갔다.

그런데 이틀 후에 서울 인근에 있는 파견대의 지휘관으로부터 단 본부 군종실로 전화가 걸려 왔다.

영성 수련회에 참석했던 정 병장이 정신이 돌아서 제대로 부대에서 근무할 수 없는 상태가 되었으며, 다른 장병들에게 두려움의 대상이 되어 부대 지휘에 문제가 생겼다는 연락이 온 것이다.

정 병장은 헌병 특기자로서 보초 근무를 하며 장병들의 질서를 잡아주는 역할을 하고 있었는데, 오히려 그 병사가 영성수련회에 다녀온 후 돌변하여 밤에는 잠을 자지도 않고 내무반에서 전우들에게 말을 걸어 횡설수설 해대며 전우들을 깨워 잠을 못 자게 만든다는 것이었다.

더군다나 지휘관이 정 병장에게 정문 보초 근무를 지시라도 하면 자기는 내무반에 앉아 있어도 정문이 다 보이고 파악할 수가 있어서 보초를 설 필요가 없다며 꼼짝하지 않고 그냥 앉아 있다는 것이었다. 심지어 '돌을 높이 들어서 하나님을 보라'고 외치며,

"나는 빌리그램 목사보다 더 훌륭한 사람이다."라고 외치고 돌아다니는데, 이미 정 병장의 '눈동자는 초점을 잃었고 입에서는 마치 개가 거품을 품어 내고 있는 것과 같다'는 것이다.

더욱 위험한 것은 이 병사는 헌병 근무자라 총을 소지하고 있어서 잘못하면 엄청난 총기 사고도 발생할 수 있다는 것이다. 이런 내용을 보고하면서 '정 병장을 어떻게 하여야 좋을까' 방법을 말해 달라고 요청을 해 온 것이었다.

나는 이 보고를 접한 후 파견대장에게 우선 정 병장을 단 본부 군종실까지 데리고 오기를 부탁하였고 도중에 이탈하지 못하게 부대 전우 가운데 세 사람 정도 붙여서 보낼 것을 여러 번 당부하였다.

나는 정 병장 일로 '하나님의 영광을 가리게 되고 나의 군목생활에 어려움이 발생하면 어떻게 할까' 하는 두려움과 걱정이 먼저 앞서게 되었기에 여호수아에게 약속하신 성경말씀인 "마음을 강하게 하고 담대히 하라."는 구절을 부여잡고 기지교회 단에 엎드려 몸부림치며 기도드렸다.

오후에 정 병장이 부대 전우들의 보호 아래 단 본부 기지교회에 도착하였는데 정 병장을 보는 순간에 그의 얼굴의 모습이 너무나도 흉악하게 보였다. 눈동자는 완전히 돌아갔고 입에서 거품을 품어 내고 있었으며, 안정감이 없이 주위를 산만하게 둘러보며 자기의 몸을 떨기도 하는 증세를 보였다.

정 병장을 기지교회에 붙어 있는 직감실(군종참모실)에 거하게 하고 계속적으로 시간마다 예배를 드리고 그의 머리에 손을 얹고 안수기도를 하기 시작하였다.

정 병장을 직감실에 거하게 하면서 식사도 하게 하였지만, 교회에 신자들이 비어 있는 순간이면 어느 틈에 튀어 나가 부대를 활보하고 다니며 괴성을 지르는 것이었다. 이런 일들이 반복 되자 이 소식이 단본부 부대 지휘관에게 보고가 되어 알려졌고, 드디어 부대 지휘관이 나를 불러 명령하기를

"정 병장을 통하여 부대의 망신거리가 생기지 않도록 하고, 전 군목이 모든 책임을 지라"는 지침이 내려졌다. 그리고 '만일 정 병장 문제가 해결되지 않으면 전을성 군목 개인 신변에 문제가 생길 것을 각오하라' 는 엄한 질타와 경고가 주어졌다.

지휘관실을 나온 나는 내 자신이 너무나도 초라하기도 하고 연약하다는 사실을 뼈저리게 느낄 수 있었다. 다른 참모들은 이런 나를 걱정스런 눈으로 나의 모습을 바라보며 동정하기도 하였다. 당시 나는 좌절하지 아니하고 기독장교 회장이신 중령 김백련 장로님을 찾아가서 기도를 부탁하는 한편, 기지교회 비상사태를 선포하고 특별 기도회를 열 것을 제안하였다.

정 병장을 위하여 기지교회에서는 밤낮으로 계속 예배를 드리며 기도회가 릴레이식으로 이루어지게 되었다. 나는 부대에 퇴근도 중단한 채, 아내와 함께 기지교회에서 숙식하며 눈물로 밤을 지새우며 기도하게 되었다.

나는 정 병장도 불쌍했지만 지금 상황에서는 오히려 내가 더욱 불쌍한 자처럼 느껴졌다. 정 병장은 정신이 없으니 본인이 불쌍한지 정신이

나갔는지를 모르겠지만, 나는 만약 정 병장이 정상으로 회복되지 않는 다면 앞으로의 일이 막막하다는 것을 실감하게 되었기 때문에 답답함을 말로 표현할 수 없었다.

동시에 그동안에 많은 장병들이 예수님을 영접하고 구원을 받았는 데, 앞으로 군 복음화가 정 병장으로 인하여 중단될 것 같아서 걱정이 되었다. 그래서 나의 힘이 되신 여호와께 더욱 간절히 매달리며 기도하기 시작했다. 하나님께 부르짖기를

"주님! 나를 불쌍히 여겨 주소서, 주님! 정 병장이 치료받도록 도와주세요, 귀신이 나가게 해 주세요. 주님! 성령의 충만을 주셔서 귀신을 쫓아내도록 권세를 주소서. 우리 부대를 도와주시고, 우리 교회와 군목 사역을 감당하도록 도와주소서."라고 간절한 기도를 하였다.

간절한 기도 속에 주님의 세세한 음성이 내 마음을 감동시키기 시작했다. "전 목사야! 한 영혼이 천하보다 귀하다."

나는 주님의 말씀으로 감동을 받자 다시금 기도하며 회개하기 시작하였다.

"주님! 정 병장을 불쌍히 여겨 주세요, 젊은이의 앞길을 도와주시고 인도해 주세요. 정 병장의 마음에 주님의 평화가 가득하게 도와주세요. 정 병장을 축복해 주소서!"

하나님께서 주신 말씀을 부여잡고 계속해서 성도들과 합심하여 기도하기를 쉬지 않았다. 정 병장이 기지교회 직감실에 머무른 지도 1주일이 지났지만 별 차도는 없고 더욱 힘든 상황이 생기는 것이었다.

오히려 정 병장의 상태가 더욱 악화가 되는 것처럼 그의 모습이 굳어지는 증세가 나타나며 절망적으로 변해가는 느낌이 들었다. 그러나 나

는 실망하지 않고 하나님이 주신 말씀처럼 정 병장의 영혼을 위하여 더욱 뜨겁게 기도할 뿐이었다.

정 병장에게도 하나님의 말씀을 읽게 하고 또 입으로 예수님을 구주로 영접하도록 신앙고백을 따라하게 할 뿐만 아니라, 계속해서 그의 머리에 손을 얹고 안수 기도를 하였다.

그러나 정 병장의 상태를 보면 악한 귀신은 기도를 거절하고 반항을 하는 것 같았다. 이제 정 병장의 상태는 목까지 굳어져 머리를 숙이는 것조차도 거부하게 된 것 같았다.

약 2주일이 지난 주일 새벽기도회에 하나님의 말씀이 내게 들려 왔다. "새벽에 하나님이 도우시리로다."(시 46:5)는 말씀이 내 귓전에 울리며 마음속에 뜨거움이 올라오는 듯 했다. 그리고 성령의 충만함으로 강한 믿음이 생겼다.

나는 직감실에 머물고 있는 정 병장을 불러 강단 제단에 올라 무릎을 꿇게 하고 머리에 손을 얹고 안수 기도를 하였다. 안수 기도를 할 때에 통신대장 김백련 장로님과 성도들도 새벽기도회를 드리며, 정 병장을 위하여 함께 울부짖으며 통성 기도를 하고 있었다.

"환난 날에 나를 부르라. 내가 너를 건지리니 네가 나를 영화롭게 하리로다."(시 50:15)

"너는 내게 부르짖으라. 내가 네게 응답하겠고 네가 알지 못하는 크고 비밀한 일을 네게 보이리라."(렘 33:3)

"예수께서 무리가 달려와 모이는 것을 보시고 그 더러운 귀신을 꾸짖어 가라사대 벙어리 되고 귀먹은 귀신아 내가 네게 명하노니 그 아이에게서 나오고 다시 들어가지 말라."(막 9:25)

나는 위의 말씀들을 계속적으로 정 병장에게 선포하고 성도님들과 함께 사생결단을 내겠다는 심정으로 계속해서 주님께 부르짖었다.

기도하는 가운데 교회 안에는 성령님의 강한 역사가 일어나는 것을 느꼈다. 그 순간 나는 정 병장을 괴롭히는 악한 영을 향하여

"나사렛 예수의 이름으로 명하노니 정 병장을 괴롭히는 악한 귀신아 물러갈찌어다!"라고 성령님의 인도함에 따라 힘차게 믿음의 선포를 하며 기도할 때, 강력한 성령님의 역사가 일어나는 것을 볼 수 있었다.

그때 정 병장의 굳은 목이 부드러워지며 그의 입술에서는 "주여! 감사 합니다. 아멘, 할렐루야!"라는 말이 터져 나오더니, 은혜의 눈물을 줄줄 흐리는 것이었다. 그때 다시 "나사렛 예수의 이름으로 명하노니 정 병장을 괴롭히는 악한 귀신은 물러갈찌어다. 예수님의 이름으로 기도드립니다."라고 기도를 하자,

그의 눈동자는 정상으로 돌아 왔고 입술에서 나오던 거품도 사라졌다. 그의 얼굴에는 기쁨이 넘쳤고 평안함과 함께 정상적인 모습이었다. 기도와 찬양으로 정 병장의 영혼을 위해 함께한 성도들 역시 놀라운 역사에 은혜가 충만하였다. 그곳에 있던 나와 모든 성도님들은 하나님의 치유의 역사에 감사와 영광을 돌리며 사랑하는 정 병장을 얼싸 안고 기뻐하였다.

"나 같은 죄인 살리신 주 은혜 고마와 잃었던 생명 찾았고 광명을 얻었네 큰 죄악에서 건지신 주 은혜 고마와 나 처음 믿은 그 시간 귀하고 귀하다" 찬송가 405장을 부르며 감격의 눈물을 흘리면서 하나님께 마음껏 찬양을 올렸다.

그 날 새벽에 오순절 마가의 다락방에 임하시던 성령님의 역사가 다시 한 번 평택 보라매기지교회 위에 나타나, 성령의 충만함으로 귀신을

쫓아내는 표적과 이적을 보여주셨다.

온누리에 따뜻한 햇볕이 밝게 비추는 월요일 아침이 되었다. 하나님의 축복을 받으며 나와 정 병장이 지프에 올라 부대 정문을 빠져나와 벽고지 부대를 향할 때, 기지교회 성도들뿐만 아니라 장병 전우들이 나와 손을 흔들며 축하하여 주었다.

정 병장의 건강해진 모습과 얼굴에 활짝 핀 기쁨의 웃음을 보며, 나는 정말로 군목의 사역에 행복감을 느꼈다.

1. 김백련 장로님 가족, 기지교회 장병들, 사랑하는 아내와 두 딸(부활절 예배)
2. 가족 사진

1, 2 온가족 즐거운시간   3. 보라매기지교회 앞에서   4. 건전가요경연대회

제 2 부

황금어장의 어부

1. 공군 본부 교회

본부(본사교회)로 발령을 받다

평택 7항로 보안단의 3년 생활은 희로애락 속에 보람이 있었다. 그리고 대위계급장을 달고 얼마 후에 공군본부(본사교회) 담임목사로 전속 명령을 받았다.

군목 선후배 가운데는 공군본부에서 근무하는 것을 큰 혜택으로 생각하는 사람도 있었으나 우리 부부는 걱정 근심이 태산 같았다. 그때 당시 대부분의 사람들이 서울로 가기를 원했으며 본부에서 근무하는 것을 아주 큰 축복으로 생각했던 시절이었다.

그러나 우리는 본부로 가라는 명령을 즐거워 할 수가 없었다. 아니 너무나 싫었다. '계급이 너무 낮은 군목이 그 큰 사역을 감당할 수 있을까' 가 이유였지만, 사실은 서울본부 교회로 가게 되면 당장 들어갈 집이 없었기 때문에 더욱 큰 걱정이 생긴 것이다.

각 비행단에도 군목은 관사를 배정받기가 힘든 형편이었고, 서울은 더 말할 것도 없이 부대 관사에 입주하기는 꿈도 꿀 수 없다는 것을 알고 있었다. 그래서 군종감님께 찾아가 부탁을 드렸다.

"저를 본부로 보내지 말아 주십시오. 다른 지방, 시골 비행단이면 아무 곳이라도 좋으니 보내주시기를 부탁드립니다." 그러자 군종감실에 계시는 군종감님을 비롯한 모든 목사님들이 웃으면서 별 부탁을 다 한다는 표정들이셨다.

남들은 서울로 못 와서 아쉬워하는데 전 목사는 서울로 오라고 하는데 뭐가 걱정이냐고 오히려 반문을 하셨다. 우리의 사정을 알 수 없는 그분들께 속사정을 말하지 못한 채 가족들을 데리고 본부로 전속을 오게 되었다.

평택 7항로 보안단 통신부대를 떠나기 전에 마지막 종교 강연회를 개최하면서 극동방송국 사장이신 김장환 목사님을 강사로 모시게 되었다.

이날 전 장병들은 김장환 목사님의 생명의 말씀을 통하여 은혜와 인생의 많은 도전을 받게 되었다. 강연회가 끝나고 차를 들면서 나는 김장환 목사님께 "다음 주간에는 공군본부교회 담임 군목으로 시무하게 되어서 이곳을 떠나게 됩니다."라고 말씀을 드렸다.

그러자 김장환 목사님께서는 '공군본부에 가거든 바로 참모차장 윤자중 장군님께 인사를 드리고 안부를 전하라' 고 말씀하셨다.

나는 공군본부에 첫 출근하면서 참모차장실을 들리게 되었지만 직급이 대위인 군목이 참모차장님께 전속인사를 드린다는 것은 여간 힘든 것이 아니었다. 비서실 전속 부관에게 '참모차장님께 인사드리려 왔다' 고 말하자 전속 부관은 바로 비서실장에게 보고 드렸고 비서실장이 나와 나의 깡마른 모습을 보더니, 알았으니 그냥 가라는 것이었다.

그 순간 나는 잠시 마음속으로 주님께 기도드렸더니 주님께서는 나에게 담대함과 지혜를 주셨다. 나는 비서실장에게 간청하기를

"대위 신분으로 참모차장님을 뵈려는 것이 아니라, 공군본부 담임목사로서 인사를 드리려고 요청을 드리며 또 제가 꼭 전해드릴 말씀이 있습니다."라고 말하였다. 비서실장은 나의 간청을 뿌리치지 못하고 바로 참모차장실에 들어가 나의 말을 전하였다.

이미 비서실 대기실에는 여러 장군님들이 결재를 받기 위하여 기다리고 있었는데, 참모차장님을 기다리는 장군님들의 모습을 보고 순간

적으로 당황하여 긴장이 되기 시작했다.

비서실장은 곧 참모차장실에서 나오더니 나에게 "참모차장님께 인사드릴 때 예의에 어긋나지 않게 잘 하라"고 당부하였다. 비서실장의 당부와 기다리면서 너무나 긴장을 한 나머지 참모차장님을 뵙자마자 우렁찬 목소리로 힘차게 경례를 부치며

"공군본부교회 담임목사로 전속 온 전을성 군목입니다."라고 인사를 드리고 김장환 목사님의 안부와 종교 강연회를 잘 마치었다는 보고를 드렸다.

그런데 내가 긴장한 것과는 달리 참모차장님께서는 너무나도 따뜻하고 기쁘게 응해 주셔서 감사했었다.

나는 준비된 성경을 드리며 참모차장님을 위하여 하나님께 기도하고 싶다는 말씀을 드리고 하나님을 향해 두 손을 모으고 머리를 숙이신 참모차장님을 위하여, 그리고 공군과 나라를 위하여 간절히 기도 드리며 축복을 빌었다.

공군본부교회에서 장병들을 위한 종교 강연회, 김장환 목사님과 함께

군목의 축복 기도를 받으신 윤자중 참모차장님께서는 나의 손을 잡아 주시며 '참으로 고맙다'고 말씀하시면서 열심히 군종 활동을 하여 줄 것을 부탁하셨다.

그리고 '어려운 일이 있으면 언제든지 찾아오라'는 말씀도 덧붙여 주셨다. 이렇게 윤자중 참모차장님과의 인연이 시작되어 군목사역을 하는 동안 나를 너무나도 많이 아껴주셨고 군 복음화에 앞장서서 헌신해 주심으로 큰 힘이 되어 많은 결실을 맺을 수가 있었다.

전셋집을 전전하다

아내가 조금씩 모은 돈으로 신림동 산기슭에 방 2개에 부엌과 화장실이 외부에 있는 집을 전세로 얻었다. 그리고 나는 오토바이를 타고 대방동 본부교회로 출퇴근을 하기 시작했다.

처음 공군본부 본사교회에 부임해 보니, 군인가족들은 나오지 않고 장병들만 모이는 교회였다. 평택7항로 교회에서는 군인가족과 장병들이 가족처럼 지내고 즐거운 교회생활을 했었기에 이곳에도 변화가 필요하다는 것을 느꼈다.

내무반을 돌며 관사심방도 열심히 하기 시작했다. 본부 관사는 모두 4개동의 아파트였는데 거의가 장군들과 대령의 계급을 가진 높으신 분들이 살고 계셨다. 가동, 나동, 다동, 라동의 4개동을 가동의 101호를 시작으로 라동의 끝집까지 기독교, 천주교, 불교를 가리지 않고 아내와 함께 문을 두드리며 심방을 다녔다.

의외로 불교신자집에서도 군목을 맞이하면서 축복기도를 해드리면

고마워하고 매우 좋아하였다. 이렇게 열심히 심방을 다니면서 주일이면 관사로 버스를 보내 외부교회로 나간 신자들을 군대(본사)교회로 나오기 편하게 하는 등 본부교회 활성화를 위하여 많은 노력을 하였다.

아내는 관사 어느 집이고 일이 있으면 찾아가서 도와주고 교회로 인도하는 일에 온 힘을 쏟고 있었다. 그 결과 군인가족들이 본부교회로 모여 들기 시작하면서 장병과 가족이 함께 예배를 드리는 부흥하는 교회가 되어가고 있었다.

그러던 중에 신림동 전셋집에 문제가 생겼다. '6개월 전세 계약을 했던 주인집에서 집을 팔기로 했다'고 알려왔다. 서울에서 간신히 얻은 전셋집이었는데, 또 어디로 가야 할지 너무도 막막하고 암담하기만 했다. 아내가 이곳 저곳을 다녀보았지만 전세 값은 처음보다 두 배로 뛰어올라 도저히 처음 얻은 전세 돈으로는 어느 집도 구할 수가 없는 형편이었다.

그러던 어느 날 이춘달 대령의 부인 이옥란 집사님께서 아내를 만나자고 하더니 택시를 태우고 어디를 가자고 하였다. 아무 영문도 모른 채 이옥란 집사님을 따라서 택시를 타고 한참을 갔는데

"사모님, 고생이 많으시지요? 지금 목사님 가족이 사실 전셋집을 구하러 가는 길입니다. 조금 멀어도 목사님과 사모님이 조금만 고생을 하시면 주님께서 좋은 길로 인도해 주실 겁니다."라고 하시며 아내의 두 손을 꼭 잡아 주셨다는 것이다.

그 날 아내가 이옥란 집사님을 따라간 곳은 잠실 시영아파트였다. 11평짜리 임대아파트로 그때 당시는 주변이 온통 배추밭이고 무밭으로 농작물이 사방을 뒤덮고 있는 곳이었다.

이옥란 집사님은 자기 돈으로 그때 당시에 거금 120만원을 차용(借用)

해 주셔서 우리가 전세를 얻는데 도움을 주셨다.

우리 부부는 너무나도 감사하고 꿈만 같아서 도우시는 하나님! 나의 형편과 처지를 아시고 가장 좋은 길로 이끄시며 역사하는 하나님께 감사의 기도와 찬양을 드렸다.

"사람을 통하여 축복을 주시는 주님! 이번에도 집사님 내외분을 통하여 은혜를 주시니 감사합니다."

그때 당시에는 12시 통행금지가 있었던 때였다. 지금처럼 교통이 편리하지 못하였고 부대 출퇴근 버스도 다니지 않아서 대방동에서 잠실을 오가기란 그리 쉽지 않았었다.

새벽에 별을 보고 집을 나서서 출근을 하고 하루 근무를 마치면 그때부터 내무반 사병들을 돌아보고 관사 심방을 하고난 후에, 막차 버스를 타고 집에 들어서면 통금 싸이렌이 울리면서 하루를 마감하게 되었다.

주일이면 아내와 어린 딸 셋을 데리고 버스를 갈아타며 대방동 교회를 다녔지만 우리 가족은 너무나 즐거웠고 감사한 마음으로 주의 일에 열심을 다하였다.

어느 날 저녁 강당에서 장병들에게 참모총장님의 인격 훈화가 있었다. 본부 전 장병이 다 모여서 총장님의 훈화시간을 기다리는 중에 갑자기 김영배 본사 사령님께서 군목이 훈화를 하도록 부탁을 하시었다. 갑자기 받은 부탁으로 당황하였지만 나는 순종하는 마음으로 단에 올라가 긴급하게 주님께 기도를 드리기 시작했다.

"두려워 말라. 내가 너와 함께 함이니라. 놀라지 말라. 나는 네
　하나님이 됨이니라. 내가 너를 굳세게 하리라. 참으로 너를
　도와주리라. 참으로 나의 의로운 오른손으로 너를 붙들리라."
　　(이사야 41장 10절)

"주님! 떨리지 않게 도와주십시오. 오직 주님의 말씀을 전하게 하옵소서." 전 장병이 모인 자리이기 때문에 직접, 간접적으로 주님의 말씀을 전할 수 있는 하나님께서 주신 절호의 기회였다.

"주님! 담대히 말씀을 전하게 도와주십시오." 이렇게 기도를 드리고 약 40여 분간의 인격훈화를 마치고 단에서 내려왔다. 많은 장병들이 박수를 쳤고, 본사 사령님과 총장님도 좋아하시며 말씀에 은혜를 받았다고 하셨다.

하나님의 말씀이 많은 이들의 인격을 훈화시킨 시간이었고, 그로부터 본사 사령님과 총장님은 나의 모든 목회활동과 군교회의 모든 애로사항을 도와주시게 되었다.

그해 가을 추수감사절을 맞이하여 주일 아침 온가족과 함께 일찍 교회로 가서 예배준비를 하였다. 아내가 평상시 주일 아침처럼 화장실 청소를 열심히 하고 있는데 누군가 아침 일찍 교회에 나와 화장실 청소를 하고 있는 사모를 발견하게 되었다.

그날 아침에 일찍 교회를 오신 분은 김영배 본사 사령님이었는데 본사 사령님은 일전에 있었던 인격훈화시간에 감동을 받아 추수감사절에 교회를 오시게 되었고, 마침 그때 아침 일찍부터 화장실을 청소하는 사모를 보게 된 것이었다.

김영배 본사 사령님은 주일 아침에 화장실을 청소하는 사람이 누구인지 궁금해서 사병에게 물어보았더니, 사병이 '교회 목사님 사모님이 청소를 한다' 고 보고를 하자 무척이나 놀라는 눈치였다고 한다.

추수감사예배를 은혜롭게 드리고 난 후 사무실에 들어오신 사령님께서 "목사님, 지금 사시는 곳이 어디입니까?" 라고 물으셨고 나는 "잠실 시영아파트에 살고 있습니다"라고 대답했다. 사령님께서는 "그곳에 친척분이 살고 있어서 가 봤는데 부대와 너무 먼 곳에 살고 계시는군요. 고생이 많으십니다."라는 말을 하시고 여러 가지를 물으신 후 교회를 떠나셨다.

관사생활

추수감사주일을 지내고 월요일 아침에 출근을 하였더니, 인사참모부 이 중령님께서 전화를 하셨다.

"군목님, 무슨 일을 그렇게 하십니까? 위에서 누르면 일이 됩니까? 밑에서부터 올라가야지요? 그리고 관사가 어디라고 군목님이 그곳을 들어가려고 합니까? 관사는 대령과 장군이 사는 곳입니다." 그리고 전화를 끊어 버렸다.

나는 무슨 영문인지 몰라 당황하다가 즉시 인참부로 올라가서 이 중령님을 만나 뵈었다. "이 중령님, 무슨 일이십니까?"라고 묻자, 이 중령님은

"목사님도 알고 있지 않나요? 본사 사령님께 관사 부탁하지 않았습니까?"하시며 안 좋은 기색을 보이시며 설명을 해 주셨다. 이 중령님은 오늘아침 출근하자마자 사령님께서 부르시더니 '군목님이 관사에 들어갈 수 있도록 조치하라' 는 명령을 받았다고 말하였다.

나는 너무 당황하여 "이 중령님! 저는 전혀 그런 부탁을 드린 적이 없습니다."하고는 지난 번 본사 사령님과의 대화가 생각나서 지난주에 있었던 일들을 말씀드렸다. 조금 화가 풀리신 이 중령님이 "어떻게 했으면 좋겠냐?"고 물으셨다.

갑자기 전세문제로 고민을 하며 이곳저곳을 돌아다닐 아내의 얼굴이 떠올랐다. 그리고 용기를 내어 사정이야기를 하기 시작하였다.

"이 중령님, 저를 도와주십시오." 시영임대아파트에 전세를 들어갔는데, 임대를 받은 집주인이 임대료를 내지 못해 '수도를 끊는다! 전기를 끊는다!' 는 독촉을 받고 있으며, 매일아침마다 집에 들어와서 '차압(差押)을 붙인다!'는 엄포 때문에 불안해서 살 수가 없다고 솔직하게 말씀을 드렸다.

지금 전세도 어느 집사님이 얻어주셨다는 이야기까지는 차마 못하고 기도만 하고 있다는 말씀을 드렸다.

이런 사정 이야기를 다 들은 이 중령님의 얼굴이 처음 사무실을 들어왔을 때와는 사뭇 다르게 보였다. 너무나 따뜻한 모습이었다. 이 중령님은 오히려 미안하다고 하시며 그런 사정도 모르고 목사님이 무턱대고 윗분한테 사정해서 관사로 들어오려는 줄 알고 오해 했다면서 "앞으로는 목사님을 위해서는 무슨 일이든지, 무조건 도와드리고 싶습니다. 하나님께서 목사님을 많이 사랑하시는 것 같습니다."라며 감동적인 말씀을 해 주셨다.

새마음 갖기 성회에 조용기 목사님과 함께

그리고 대위 목사를 대방동 부대관사로 들어 갈 수 있게 배려해 주셔서 잠실 시영아파트를 떠나 부대 가까운 곳으로 삶의 터전을 옮길 수 있었다.

'앞을 보면 염려가 가득하지만 뒤돌아보면 감사가 많다' 고 했는데 부대에서 만난 모든 분들은 항상 나에게 도움을 주신 따뜻하고 인정이 많은 분들이었다. 모든 분들에게 지면을 통해 감사를 올리며 언제나 선을 이루시며 인도하시는 하나님 아버지! 주님을 뜨겁게 사랑합니다!

드디어 1977년 1월 5일에 이사를 하였다. 어려운 상황 속에서 대방동 관사로 짐을 실고 들어갔는데 아내가 짐을 풀지 않겠다고 했다. 이사를 잘못 온 것 같다는 것이었다. 이유를 들어보니 '겨울 관리비가 약 6만원이 나온다.' 라는 것을 듣고 걱정이 된 모양이다.

그때 당시 대위 봉급이 꼭 6만원 선이었다. '약 6만원을 받고 관리비로 6만원을 내게 되면 생활이 안 되는 것은 당연하니 무조건 나가야 한다.' 는 아내 말에도 일리는 있었다. 그러나 나는 기도를 한 후에 아내에게 말하였다.

"많은 시험과 어려움 속에 이곳까지 인도하신 주님이 우리 가정에게 먹을 것과 입을 것을 채워 주시지 않겠어요? 하나님께서 예비하신 장막이니 두려워 말고 지내기로 해요. 하나님의 큰 축복으로 주신 집이잖아요." 이렇게 아내에게 부탁을 하였다.

그리고 용기를 내어 주님께서 주신 새로운 장막을 감사하며 짐을 풀어 정리를 시작하였다. 이렇게 대방동 관사의 생활이 시작되어 더 많은 시간을 주의 일에 쏟을 수 있게 되었다.

본사교회는 날로 부흥 성장을 하여 '새마음갖기성회(부흥성회)', 'OCU 장교활동', '내무반에서 7시에 만납시다.', '여선교활동', '관사 및 가족심방' 등등으로 새로운 일에 도전하고 최선을 다하게 되었다.

한가히 걸어 다니지 않고 이곳 저곳을 돌보며, 영내로! 관사로! 열심히 뛰어 다니면서 군종업무 처리와 장병들을 돌보는 전도사역에 전진하였다. 그리고 "본부 영내에서는 걸어가지 않고 뛰어가는 사람은 전목사다."라는 명칭이 붙을 정도였다.

새마음갖기성회

본부교회 부흥을 위해 '부흥집회를 할 수 있게 해 달라' 고 하나님께 기도를 드렸다. 군대교회에서 주일날 외에 모이기란 쉽지가 않았다. 일과가 끝나면 사병들은 내무반으로 복귀하고 장교들은 집으로 퇴근을 해서 군 안에 있는 교회로 다시 돌아온다는 것은 보통의 마음을 가지고는 있을 수가 없는 일이었다. 기도를 하던 중에 주님께서 나에게 지혜를 주셨다.

먼저 부흥집회 제목을 '새마음갖기성회' 라고 정하였다. 그리고 서울에서 가장 훌륭한 어른 목사님들을 청하여 집회시간마다 다른 강사 목사님이 설교를 해 주시기로 계획하고 간증에는 믿음이 좋은 인기탤런트 구봉서, 곽규석, 고은아 씨와 가수를 모시기로 하였다.

이것은 전도전략상 믿음 없는 장병들을 우선 교회로 나오게 하기 위한 방법이었다. '인기 있는 연예인을 보러 교회에 나왔지만 은혜를 받고 돌아간다면 얼마나 큰 축복일까' 하는 생각에 하나님이 주신 아이디어였다. 지금은 인기 연예인의 간증을 쉽게 들을 수 있지만, 그때 당시는 아주 새로운 시도이었다.

그러나 이 모든 일을 진행하려면 참모차장님의 결재가 필요하여 보고를 드리기 전에 사전 설명을 드렸다. 겁도 없이 대위 목사가 참모차장님을 만나려고 하니 많은 제지를 받았으나 기도하는 일에는 만사가 형통한다는 것을 누구보다 잘 알고 있는 나였다.

참모차장님을 뵙자 '본사교회에서 새마음갖기성회를 개최하는 계획을 세웠습니다.' 라는 말씀을 드리고 준비해간 소책자를 드렸다. 참모차장님은 "전 목사! 수고가 많아요, 꼭 참석하겠어요."라며 약속을 해주셨다.

'새마음갖기성회'가 있는 매일 저녁마다 참모차장님과 사모님께서는 맨 앞자리에 앉아서 예배를 드리셨고 참모차장님의 참석으로 인해 함께 근무를 하고 계신 장군, 대령, 중령, 소령, 장병, 가족이 가득히 모이게 되었다. 부흥성회는 성령이 충만한 놀라운 역사로 가득한 것을 느낄 수 있었다.

영성이 풍부하시고 성령이 충만하신 훌륭한 목사님들이 모두 집회를 허락해 주셔서 말씀과 기도로 성령님의 강권적인 은혜의 역사가 계속해서 나타나는 시간들이었다.

처음에는 인기 연예인을 보기 위해서 혹은 다른 이유로 교회를 찾아온 사람도 많았지만 매 시간 성령님의 감화 감동의 역사로 말씀에 은혜를 받게 되자 '새마음갖기성회'에서 많은 사람들이 예수님을 구주로 믿고 구원을 받는 기적이 일어났다.

이렇게 일 년이면 한 번씩 '부흥성회'를 열었는데, 오히려 많은 사람들이 성회를 기다리게 되었다.

또한 목요일이면 "내무반에서 7시에 만납시다." 프로그램을 진행하고 빵과 음료수를 준비하여 장병들과 토론하며 희로애락을 함께 나누었다. 이러한 대화를 통하여 어려운 문제를 같이 생각하며 해결책을 찾았고, 개인적으로 말 못할 고민이 있는 사병들도 이 시간에 참석하여 군목과의 대화를 기다리는 병사들은 늘어 갔다. 물론 이런 군목활동 사역으로 인해 영내 분위기는 점점 더 좋아지고 있었다.

공군본부교회에서 처음으로 여선교회가 조직되어 군 장병을 지원하고 예배를 돕는 등, 여러 가지 활동으로 교회가 활성화되자 다른 비행단에서도 여선교회를 조직하는 일이 일어났다.

본부교회가 부흥되어 이제는 성령님의 감동으로 '교도소에 있는 수감자들에게 말씀을 전하라'는 감동을 받게 되었다. 그때부터 주일 오후에는 교도소를 향해 달려가서 수감자들과 예배를 드리기 시작하였다.

고무신을 신고, 벨트가 없는 바지를 입고 있는 죄수들이 대부분이었지만 간혹 수갑을 찬 형제도 예배에 참석하고 있었다. 모두가 죄를 짓고 교도소에 수감되어 있었지만, 예배를 드리는 시간만큼은 연약한 어린아이와 같은 모습으로 찬송을 부르고 기도를 드리고 말씀을 듣고 있었다.

아무 희망도 없던 이들이 예배를 드림으로 점점 구원의 감격과 기쁨이 넘치면서 소망이 생기기 시작하였다. 이곳에서 하나님께 소원하며

좌) 본부교회 특별집회에서 한경직 목사님과 윤자중 참모총장님
우) 특별집회에 예배드리는 장병들

의지하려는 모습은 아름답게만 보였는데, 심지어 예배시간마다 서로 찬송을 하겠다고 하는 형제들이 있어서 더욱 은혜의 시간이 되었다.

공군본부 군종 활동은 활성화되어 갔고 본부교회 부흥회와 새마음갖기성회 및 창립 예배 때에는 윤자중 참모차장님을 모시고 예배를 드렸다. 참모차장님이 예배를 사모하시는 모습이 많은 사람들에게 그리스도인으로 본이 되었다.

하나님을 사랑하고 주의 일에 앞장서는 윤자중 참모차장님을 꼭 도와 달라고 기도하는 가운데, 어느 날 참모차장님 공관에 가서 예배를 드리고 싶은 감동이 왔다. 그 감동이 소멸되기 전에 서둘러 저녁 늦게 군목 선배의 차를 빌려 타고 공관(公館)을 향하여 가서는 가정 예배를 드리게 되었다.

나는 참모차장님이 대장으로 영진과 함께 참모총장님이 되실 것을 하나님께 간절히 기도를 드리며 축복하였다. 나는 참모차장 사모님께

"참모차장님께서 하나님의 은총을 받으셔서 반드시 총장님이 되실 것입니다."라고 확신 있는 믿음의 말씀을 드렸다.

그 후 얼마 되지 않아서 하나님께서 축복하셔서 참모차장님은 대통령으로부터 공군 참모총장의 명을 받게 되었다. 나는 큰 응답의 기쁨을 안고 총장실에 달려갔다. 총장님께서는 너무 기뻐하시면서 나를 포옹하여 주시며

"하나님께서 전 목사를 통하여 은총을 베풀어 주셨습니다."라고 말씀하셨다. 황금 어장의 어부인 군목은 윤자중 참모총장님과 함께 두 손 모아 하나님께 감사의 기도를 드렸다. 할렐루야!

윤자중 총장님과 사모님은 나의 목회 활동에 어려움이 없도록 늘 기도로 염려하시며 지켜주셨다.

성전건축을 위한 기도

교회의 부흥으로 나날이 신자가 늘어가고 예배시간에는 하나님의 은혜가 가득차고 있었다. 교회에 은혜가 넘치자 군인 가족들 뿐만 아니라 인근의 일반 가족들도 본사교회를 찾아오기 시작했다. 갈수록 늘어나는 성도들로 본사교회 예배당은 사병들과 가족들이 예배드리기에는 너무나 협소해져서 새 성전 건축의 꿈을 안고 하나님 앞에 기도를 시작했다.

이러한 기도는 계속되었고 신자들도 함께 하여 새 성전 주실 것을 주님께 간구하였다. 당시에 교회 반주는 김명자 집사님이 봉사를 하고 계셨는데, 김 집사님은 군인 가족이 아닌 부대 인근에 살고 있는 분으로 여러 가지 인연으로 본사교회를 섬기면서 신앙의 깊이를 더해 가고 계셨다.

새 성전을 위해 오랫동안 기도를 하는 중에, 어느 날 김명자 집사님이 부군이신 민경민 집사님(예그린건축연구소 소장)과 함께 교회를 찾아오셨다. 민경민 집사님은 건축사로서 우리나라에 국보급 건축물을 설계하는 일을 하고 계셨다. 집사님 내외분이 기도 중에 감동을 받으셔서 새 성전을 위한 교회투시도가 만들어졌다. 그로 인해 나의 기도는 더욱 구체화 되어 새 성전 설계도를 성전에 걸어놓고

"하나님, 주님의 집을 짓고 싶습니다. 이루어 주옵소서."
나와 성도님들은 새 성전을 위해 쉬지 않고 기도를 드렸다.

그렇게 기도를 하면서 한 해의 마지막 달인 12월이 되었다. 윤자중 참모총장님께서 총장 공관에 조용기 목사님과 사모님, 그리고 우리 내외를 만찬에 초청해주셨다. 윤 총장님의 배려로 조용기 목사님께 본사교회 성전건축을 부탁할 수 있는 자리가 마련되었다.

그날 저녁에 맛있는 식사를 마치고 다과를 나누면서 이야기를 하는

중에 조용기 목사님께서

"전 목사, 하고 싶은 이야기가 있으면 하세요."라며 성전건축의 말문을 시작해 주셨다.

그 당시 나의 마음속에는 새 성전 건축의 열정이 가득 차 있었다. 준비해간 교회투시도를 바로 보여드리면서 지금 본사교회의 협소한 상황과 비전을 자세하게 설명해드렸다. 나의 설명을 다 들으신 목사님은

"전 목사, 예산비용은 얼마나 생각하나요?"하고 물으셨다. 나는 기도하는 중에 응답 받을 줄을 믿으며 이런 질문이 오면 답할 수 있게 예산비용을 준비해 갔었다.

"목사님, 일억원 정도가 필요합니다."라고 소신 있게 말씀을 드렸는데 순간 주위가 조용해짐을 느꼈다.

1980년대 초반에 일억원이면 엄청나게 큰 금액이었다. 그리고 잠시후에 조용기 목사님께서 껄껄 웃으시며

"일억원 가지고 되겠습니까? 이억원을 지원하도록 하겠습니다."라고 놀라운 약속을 해 주셨다. 할렐루야! 나와 윤 총장님은 너무나 감격하여 할렐루야를 외치면서 하나님께 영광을 돌리며 감사를 드렸다.

그날 '만찬 속의 축복'은 평생 잊을 수 없는 하나님의 선물이 되었고 아직도 그 순간에 조용기 목사님이 해 주신 말씀을 생각하면 감격하여 할렐루야를 외치게 된다. 나의 삶 속에 또 한 번 하나님의 놀라운 능력과 은혜를 체험한 밤이었다.

성전건축의 구체적인 내용이 시작되면서 나는 오산비행장으로 전근을 가게 되었다. 후에 성전건축은 여러 가지 부대사정으로 국고로 지어지게 되었지만, 하나님의 뜻에 합당하고 구체적인 간구와 믿음의 기도는 언제나 하나님께서 응답해 주신다는 것을 확신하게 되었다.

불교 신자가 기독교 신자로(귀순용사 '박순국' 중령) 81년 2월

본사교회에서 복음 전하는 발걸음은 감사와 기쁨, 보람의 연속이었다. 군인 가족들이 살고 있는 관사도 나의 목회 사역지였다. 그래서 가동에서 라동까지 종파를 가리지 않고 지위를 가리지 않고 문을 두드리며 "군목이 왔습니다."라고 인사를 드리며 성경말씀을 전하였다.

처음에는 무표정하던 분들이 이제는 군목이 왔다고 하면 모두들 반갑게 맞이해주었고 말씀을 전하고 기도를 해 드리면 "목사님, 고맙습니다."하고 기뻐하는 모습을 볼 수가 있었다.

가동 204호는 귀순용사 박순국 대령님이 살고 있는 관사였다. 박대령 사모님은 그때 당시 불교계 총무를 맡으신 분으로 독실한 불자였다. 박 대령님 가정에도 방문을 하려고 노력하였는데, 다른 집보다는 쉽게 허락을 하지 않았다.

박 대령님은 본부에서 근무하다가 오류동으로 전속을 가게 되어서 오류동 부대로 출퇴근을 하였는데 그러던 중에 과로로 몸이 약해져서 병원(공군본부 군인병원인 항의원)에 입원을 하게 되었다.

나는 군목으로서 밤낮을 가리지 않고 병원을 찾아가서 말씀을 전하고 기도를 드리며, 힘없이 누워 있는 박 대령님을 위해서 하나님의 사랑하심과 긍휼하심을 전하기 시작했다.

마침내 박 대령 내외분은 마음의 문을 열어주셨고 군목이 오는 시간을 기다리며 하나님의 말씀을 통해 평화를 찾기 시작하였다. 그러던 중에 대전 국군휴양소에서 국군장교회의가 있어서 참석차 대전을 가게 되었다.

매일 같이 박 중령님을 찾아가 예배를 드렸기 때문에 '오늘도 나를 기다리실 텐데…' 라는 생각은 하였지만 회의를 위해 대전으로 향했다.

대전에서 회의에 참석하고 있는데 아내로부터 박중령님이 위독하다는 소식을 들었다. 박중령님 가족들은 긴급하게 목사님을 찾았지만 내가 갈수 있는 상황이 못 되었고 군종감실에 모든 목사님이 군종장교 회의에 참석하였기 때문에 아내 혼자서 당황해하며 어찌할 바를 모르고 있었다.

우선 아내에게 전화를 하여 상황을 설명하고 먼저 박 대령님 댁을 찾아가라고 하였다. 나의 전화를 받은 아내는 박 대령님 집으로 신자들을 모이게 하고는 예배를 드리며 그 밤을 지새웠다. 박 대령님 댁은 거실이고 안방이고 온 집안이 불상, 염주, 서적 등의 불교용품으로 가득 차 있었다.

난생 처음으로 불상이 가득한 곳에서 기도를 하려고 하니 마음이 불편했던 아내는 생각 끝에, 바로 옆집에 살고 있는 집사님 댁에서 교회 성화가 그려진 캘린더를 가져와 안방에다 걸었다고 하였다.

그리고는 박대령 사모님에게 제안을 하였다. "사모님, 집안 가득히 불상 등의 우상들로 가득한데 하나님께서 기뻐하시지 않을 것 같습니다. 하나님께서는 우상숭배를 기뻐하지 않으시는데 어떻게 할까요?" 라고 묻자, 박대령 사모님은 뜻밖에도 "모든 불교용품을 치워주세요." 라며 하나님의 은혜를 바라는 간절함을 나타내었다.

아내는 사모님의 대답에 '내일 날이 밝으면 치워야겠구나!' 라는 생각을 하였지만 의외로 사모님의 "당장 치워주세요."라는 말을 듣고 감사하며 성도님들과 집안의 부적과 불상들을 치우기 시작하였다.

아내는 불상을 치우자는 제안을 했을 때도 사실 겁이 났었는데 막상 집안 곳곳에 있는 많은 부적들을 직접 손으로 떼어내려고 하니 온몸이 떨리면서 심장이 멈추는 듯했다고 한다. 아내와 성도들은 모아놓은 불상들과 부적들을 쓰레기장에 버리려다가 다른 불교신자들이 가져가서 그들의 우상숭배에 쓰일 것이 걱정되어 태우기로 하였다.

추운 겨울날씨에, 날은 어두워갔지만 아내와 성도들은 모든 용품들을 보자기에 싸가지고 관사 뒤 모퉁이에다가 불을 피워 태우기 시작하였다.

불교용품들을 태우면서 찬송을 부르고 감사의 기도를 드리자 성도들의 입에서는 방언기도가 나오기 시작하였는데, 이를 본 누군가가 '어떤 이상한 여자들이 중얼거리면서 불을 피우고 있다'는 신고를 하여 헌병차가 출동을 하였다고 한다.

헌병대에서 이리저리 조사를 하던 중에 상황을 알게 되어 헌병대 군인들은 돌아가고 아내와 신자들도 집으로 돌아와서 박 대령을 위해 계속해서 기도를 하였다.

다음날, 아내는 새벽기도를 나가는 길에 박 대령님이 운명하셨다는 전화를 받았고 다시 박 대령님 댁에 모인 아내와 신자들은 난관에 부딪히게 되었다.

박 대령 집 안방에는 불교 신자들이 가득히 모여서 불교식으로 장례를 하겠다고 하며 교회 신자들은 그 집안에 들어가지도 못하고 있었다. 아내와 신자들이 간절히 기도를 드리는 중에 박 대령 사모님이

"기독교 장례를 드리고 싶습니다. 마지막에 주님을 영접한 제 남편도 그것을 원할 것 같습니다. 목사님 사모님을 불러 주세요." 그때서야 아내와 성도들은 집안으로 들어갈 수가 있었다.

나는 아침 일찍 박 대령의 운명 소식과 예배를 인도해달라는 소식을

듣고 서울에 도착하자마자 마지막 하늘나라 가시는 박 대령을 위한 소천예배를 준비하였다.

전 날의 상황을 알리가 없던 나는, 불교신자였던 박 대령이 기독교로 장례식을 치른다고 하니 하나님의 은혜에 감사하며 남은 박 대령님 가족에게 하나님의 은혜가 가득하기를 기도드렸다.

그리고 난 후에 아내와 성도님들이 불상과 부적을 태운 이야기를 듣게 되었다. 아무리 관사라지만 관사도 부대 안에 있었기 때문에 모든 일은 군에 보고가 되고 있었다. 관사 한 쪽에서 불을 피워 무엇인가를 태웠다면 분명히 군에 보고가 들어갔을 것이고 조용히 넘어갈 일은 아니었다.

아내도 그때는 아무 정신이 없어서 오직 기도와 찬송으로 담대하게 해달라고 기도를 드렸다고 한다. 그날 헌병차가 아내와 신자들을 향해 왔었지만 아내가 군목의 사모인 것을 알고 조용히 지나갔다는 것을 알게 되었다.

박 대령은 전도를 받고 하나님을 영접하여 하늘나라로 가는 축복을 받았다. 하나님의 일을 담대히 행하면 어려운 일도 능히 이길 수가 있다는 것을 깨달은 사건으로 박 대령님의 가족은 그 후로 독실한 기독교인이 되었다.

금강애린원 방문(동생들을 찾아가다.)

비행단에 전속을 갈 때마다 내가 목회를 하는 교회 성도님들께 요청을 드려 일 년에 한두 번씩은 강경고아원을 방문하여 아이들에게 선물을 주었다.

강경 고아원은 내가 자란 곳이지만 아무에게도 말하진 않았었다. 여선교회에서는 자녀들이 입던 옷들을 깨끗이 손질하여 새 옷과 함께 준비를 하였다. 아이들에게는 새 옷도 필요하지만 자라나는 아이들에게는 가능한 한 많은 옷이 필요하다는 것을 알기에 집사님들에게 헌옷, 새 옷을 가리지 말고 준비해 주실 것을 부탁드렸었다.

성도님들과 나는 맛있는 과일과 함께 아이들에게 무엇이 부족하며 무엇이 필요한지를 의논하여 준비한 뒤, 부대에서 마련해 준 버스에 가득히 실고 강경을 향해갔다. 이때만큼은 기쁨과 행복이 가득하여 하루 종일 금식을 하여도 배부른 것처럼 풍요로운 마음 그 자체였다.

그러나 강경고아원을 방문하는 일이 쉬웠던 것은 아니었다. 젊은 군목시절에 처음으로 강경 고아원을 방문하고 싶다고 성도님들께 말씀드렸었다.

신자들에게 '고아원을 방문하여 아이들에게 사랑을 나누자'고 제안을 하면서 강경에 있는 「금강애린원」을 추천하였는데, 성도님들도 나름대로 의견을 내며 '인근 고아원을 돕자'는 등의 여러 가지 이유로 반대를 하는 분들이 계셨다.

"목사님, 강경 고아원은 너무 거리가 멀어요, 가까운 곳의 다른 고아원을 돕고 싶어요."라고 할 때마다 차마 '그곳이 내가 지냈던 곳입니다. 그곳의 동생들을 도와주고 싶습니다.'라는 말을 할 수가 없었다. 대신에

"집사님, 제 고향이 강경입니다. 그래서 강경에 있는 고아원을 가보고 싶습니다. 다른 것은 모두 성도님들의 뜻에 순종하지만, 이것만은 제 소원입니다."라는 설명과 함께 간곡히 청을 하였더니 성도님들은

"네! 목사님 뜻대로 하세요."하면서 고아원에 가지고 갈 것들을 더 열심히 준비해 주었다. 담임 목사의 청을 들어준 성도님들은 너무나 고마운 분들이었다.

논산을 지나 강경 입구에 들어설 때, 나는 강경에 대한 설명을 하기 시작했다.

"저 건물은 제가 다닌 강경초등학교입니다. 저기 보이는 십자가는 강경성결교회입니다. 저곳은 강경상고인데, 강경여고 옆에 위치해 있어서 여학생들이 지나가면 부끄러워 얼굴을 들지 못하여 옆으로 얼굴을 돌리고 걸었던 곳입니다."

이렇게 세세한 이야기들을 들려주며 강경, 나의 어린 추억이 살아있는 곳을 향할 때, 성도님들도 진지하게 나의 이야기를 들어주었다. 그리고 마을의 정취에 빠져들어 아름다운 강경의 풍경이 나의 시야를 가득 메우자 어린 시절의 일들이 새록새록 떠오르기 시작했다. 그러자 한분이

"그러면 목사님이 지내셨던 곳은 어디입니까?"라는 질문을 해오셨는데 '지금 가고 있습니다. 마음이 설렙니다.' 라고 말하는 대신에

"아직은 우리 동네가 보이지를 않습니다."하며 얼버무렸는데 차는 '채산동' 산 밑에 있는 고아원에 들어서게 되었다.

버스가 고아원에 들어서자 기다렸던 크고 작은 동생들은 앞마당까지 뛰어나와서 신자들을 반갑게 맞이하며 기뻐하는 모습을 볼 수가 있었다. 함께 예배드리고 재미있는 게임으로 선물을 받고 맛있는 음식도 먹으면서 행복해하는 동생들을 볼 때에 오히려 나의 눈가가 촉촉해지면서

"하나님! 이곳의 아이들에게도 복을 내려 주세요, 저처럼 공부의 길을 열어 주세요, 주님이 기뻐하시는 아이들이 되게 해주세요."라는 간

절한 축복의 기도를 드렸다.

아이들과 행복의 시간을 뒤로 하고 헤어질 때면 아이들의 마음도 활짝 열려 있어서 그때서야 원하는 것들을 이야기하기 시작한다.

"다음에 오실 때는… 통닭이 먹고 싶어요." 어린아이가 어렵게 꺼낸 한 마디의 말이지만 나는 아이를 다시 한 번 돌아보며 '얼마나 먹고 싶었니?' 하고 안쓰러운 마음을 감추지 못하고

"그래, 다음에는 통닭도 수박도 많이 많이 가지고 올게."라는 약속과 작별인사를 남기며 버스를 타고 집으로 돌아왔다.

부대 관사로 돌아오는 버스 안에서 집사님들은 아이들로 인하여 은혜를 받았다는 이야기를 하며

"목사님, 우리 다음번에 또 와서 아이들과 즐거운 시간을 보내요, 다음번에는 더 준비를 잘할게요."라는 말에 기쁘고 감사한 마음을 금할 수 없었다. 그리고 눈을 감고 아이들의 생활을 생각해 보았다. 아이들의 밝은 모습, 정리정돈이 잘 되어 있는 공부방의 모습, 깨끗한 옷차림 등등 확실히 예전보다는 좋아진 환경이었지만 아직도 아이들에게는 사랑이 부족하다는 것을 느낄 수 있었다.

아이들의 이야기로 시간가는 줄 모르다가 부대에 도착을 하게 되었는데 어느 집사님이 제안을 하겠다면서 "우리 이제는 다른 고아원에는 가지 말고 강경 고아원의 아이들을 적극적으로 도와주도록 합시다."라고 말하자 모두들 좋은 생각이라면서 흔쾌히 찬성해 주었다. '하나님 감사합니다. 성도님들을 통하여 사랑을 베풀어 주시니 감사합니다. 할렐루야!'

나의 생활 형편도 넉넉지 않아 동생들에게 마음껏 사랑을 베풀 수가 없었는데 하나님의 인도하심으로 고아원 동생들에게 사랑을 전할 수

있게 되었다.

그 후로도 비행장을 옮길 때마다 하나님의 은혜로 성도님들을 감동
하여 강경 고아원의 방문은 계속할 수가 있었다. "하나님, 이곳의 동생
들을 축복해 주세요. 이 아이들도 주님의 자녀입니다."

1. 강경 금강애린원 방문
2. 강경초교 학생들에게 장학금 전달—4학년 때 조근혜 담임선생님(당시, 교장선생님)을 찾아 뵘

2. 이적과 표적을 주신 하나님께 영광

나는 할렐루야 군목이다

공군본부 군종감실에는 군종감, 군종과장, 계장, 이러한 서열이 있었다.

내가 군종감실에서 계장의 보직으로 군무했을 당시에 바로 위의 상관으로 법사님이 군종과장으로 계셨다. 나는 목사로서 항상 하나님의 영광을 나타내고 싶었다. 매일 아침에 눈을 뜨면 주님께 찬양 드리며 "할렐루야!"를 외치고 하루를 시작하였다.

군종감실(軍宗監室)은 참모부서로써 군인 및 군무원의 종교 및 도덕, 교육과 자살, 사고 예방 활동과 군종 업무에 관한 일을 맡아보았다.

매일 아침 출근을 하면 "충성!"으로 인사하며 하루를 시작하였다. 그런데 어느 날부터, 법사님께 한 가지 부탁을 드리려고 마음먹었다.

그리고 더욱 열심히 일을 하면서 아침에는 남들보다 일찍 출근을 하여 사무실을 깨끗이 정돈하였다. 특별히 법사님의 책상을 깨끗이 정돈해 드렸는데 매일 아침마다 웃는 얼굴로 모든 일에 열심인 나를 보고 감동하신 법사님은

"목사님, 아침마다 수고가 많으시네요, 매일 아침마다 즐거운 일이 가득 하신가 봅니다, 그 비결이 무엇입니까?"하고 물으시는 거였다. 나는 밝게 웃으며

"네, 저는 매일 아침 할렐루야!를 외치면서 하루를 시작하니 즐거움이 넘치고 있습니다." 그리고는 법사님께

"우리도 이제부터 '충성!' 이라는 딱딱한 경례 대신에 '할렐루야!' 로 인사를 하면 어떻겠습니까? 먼저 보는 사람이 '할렐루야' 하면 '아멘' 으로 대답을 했으면 합니다."라고 제의를 하였다. 그러자 법사님은 뜻밖에도

"그렇게 합시다, 아침마다 목사님처럼 활기찬 하루를 시작하고 싶네요."하시면서 "예스, 오케이!" 하면서 '할렐루야' 로 인사를 건네셨다.

그리고 그 다음날부터 우리의 인사는 '충성!' 대신에 '할렐루야!' 가 되었고, 누구든지 '할렐루야' 를 들으면 '아멘' 으로 화답하기 시작하였다. 법사님(스님)의 입에서도 할렐루야! 아멘!을 외치는데, 주님의 자녀들의 입에서도 항상 '할렐루야' 가 넘쳐야 한다고 생각하였다.

어느 날, 교회 주일학교에서 한 어린 학생이 선생님에게 질문을 했다. "선생님! 교회에 가면 '할렐루야! 할렐루야!' 라고 하는데 '할렐루야' 가 무슨 뜻입니까?" 하고 물었더니

선생님께서 대답을 못하고 머뭇거렸다. 그리고 한참을 생각하다가 "애야! 서울에 가면 무슨 다리가 있니?"

"한강다리가 있지요."
"그럼, 부산에 가면 무슨 다리가 있겠니?"
"예, 영도다리가 있습니다."
"그래, 하늘나라에 가면 할렐루야 다리가 있단다."라고 이야기 하면서 엉뚱한 대답을 하였다는 웃어넘기지 못할 유머가 있다.

실제로 '할렐루야(praise the lord)' 는 '주님께 찬양합니다. 주님께 영광을 돌립니다' 라는 뜻이다. 나는 나의 입술에 할렐루야가 떠나지 않는 생활을 하려고 늘 노력하였다. 계급이 높다고 종파가 다르다고 해서 주께 영광 돌리기를 주저하거나 창피해 하지 않았다.

담대히 주님을 증거하고 찬양할 때에 법사님도 감동하여 "할렐루야!"를 외치게 만든 일은 삶속에서 나타나는 나의 신앙의 간증이다. 나는 공군 군목으로서 장병들과 군 생활을 하면서

"공군에서 전을성 목사는 할렐루야 군목이다. 뛰면서 일하는 목사이다"라는 별명이 붙었다. 이 별명에서 나의 신앙적 모습이 드러나고 있다고 생각할 때, 하나님께 감사를 드린다.

공군의 푸른 제복을 입고 할렐루야를 외치며 연병장을 가로질러 사병실로 병실로 관사로 발바닥에 불이 나도록 주님을 증거하는 나의 하루 일과는 기쁨으로 가득 찼다.

나의 입술에는 '할렐루야'가 끊이지 않는 "나는 할렐루야 군목이다." "호흡이 있는 자마다 여호와를 찬양할지어다. 할렐루야!"_(시편 150:5)

나의 호흡이 있는 날까지 할렐루야로 하나님을 찬양하며 살다가 하나님의 품으로 가겠습니다.

관절염 입원 환자를 기도로 치유

나는 공군 군목님들 가운데서도 유난히 많은 혜택과 사랑을 받았기에 항상 감사하는 마음과 빚진 자의 자세로 주어진 일을 위하여 최선을 다하고자 하였다.

설교말씀 묵상과 기도생활을 모든 일에 우선하며 장병들의 신앙을 위하여 노력하였다. 또한 어려움을 당한 군인이나 군 가족이 있으면 주님의 사랑으로 찾아가 위로하고 함께 힘을 기울여 기도하였다. 내가 많은 성경구절가운데 항상 암송하고 좋아하는 말씀은

"주여! 이제도 저희의 위협함을 하감(下鑑) 하옵시고 또 종들로 하여금 담대히 하나님의 말씀을 전하게 하여 주옵시며 손을 내밀어 병을 낫게 하옵시고 표적과 기사가 거룩한 종 예수의 이름으로 이루어지게 하옵소서 하더라. 빌기를 다하매 모인 곳이 진동하더니 무리가 다 성령이 충만하여 담대히 하나님의 말씀을 전하니라."(사도행전 4:29-31)였다.

나는 이 성경말씀을 의지하여 주님의 말씀을 전할 때마다 담대히 전하고자 하였으며 환자들을 보면 그냥 지나치지 않고 기도해 주려고 하였다.

"내가 말씀 전하고 환자를 위하여 기도하는 것은 나의 의무이고, 성도가 은혜를 받고 치료하시는 것은 하나님이 역사하시는 일이다."라고 늘 생각하고 있었다.

어느 날 기도하는 가운데 여의도 순복음교회 당회장이신 조용기 목사님을 뵙고 싶은 생각이 내 마음에 가득 찼다. 그래서 대방동에서 차를 몰고 여의도 순복음교회로 향하였다.

마침 조 목사님께서는 필리핀 연합집회를 마치고 귀국하신 후에 당회장실에서 주일 설교 말씀을 준비하고 계셨다. 비서실장의 안내로 조용기 목사님을 면담할 수가 있었다.

조용기 목사님께서는 공군본부교회에 오셔서 부흥회도 인도해 주시면서 나의 군목활동을 기쁘게 생각하시고 또한 많은 격려도 아끼지 않으셨다. 그러기에 나는 조 목사님을 쉽게 뵐 수가 있었고 늘 존경의 마음을 가지고 있었다.

항상 적극적인 사고와 웃음 그리고 활력이 넘치시는 조 목사님께서 그날따라 피곤이 쌓여 있는 모습을 볼 수가 있었다.

몇 시간 전에 외국에서 부흥회를 마치고 귀국하셔서서 피곤하신 것 같았다. 조 목사님은 나를 반갑게 맞아 주시면서 이렇게 말씀을 하셨다.

"전목사, 사람들이 나보고 이단이라고 말들을 하니…"라고 하시면서 힘들어하시는 것이었다. 그때 나는 조 목사님께

"하나님께서 목사님의 더 크신 사역과 영광을 위하여 시련을 허락하신 것이라고 믿습니다. 이 광풍이 지나가면 반드시 찬란한 서광이 온 누리에 비출 것이고 목사님의 기쁨과 복음의 승리가 만방에 충만할 것입니다."라고 말씀드렸더니 기쁘게 웃으시며 나의 군종 활동에 대해서 축복의 기도를 하여주셨다.

그러면서 치유의 사역에 대한 대화를 하는 가운데 조 목사님께서는 '암 환자를 위하여 기도하면 잘 낫는다' 는 것이었다. 그러나 '귀신들린 자들은 힘들다' 고 하시면서

"전 군목은 기도할 때 어떤 환자가 잘 치료 되느냐?"고 물으셨다. 나는 서슴없이 "관절염 환자입니다."라고 대답을 하였다. 그리고는 군 신자들 가운데 안수 기도를 드리면 많은 환자들이 고침을 받았다고 말씀을 드렸더니 조 목사님께서

"하나님께서는 전 목사에게 관절계통에 치유의 은사를 주셨군요. 그러니 하나님께서 주신 신유의 은사를 마음껏 활용하셔서, 많은 영혼을 구원하여 하나님께 영광을 돌리세요."라고 격려해 주셨다. 목사님의 말씀은 나에게 확신과 힘을 실어주는 촉진제가 되었다.

그 후로 나는 나에게 신유의 은사를 허락하신 하나님께 감사드리며 장병들과 군인 가족들의 질병을 위하여 주님의 이름으로 기도할 때에 많은 치유의 역사가 이루어졌다. 더러는 치유의 소식을 듣고 멀리서 시간을 내어 찾아오시는 환자들도 있었고 친척 가운데서도 기도를 받으러 오시기도 하였다.

어느 날 공군 항의원(병원)에 방문하여 병실 예배를 통하여 입원 환자들을 위로하고 나오는데 한 환자가 무릎을 부여잡고 고통스런 가운데 눈물을 흘리고 있었다. 그는 오류동에 있는 특수부대 부지휘관인 이 대

령님이었다.

이 대령님을 만났을 때, 그분은 무릎관절염으로 무릎이 탱탱 부어 있는 상태로 매일 주사기로 무릎에서 물을 뽑아내고 있다고 했다. 하나님은 나의 발걸음을 멈추게 하시고 그를 위하여 축복하게 하셨다. 나는 이 대령님께 다가서서

"고통이 심한 것 같은데, 예수님을 믿으십니까?"라고 물으니 그는 "사관학교 생도 때는 믿었는데 지금은 신앙생활을 못하고 있습니다."라고 대답하였다. 나는

"예수님은 이 대령님을 사랑하고 계십니다. 탕자가 아버지의 품을 떠났지만 다시 회개하고 돌아 올 때, 그의 아버지는 그를 맞아들이며 과거보다 더욱 사랑하시고 축복을 하여 주셨습니다. 지금이라도 예수님께 돌아 오셔서 신앙생활을 잘 하십시오 그러면 하나님께서 이 질병도 고쳐 주실 것입니다."라고 말하며 전도를 하였다.

이때에, 이 대령님은 눈물을 흘리며 나의 손을 꼭 붙잡고 "군목님! 이제부터라도 예수님을 믿겠습니다. 나를 위하여 기도하여주세요!"라고 간청하는 것이었다. 정말 성령님의 감동과 역사가 일어난 것이었다. 주님을 멀리 떠나 육체의 연약으로 고통을 받고 있던 이 대령님은 어린아이와 같이 순수한 마음으로 하나님의 은혜를 바라고 있었다.

나는 다음의 성경 말씀을 찾아 읽어 드렸다. "수고하고 무거운 짐진 자들아 다 내게로 오라. 내가 너희를 쉬게 하리라. 나는 마음이 온유하고 겸손하니 나의 멍에를 메고 내게 배우라. 그러면 너희 마음이 쉼을 얻으리니 이는 내 멍에는 쉽고 내 짐은 가벼움이라 하시니라."(마태복음 11:28-30)

"사랑하는 자여! 네 영혼이 잘됨같이 네가 범사에 잘되고 강건하기를

내가 간구하노라.”(요한삼서1:2)는 말씀을 전하며 그의 아픈 무릎에 손을 얹고 간절히 기도 하였다.

“나사렛 예수님의 이름으로 명하노니 하나님의 자녀를 괴롭히는 관절염은 물러갈찌어다! 무릎에서 물이 빠져 나갈찌어다. 통증도 나갈찌어다.”라고 질병에 대하여 주님의 이름으로 명령 기도를 힘차게 외치며 안수 기도를 해드렸다.

기도를 받은 이 대령님의 두 눈에는 눈물이 흐르고 있었다. 고통의 눈물이 아니라 주님의 사랑에 감격하여 흐르는 눈물을 참지 못하며 기뻐하고 감사하였다. 하나님은 이 대령님의 고백과 기도의 모습을 보시고 영광을 받으셨다.

나는 기쁜 마음으로 병실을 나가 바로 본부교회의 예배를 인도하였다. 그리고 강단에 무릎을 꿇고 이 대령님의 치유를 위하여 주님께 더욱 간절히 기도를 드렸다.

다음 날 다시 이 대령님의 병실을 찾아 갔는데 병실에 들어서자마자 이 대령님이 나를 향해

“군목님! 할렐루야입니다. 자고 일어나보니 나의 무릎에서 물이 저절로 빠져 나갔습니다. 그리고 통증도 없어졌습니다. 하나님이 고쳐 주셨습니다.”라고 외치며 일어나서 나를 반갑게 맞아 주는 것이었다. 우리는 너무 기뻐서 서로 얼싸 안고 감격하며 하나님께 감사의 찬양을 드렸다.

그 이튿날 이 대령님은 나의 손을 잡고 건강한 모습으로 퇴원하였다. 그는 부대로 복귀하여 병실에서 만난 주님을 증거하며 열심히 신앙생활을 했다. 그리고 그로 하여금 부대에 전도의 문이 열리면서 많은 장병들과 가족들이 군 교회로 나오게 되었다.

사형수의 구원

"예수께서 이르시되 나의 양식은 나를 보내신 이의 뜻을 행하며 그의 일을 온전히 이루는 이것이니라."(요 4:34)는 주님의 말씀에 따라 황금어장인 군에서 한 영혼이라도 구원하고자 주님의 생명의 말씀을 전하며 부대 장병들과 함께하는 생활을 하였다.

1980년도 공군본부교회 담임목사 때였다. 나는 매 주일 오전 11시 예배를 인도하기 전에 먼저 찾는 곳이 있었다. 오전 9시에 드리는 1부 예배처럼 항상 본부 내에 있는 군 교도소 강당에서 수감자들을 위한 예배를 인도하며 하나님의 생명의 말씀을 전하였다.

어느 주일 아침, 예전과 같이 교도소에서 예배를 인도하는데 앞줄에 수갑을 찬 수감자 한 명이 양쪽 헌병 근무자 사이에서 예배를 드리고 있었다. 이 형제는 예배를 드리는 동안 한 번도 머리를 들지 않고 계속해서 머리를 숙인 채 바닥만 바라보고 있었다.

예배를 드린 후에, 헌병 근무자에게 손에 수갑을 찬 수감자가 누구인지를 물었다. 그 헌병이 전하는 바로는 '그 수감자는 얼마 전에 총기를 소지하며 근무를 하다가, 갑자기 근무지를 이탈하여 달아난 박 일병'라고 하였다. 그러나 나를 더 놀라게 한 것은 '이 박 일병이 도주하면서 서울의 모 호텔을 점거하여 몇 사람의 생명을 쏴 죽이고, 경찰과 출동한 군인들과도 대치하다가 겨우 잡힌 사형수' 라는 것이었다.

순간 나는 말문이 막혀서 아무 말도 못하다가 힘없이 바닥만 응시했던 사형수의 얼굴이 나의 머리에서 지워지지 않고 계속 떠오르고 있었다. 11시 예배를 인도하기 위하여 급히 본부교회로 향했지만 하나님께서 마음에 감동을 주셔서 사형수가 된 병사에게 마음이 가고 있었다.

사형수 박 일병은 교회에서 예배드릴 때 뿐 만 아니라 식사를 하면서도 화장실에서도 그리고 심지어는 잠자리에까지도 수갑을 찬 채로 지내야했다. 그 이유는 혹시라도 자해 행위를 할까봐 그것을 방지하기 위해서였다.

나는 박 일병이 젊은 나이에 덧없이 세상을 마칠 것을 생각하니 그 영혼이 너무나 불쌍하고 안타까울 뿐이었다. 그래서 사형수 박 일병을 위하여 늘 기도하며 기회가 될 때마다 때로는 시간을 내어서라도 그를 찾아가 준비한 다과를 나누며 성경말씀을 들려주기 시작했다.

박 일병과 이야기를 나누는 시간이 많아지면서 점점 복음이 전해지는 것을 느낄 수가 있었다. 박 일병은 비록 손에는 수갑이 채워져 있었지만 예배드릴 때마다 기쁜 얼굴로 찬송을 부르고 말씀에 은혜를 받기 시작했다.

어느 날 밤, 잠자리에 들기 전에 기도를 하고 있는데 성령님께서 "박 일병의 생명이 얼마 남지 않았으니 세례를 주라"고 나의 마음속에 감동을 주시며 박 일병의 영혼을 사랑하시는 하나님을 느낄 수가 있었다.

아침에 출근하는 길에 곧바로 교도소 문을 들어서려고 할 때 헌병대장 김진수 장로님께서 나를 맞아 주시면서

"전 목사님! 아침 일찍 웬일이십니까?"라며 이른 아침 방문에 놀라신 것 같았다. 나는 지난밤에 기도할 때 하나님께서 감동을 주신 이야기를 하며

"박 일병에게 세례를 베풀 준비를 하겠습니다. 도와주십시오."라고 말하였다.

헌병대장님은 나의 손을 꼭 잡으면서 "목사님! 감사합니다. 박 일병

은 사형수이기에 이제는 이 교도소를 떠나야 할 것 같습니다. 시간이 얼마 없습니다. 교도소를 떠나기 전에 꼭 세례를 받을 수 있도록 해 주세요"라며 세례식의 다급함을 알려주셨다.

나는 사형수 박 일병에게 성경과 찬송가를 새 것으로 사주고 세례식 준비를 하였다. 토요일 밤에 헌병대장님이 배석한 가운데 세례 문답을 하였다. 나는 박 일병에게 다음과 같이 몇 가지를 물었다.

⑴ 성경은 모두 몇 권으로 되어 있습니까?

　　박 일병 : 모두 66권입니다.

⑵ 예수님은 누구입니까?

　　박 일병 : 나를 죽을 죄에서 구원하여 주신 하나님의 아들이요 구세주입니다.

⑶ 당신은 구원 받으셨습니까?

　　박 일병 : 저는 예수님을 영접하여 새 생명을 얻었고 구원받았습니다.

⑷ 오늘밤이라도 당신의 생명을 하나님이 불러 가시면 천당에 들어갈 것을 믿습니까?

　　박 일병 : 아멘! 믿습니다.(수갑 채인 손을 높이 들며 큰 소리로)

나는 이와 같이 은혜로운 문답의 시간을 마치고 주일 오후에 교도소 자애관에서 사형수 박 일병의 가족과 동료들 그리고 본부교회 성도님들과 함께 예배를 드리며 세례식을 거행하였다. 나는 박 일병에게 세례를 베풀 때 내 손이 뜨거워짐을 느꼈다.

한편 무릎을 꿇고 세례를 받는 사형수의 모습이 너무나도 아름답고 평안해 보였다. 세례식에 참석했던 성도님들은 은혜가 충만한 박 일병의 모습을 보고 젊은 영혼의 구원에 감동이 되어 기쁨의 눈물을 흘리고 있었다. 하나님의 사랑, 하나님의 자비하심이 세례를 받은 사형수뿐만 아니라 집례에 참석한 모든 분들에게 동일한 은혜를 내리신 것이었다.

그 다음 주 교도소 주일 아침 예배에 참석한 박 일병은 자청하여 특송을 부르게 해 달라고 간청하였다. 그는 수갑 찬 손으로 찬송가를 들고 "주 안에 있는 나에게 딴 근심 있으랴! 십자가 밑에 나아가 내 짐을 풀었네. 주님을 찬송하면서 할렐루야! 할렐루야! 내 앞길 멀고 험해도 나 주님만 따라 가리"라고 힘차게 찬송을 불렀다.

박 일병은 예배를 드리는 시간마다 앞에 나와서 하나님께 찬송 드리기를 원하였다. 이제는 얼마 남지 않은 인생길에서 자신의 죄를 속죄하고 찬송만을 부르다가 하나님 앞에 갈 것을 소원하는 것 같았다. 하나님은 찬송 가운데 거하시고 찬송을 기뻐하시며 찬송하는 자에게 은혜와 기적을 행하신다는 것을 믿는다.

"바울과 실라가 기도하고 하나님을 찬미하매 이에 홀연히 큰 지진이 나서 옥터가 움직이고 문이 곧 다 열리며 모든 사람의 매인 것이 다 벗어진지라."(행 16:26)라는 말씀처럼 사형수 박 일병이 수갑 찬 모습으로 하나님을 찬양하니 하나님께서 영광을 받으시고 사형수에게 은혜를 베푸시는 역사가 일어났다.

그 당시 공군참모 총장님은 윤자중 대장님이셨다. 참모총장님은 '사형수 박 일병이 군목으로부터 세례를 받은 후, 새 사람으로 변화가 되어 신앙생활을 잘하고 늘 찬송을 불러 많은 교도소 동료들에게 은혜를 끼치고 있다.'는 것을 보고 받으셨다.

참모총장님은 그 보고에 감동을 받고 박 일병을 '사형에서 무기'로 형을 감하여 주는 특사(혹은 특별사면; pardon, 特別赦免)를 내려 주셨다.

할렐루야!

하나님의 은혜로 박 일병은 살아났고 그의 손을 묶었던 쇠사슬도 풀어지는 역사가 일어났다.

그 뒤로도 그는 구원의 감격을 잊지 않고 교도소 안에서 모범생활을 할 뿐만 아니라 열심히 전도하여 전도왕의 별명을 얻기도 하였다. 그 후 형이 점점 더 감하여져 10여년의 형을 마치고 지금은 신학교에 들어가 헌신의 길을 걷고 있다.

택시 안에서의 안수기도

나는 공군의 군목이라는 사실이 자랑스러웠다. 그래서 외부에 설교를 나갈 때에도 군복을 입고 다니는 것을 좋아했었다.

이 날도 군복을 입고 어느 교회에 집회를 마치고 집으로 돌아오는 길이었는데, 하루 종일 온힘을 다해 설교를 한 후라 조금은 피곤하여 택시를 타게 되었다.

기사 아저씨에게 "대방동 공군관사로 가 주세요."하면서 피곤한 몸을 차에 기대고 앉아서 쉬고 있는데 택시기사 아저씨 입에서 찬송소리가 흘러나오기 시작했다.

기사 아저씨는 핸들을 돌리면서 '내게 강 같은 평화, 예수사랑하심'이라는 찬송을 계속해서 부르기 시작하였다. 뒷좌석에 앉아있던 나는 '믿음이 좋으신 집사님이시로구나!' 라는 생각을 하면서 찬송가에 은혜를 받아 인사를 건네려고 하는데 기사 아저씨가 갑자기 큰소리로

"군인 아저씨! 예수 믿으세요. 예수를 믿어야 삽니다."라며 나에게 전도를 하기 시작했다.

나는 인사를 건네려다 갑자기 전도를 받게 되어 '아니! 목사한테 예

수를 믿으라고 하다니… ' 라며 놀랐지만 기사 아저씨의 믿음과 힘차게 주님을 증거하시는 모습에 감동을 받아 활짝 웃으며

"할렐루야! 나는 공군본부교회 목사입니다." 뒷좌석에서 인사를 하며 목사임을 알려주었다. 그러자 기사 아저씨는

"아이고, 목사님! 죄송합니다. 저는 순복음교회 집사입니다. 이렇게 핸들을 붙잡고 손님을 모실 때마다 기쁨이 강같이 넘쳐 전도하게 됩니다."라는 간증과 함께 나를 반가워 해 주셨다.

집으로 향하는 강변대로를 달리면서 집사님과 이런 저런 이야기를 나누었는데 예수님을 증거하기 위하여 전도에 힘쓰고 행복해하는 집사님의 모습에서 은혜를 받게 되었다. 그리고 '주님의 제자된 삶' 을 실천하며 행복해 하시는 집사님께 '축복기도를 해 드리고 싶다' 는 성령의 감동이 마음속에 일어났다.

"집사님! 제가 지금 안수기도를 해드리고 싶습니다. 주님께 집사님에게 복을 달라고 기도를 드리고 싶습니다."라고 말하자

"목사님, 지금 강변대로를 운행 중에 있어서 두 손을 모아 주님께 기도를 드릴 수 없을 것 같습니다. 저는 핸들을 잡고 기도를 드릴 테니 목사님께서 저를 위해서 기도를 해주세요."라며 기쁨으로 나에게 기도 부탁을 하시었다.

그러나 나는 "아닙니다. 집사님! 우리가 주님께 축복을 구할 때는 경건한 모습으로 간절함이 있어야 합니다. 차를 한쪽으로 세워 주십시오."

나의 말에 집사님은 잠시 생각을 하시더니 "목사님! 이곳에는 차를 세우면 교통사고가 일어날 가능성이 많고 큰일이 날 정도로 위험한 곳입니다. 그러나 오늘 순종하여 축복기도를 받도록 하겠습니다."라고 대답하고는 강변대로를 달리던 택시를 갓길에 세워놓고 두 손을 모아 머리를 숙이며 기도 준비를 하셨다.

나는 집사님의 모습에 더욱 은혜를 받아 어느 순간보다도 더욱 뜨겁게 하나님의 귀한 아들 김 집사님을 위해 마음껏 축복기도를 해드렸다.

기도를 마치고 다시 차는 달리기 시작하였고 김 집사님은

"택시기사생활 몇 년 동안에 전도하다가 차를 멈추고 안수받기는 처음입니다. 간증거리가 또 생겼습니다."며 즐거워하셨고, 나 역시

"택시를 타고 강변대로변에서 안수기도하기는 처음입니다."라고 말하며 함께 찬송을 부르다가 대방동 공군관사에 도착하게 되었다.

집 앞에 도착하자 우리의 실랑이가 시작되었다. '택시비를 안 받겠다, 아니 두 배로 드려야 한다.' 이렇게 이야기가 오가다가 김 집사님은 나를 내려놓고 황급히 택시를 몰고 가버리셨다.

황급히 떠나셔서 집사님의 연락처도 받지 못하고 헤어졌지만 은혜가 넘쳤던 시간이었다.

그 뒤로 강변대로를 달릴 때면 '그때 무슨 용기로 차를 세워 달라고 했을까?' 라는 생각을 하며 하나님의 도우심과 역사하심에 감사를 드렸다.

'자동차를 세워주세요' 라는 말에 순종하신 집사님의 믿음은 나의 목회 현장에 귀한 모범이 되어 더욱 주님을 찬양하고 증거 하는 일에 노력하게 되었다.

핸들을 잡고 기도와 찬송 속에 기쁨으로 주님을 전도하는 집사님! 일상의 삶 속에 주님이 함께하시는 집사님처럼 나의 삶을 온전히 주님께 드리고 함께 하기를 기도한다.

차범근의 포니, 8111번

차범근 축구선수가 영내 사병으로 있을 때였다. 그는 모든 사람이 알듯이 한때 무릎관절을 다쳐서 잠시 운동을 하지 못하고 내무반에서 힘든 시간을 보내고 있던 적이 있었는데 목사로서 그를 찾아가 기도를 해주며 힘과 용기를 주곤 하였다.

본부교회로 올라오는 길이 두 개였는데, 하나는 차가 올라올 수 있는 평평한 도로이고 다른 하나는 53개의 계단으로 된 길이었다. 차 선수는 시간만 되면 교회에 나와 기도를 하고는 53개의 계단을 오르락내리락 뛰어다니면서 나름대로 연습을 게을리 하지 않았던 것 같다. 교회 생활에 열심이었던 차범근 선수는 군목인 내가 부흥집회를 가게 되면 함께 와서 간증을 하기도 했다.

어느 날 가좌동 모 장로교회에서 '1일 부흥집회'가 개최되었는데 내가 저녁 7시에 설교를 하기로 하고 차 선수도 설교 후에 간증을 하기로 하였다. 예배가 시작되었는데 갑자기 차 선수가 다가와

"목사님, 제가 9시까지 선수촌에 들어가야 하는 일이 생겼습니다. 죄송하지만 설교 전에 간단히 간증을 하게 해 주십시오."라고 부탁을 하였다.

차 선수의 급한 사정을 배려하여 먼저 간증이 시작되었는데 9시까지 선수촌에 가야 한다던 차 선수는 30분이 지나고 1시간이 지나고 무려 2시간이 지나고서야 간증을 마치고 단에서 내려왔다. 9시가 넘은 시간에 단에서 내려온 차 선수는

"목사님, 죄송합니다. 간증을 하다가 은혜를 받았습니다. 성령님께서 인도하셔서 시간가는 줄을 몰랐습니다."라고 죄송해 하면서도 은혜가 가득한 모습이었습니다. 9시 정도면 집회를 마치는 시간이었는데

간증만으로 예배시간이 지나버린 상황이 되었다.

그러나 차 선수의 살아있는 은혜의 체험을 통해 모든 성도들은 더욱 은혜를 받게 되어서 늦은 시간까지 말씀을 듣고 성령이 충만한 부흥집회가 되었다.

마가의 다락방에서 예수님의 제자들과 120명의 성도들이 합심으로 기도할 때 성령이 임한 것처럼 이 날의 부흥집회에도 동일한 성령의 역사가 일어나고 있었다.

1. 강사 전을성 목사와 간증 차범근 선수로 헌신예배를 드리다.
2. 우리부부와 차범근 선수 부부가 함께
3. 본부기지교회 성탄축하 예배를 드리고 신우회와 청년들과 함께

차범근 선수가 타고 다니던 차는 포니1으로 회색이었고 차 번호는 '8111'이었다. 1978년에 차 선수는 독일에서 선수생활을 하기 위하여 준비하면서 그의 '포니1 승용차'를 처분해야 했고 당시에 나도 차를 구입하는 문제로 기도하고 있었다. 이번에도 주님이 도와주셔서 차선수가 아끼던 '포니1 승용차'를 인수할 수 있었다.

주께서 주신 승용차는 나의 목회 활동에 커다란 도움이 되어 11년이라는 세월동안, 이곳 저곳을 다니며 주의 일을 할 수 있는 발이 되어 주었다. 승용차를 바꿀 수 있는 기회가 되어 어느 집사님에게 포니1 승용차를 드렸고 그 후에도 문제없이 잘 타셨던 것 같다. 성령 충만한 차 선수의 차여서 그랬는지 기계와 성능이 얼마나 좋았는지 모른다.

전속명령

열심히 목회활동을 하자 내가 담임으로 섬기던 본사교회가 부흥 성장하였고 그럴수록 더욱 많은 일들이 기다리고 있었다. 그런데 본부교회가 활성화 될 무렵에 감실로부터 전속 명령이 내려왔다. 사천으로 가라는 명령이었다. 여러 가지로 계획해 놓은 일들을 진행 중에 있어서 갑작스러운 전근 명령에 기도를 하기 시작했다.

목요일이면 '7시에 만납시다'로 목사와 상담을 하기 위해 기다리는 장병들, 교도소에서 겨우 마음을 터놓게 된 수감자들… 모든 사람들의 모습이 눈앞에 아른거려 주님께 기도를 시작했다.

"주님! 주님의 인도하심으로 이곳에서도 많은 은혜를 받고 축복을 받았습니다. 주님 뜻대로 하겠습니다."

그리고 그동안 진행했던 일들을 하나씩 하나씩 뒤 돌아 보면서 전근 준비를 하던 중에 감실로부터 와달라는 연락을 받았다. '군종감실에서 마지막 보고를 받으려고 부르는구나, 군종감님께 전근 인사를 드려야 겠다.'고 생각하며 감실을 찾아갔다.

그런데 뜻밖에도 감님께서는 '전근명령을 취하한다'는 말씀을 하시고 김영배 본부사령님이 하신 말씀을 전해 주셨다.

"여기 자동차 한 대가 있는데 한 사람이 잘 몰고 간수를 해야 오래 가겠습니까? 아니면 여러 사람이 돌아가면서 조금씩 몰다가 넘겨야 오래 가겠습니까? 본사교회가 이제 어느 정도 안정을 찾아가는데 한 사람이 좀 더 오래 정성을 쏟아야 더욱 성장하는 교회가 될 것 같습니다. 전을성 목사를 본사교회에서 일을 할 수 있도록 해 주세요."라고 김영배 본부사령님의 간곡한 부탁이 있었다고 전해주시며,

"군종감실에서도 본부사령님의 말이 옳다고 생각하여 전 목사의 전근명령을 취하하기로 결정했습니다."라고 하시며 본부의 장병들을 위해 더욱 노력해 달라는 당부를 하셨다. 그리고는

"대위 목사로서 부흥 성장한 본부교회를 감당하기는 어렵다고 판단하여 소령 목사를 이곳으로 오게 하려고 했었는데 그 일도 해결이 되었습니다. 전을성 목사를 소령으로 진급시키기로 하고 본부교회의 담임을 계속해서 맡기기로 결정하였습니다."라며 놀라운 말씀을 전해 주셨다. 할렐루야!

나중에 알게 된 일이지만 하나님이 사랑하시는 김장환 목사님께서 '전목사를 위해 기도하시며 간곡하게 부탁하셨다'고 하였다.

"공군에서 군복음화를 활성시켜야 나라가 삽니다. 그리고 먼저 중심이 되는 본부가 부흥되어야 합니다. 전을성 목사가 잘 하고 있으니 아

직은 다른 곳으로 보내지 말아 주세요."라는 말씀으로 많은 사람들의 마음을 움직여 주셔서 주님이 계획하신 일들을 할 수 있는 시간을 허락 받았다.

사람을 통해서 역사하시는 하나님께서는 김장환 목사님의 마음을 감동하여 나도 알지 못하는 사이에 모든 일들을 도와주고 계셨다.

그리고 소령의 계급장을 달고 공군본사교회에서 5년 동안 근무를 하며 마음껏 주님의 일을 하게 되었다.

1. 종교강연회
2. 사병위안행사
3. 새마음갖기성회 후

3. 합력하여 선을 이루시는 하나님

미 기지교회에서 영어설교(오산기지교회 1981-)

아름다운 오산기지교회에서 담임목사로 근무를 하며 주의 은혜에 감사하였다. 1981년 가을에 '한미연합 기독장교 헌신예배'를 공군 오산기지교회에서 드렸다. 이때 강사는 극동방송국 사장이신 김장환 목사님이셨다.

예배를 마치고 장교식당에서 만찬이 있었는데 식사 중에 미공군 사령관이신 해프너 소장께서 우리들에게 '잠깐 연설할 시간을 달라'고 요청하시면서 다음과 같은 말을 하였다.

"하나님께서 나를 한국영공방위 수호를 위하여 한국에 보내시고 별을 두 개나 달아서 지휘관으로 쓰임 받은 것을 감사드립니다. 그리고 언젠가는 하나님의 부름을 받고 천당에 가서 하나님 앞에 서게 될 것입니다."

이때에 하나님께서 해프너 소장에게 다음과 같은 질문을 하실 것이라고 하였다.

"내가 너에게 한국에 보낼 때 별을 달아주었고 아내와 자녀들까지 복을 내려 주었는데 너는 나를 위하여 무엇을 하였느냐?"

하나님이 원하시는 삶이 무엇이었는지 잘 알고 있는 해프너 소장은 하나님의 보호하심과 인도하신 은혜에 감격하여 만약 하나님이 물으실 그때가 되면 분명하게 대답할 수 있을 것이라고 하였다.

"하나님! 저는 신앙생활 속에서 하나님의 영광을 위하여 살았고 그리고 한국영공방위 수호를 위하여 최선을 다하였습니다."

해프너 소장이 신앙의 간증을 마치자 참석했던 기독 장교들은 일제히 박수를 치며 하나님께 영광을 돌렸다.

한국 공군기지가 미국 공군기지 안에 있었기 때문에 미군과 서로 대면할 기회가 많았는데 나는 자주 미군 군종실을 방문하여 서투른 영어지만 미 군목님들과 업무뿐만 아니라 신앙생활에 대하여 대화나누기를 노력하였다.

특히 미 군종실 데비드 군목님과 가까이 지내면서 그를 한국 오산기지교회 기독장교 헌신예배에 초청하였다. 초청 일에 데비드 목사님을 조금 일찍 오시게 하여 저녁식사를 목사 관사에서 한식으로 정성껏 대접을 하였다.

그는 너무 기뻐하며 전 군목의 아내는 음식 솜씨가 너무 훌륭하다고 마음껏 칭찬을 하였다. 그는 '한국에 온 이래 처음으로 한국 가정에서 음식과 김치 맛을 보았다' 고 말하면서 '자기 생애에 오래 오래 기억이 남을 것' 이라고 감격해 하며 아내에게 고마워했다.

식사를 마친 후에 저녁 예배를 위하여 기지교회 사무실로 함께 들어섰다. 예배 시간을 10여분 남겨 놓고 나는 데비드 군목에게 "Please have a seat and make yourself at home."(편하게 쉬세요)라고 말하자,

그는 주머니에서 담배를 꺼내어 물고 불을 붙여 자연스럽게 연기를 뿜어 대며 담배를 피우는 것이었다. 나는 깜짝 놀랐지만 데비드 목사님을 말릴 수는 없었다. '미국은 자유로운 나라구나' 라고 생각하면서 데이비드 목사님이 담배를 끄게 해 달라고 기도드렸다.

그 시간은 신자들이 교회에 들어와서 찬송으로 예배를 준비할 시

간이었다.

'혹시! 누가 사무실로 들어서면 어떻게 하나' 라고 걱정이 되었다. 데비드 목사님도 신실한 목회자였지만 하나님의 영광을 위해 초대하신 목사님의 모습에 신자들이 당황할 것이 염려되었다. 그러는 가운데 자연스럽게

"예배 시간이 다 되었습니다. 빨리 들어갑시다."라고 서두르자 데비드 군목도 나의 의미를 알아차리고는 유머로 "you are number one, but I am number ten."하며 웃으면서 나를 안심시키고는 담배 불을 급히 꺼주었다.

나는 이 날 저녁 처음으로 통역 설교를 하였다. 미리 사전에 영어 설교원고를 받아서 충분한 준비를 하였지만, 막상 시작하려니 아주 떨렸다.

그런데 데비드 군목이 설교를 시작하기 전에 원고에도 없는 인사말과 자기 소개를 유머와 함께 장황하게 말하기 시작했다. 순간 가슴이 철렁 내려앉는 것을 느꼈지만 당황하지 않고 기도하는 마음으로 그의 영어에 귀를 기울였다.

그런데 이게 웬일인가! 그 영어가 저절로 통역이 되는 것이었다. 성령의 역사였다! 그리고 영어 설교의 통역도 은혜 가운데 마칠 수 있었다. 공군 기독 장교 그리고 조종사들 가운데는 미국에서 석사, 박사를 취득하신 분들이 많이 계시는데 이 날 예배에도 여러분이 오셔서 설교 말씀을 듣고 계셨다. 예배를 마치자 그 성도님들이 가까이 오시더니 '오늘 설교 통역이 너무 훌륭하였습니다.' 라고 칭찬을 해주셔서 부족한 나를 도와주신 하나님께 감사기도를 드렸다.

그 후 어느 날, 데비드 군목으로부터 전화를 받았다. 미군 기지교회 주일 저녁예배에 설교를 하여 줄 것을 부탁하고는 "영어 통역관을 세

울까요? 아니면 목사님이 직접 영어설교를 해주시겠습니까?"라고 묻자 나는 "제가 영어로 설교를 할 것입니다."라고 용감하게 대답을 해주었다.

미군기지교회의 예배를 위해 영어 설교를 열심히 준비를 하면서 원고를 외우고 미 군인들에게 찾아 가서 발음을 교정 받은 후에 영어설교를 테이프에 담아 늘 갖고 다니면서 듣기를 반복하며 예배시간을 기다리고 있었다.

미군기지교회에서 설교하는 날 우리 기지교회 여전도회 회원들이 한복으로 정성껏 차려입고 특별찬송을 하기로 했다. 드디어 주일 저녁예배 시간이 돌아 왔다. 나와 여전도회 성가대가 미군 기지교회에 들어서

1, 미 공군 기지교회에서 영어설교, 데비드 목사님과 함께
2. 미 공군기지교회에서 여전도회 집사님들의 찬양
3. 오산 작전사령부 기지교회에서 성탄절에 가족과 함께
4. 오산 작전사령부 기지교회 어린이 여름성경학교

자 미 공군 성도님들은 우리 여전도회가 입고 간 한복의 아름다움을 보고 박수를 치며 기쁘게 환영해 주었다. 그리고 설교단상 뒤에 의자를 놓아 성가대석을 특별히 마련해 주었다. 예배가 시작 되면서 한복을 입은 여전도회 성가대의 찬양은 온 교회를 은혜의 자리로 채워 주었다. 나는 설교 직전에

"하나님이 우리에게 주신 것은 두려워하는 마음이 아니요. 오직 능력과 사랑과 근신하는 마음이니"(디모데후서 1:7) 라는 성경 말씀을 입으로 암송하며 '담대함으로 설교할 수 있도록 도와 달라' 고 기도를 하였다.

성령님은 나에게 담대함을 주실 뿐만 아니라 원고를 읽지 않고도 자유롭게 영어로 설교할 수 있도록 역사해 주셨다. 나의 입에서 유창한 영어 설교가 터지면서 온 미군 기지교회 성도님들이 '할렐루야' 를 외치며 초대교회와 같은 은혜의 바다를 이루게 되었다.

어떤 성도님은 받은 은혜에 기쁨으로 감사하며 앞으로 나오셔서 간증을 하기도 하였다. 나도 역시 하나님의 능력으로 간증을 할 수가 있었는데 처음으로 한 영어 간증이어서 지금도 기억에 생생히 남아있다.

Crossing the dangerous torrent river

When I was a single evangelist I was assigned to the Chundong church that was located at a secluded village in the mountains. All around the village, there was beautiful rocky scenery, fresh forest air, the crystal clear water falls, rich soil given freely by God, and the sweet potatoes grown by the hard work of the people. People of the Chundong village and the church members were poor and not well educated but they were very kind and faithful.

On one rainy Sunday, I finished the Sunday worship service and I intended to go to the Daemyung church to preach for a one day special evangelical meeting. Rain kept falling heavily. Church members said to me with worry "Reverend Jun how could you go to Daemyung church now, the rain falls too heavily even to go outside, and the road to the church is very dangerous. "

But I had to go there because the church members were waiting to receive God's grace through my preaching, and the retired Reverend Lim was also waiting me to come. The Daemyung church that invited me to preach was located in a deeper mountain district than the Chundong church that I serving. Because the transportation to the church was uncomfortable and the financial affairs of church were so poor, no one would come to serve this church, but reverend Lim came to this church and he was serving it sacrificially. I thought that I should go to this very needy church and preach the word of God to them to receive God's grace and to be blessed.

I didn't follow my church member's advise and I took the bus to Daemyung church. I came 20km by bus and arrived to a village called Sangwolmyun. And from this village I would not only walk on through the unpaved muddy road but cross a river without a boat or bridge were destroyed. Watching the torrent of the river I prayed for a moment. "Lord help me that

I would able to across this rapid streaming river, likewise the apostle Paul overcomes the Euroclydon a tempestuous wind and across the Mediterranean sea." God gave me the courage to do it.

Standing on the dike I took off all the clothes and wrapt the Bible with them and tied it with my belt and put it up on my head and bound it to my jaw like this. And then I started to swim, following and plowing through the rough water, to cross the river. In fact, It was almost impossible work and a very dangerous adventure. I crossed this river using my swimming ability that I gained by playing and swimming at a stream in Keum Kang during my childhood.

There was a risk of deadly but by the grace of God, I crossed the river and got on the opposite riverbank safely. Thanks God. It was getting dark and nobody could see me naked. I squeezed out water form wet clothes and straightened the wrinkles by shaking them in hurry. As soon as I got my clothes back on I started to run the 4km of a country road with all of my strength.

Finally, being almost breathlessly. I arrived at the Daemyung church.

When I opened the door of the church, the meeting had begun already. And when I stepped in, all the church members welcomed me by clapping gladly. Inside the church It was a little dark for there was no electricity and a few lights from oil lamps. But the place of worship was full with church members and people of from the village.

In that night the Holy spirit worked and move upon.

Strongly, and evangelist's messages touched them so powerfully that the place was changed to "a sea of grace" as like a early church.

And there was not only the repentance, salvation and healing of the diseases but ten village elders receiving Jesus and were blessed by becoming new christians. I preached so passionately that the heat dried out my wet clothes while I was preaching.

After the meeting, I had to stay the night at the Reverend Lim's Parsonage. In the late night, I couldn't sleep at all because a high fever and a serious cough bothered me. I thought, I caught a very strong cold from the order I put my body through. Just in time, Reverend Lim's daughter gave me some medicine with hot water that was kept in the church for emergency use. After I was given first aid by an angel nurse, reverend Lim's daughter. I slept very well all the night like a log.

The unforgetful, beautiful and grateful reverend Lim's daughter is my wife now. Hallelujah!

연세기도모임

어느 날, 미 공군의무실에서 근무를 하고 있는 한국인 여의사로부터 전화를 받았다. 이분은 믿음이 굳건한 권사님으로, 미 공군기지교회에서 설교말씀을 전한 일이 인연이 되어 가까운 기도의 동역자가 되었다. 권사님은 매주 화요일이면 연세대학교의 토리채플에서(예수원에서 사역을 하시는 대천덕 신부님의 아버지, 토리 목사님을 기념하여 만들어진 예배당) 교수, 의사, 간호사, 직원들이 모여 예배를 드리는데 다음 주 화요일에 이곳에서 설교를 해달라고 부탁하셨다.

당시 나는 오산의 작전사령부에서 근무를 하고 있던 터라, 설교를 하러 서울까지 가는 일이 쉬운 것은 아니었으나 권사님의 부탁도 있었고, 우리나라 최고 엘리트들이 모인 '기도회' 라는 호기심에 조금은 영향을 받아 기도회에 참석을 하였다. 성령님이 그렇게 나를 인도하신 것 같다.

이성과 지성이 가득한 곳에서 하나님의 은혜와 사랑을 바라는 간절한 기도는 하늘을 울렸고 나는 땀이 나서 옷이 젖을 정도로 힘껏 말씀을 전했다. 지성과 순수한 마음을 지닌 사람들의 뜨거운 믿음에서 선한 예수님의 사랑을 느낄 수가 있었다. 기도회에는 아직 믿음이 굳건하지 않은 분들도 계셨지만 나름대로 하나님의 은혜를 구하려 애쓰는 모습이 더욱 하나님을 기쁘시게 하는 것 같았다.

송만석 교수님, 김애리정 교수님, 손희영 교수님, 고은희 교수님, 박용준 교수님, 추성희 교수님, 장선분 연세학술정보원장님, 최현수 기자님, 김백수 교수님 등 많은 분들이 말씀에 은혜를 받고 기도회는 늦은 시간까지 계속되었다.

예배를 마치고 다과를 나누면서 연세기도회에 참석하는 분들을 소개해 주셨는데 연세기도회에는 기도제목들을 나누어 중보기도를 통해 서로의 문제를 놓고 합심하여 기도한다고 하였다. 서로의 신앙과 간증을 통해 중보를 마치고 집으로 돌아오려는데 연세기도회 성도님들께서

"목사님! 말씀에 은혜를 받았습니다. 앞으로 매주 화요일마다 예배

인도를 해주세요."라며 설교를 부탁을 하셨지만 오산과 서울은 가까운 거리가 아니었기에 쉽게 대답을 못하고

"하나님께 먼저 기도를 드린 후에 말씀드리겠습니다."라고 하며 오산을 향해 왔다.

그 다음 주 화요일에 다가올수록 연세기도회의 뜨거웠던 기도소리가 귓가에 생생히 들려오며 하나님의 은혜를 사모하는 분들의 아름답고 순수한 모습이 머리를 떠나지 않고 있었다. 주께서 예배를 인도하라는 감동을 주시는 것 같았다.

그때부터 매주 화요일마다 하루의 일과를 마치는 대로 오산에서 서울로 예배를 드리기 시작하여, 다른 부대의 전근을 간 후에도 화요일 연세기도회 예배에 말씀 전하는 것을 잊지 않았다.

대구에서 서울로, 대전에서 서울로, 연세기도회에서 말씀전하며 중보기도를 부르짖을 때에, 이곳에 참석하는 성도님들께 신앙의 도전을 받게 되어 나의 영혼이 소생되는 은혜와 감동이 넘쳐나기 시작했다.

연세기도모임에 열심히 참석하는 분 중에 김백수 교수님은 화요일마다 예배를 드리기 전에 모든 일을 제쳐두고 예배실로 달려와 예배에 필요한 것들을 준비하면서 하나님께 온전하고 경건된 예배를 드리려고 최선을 다하셨다.

어느 날 김백수 교수님께서 신경과에서 진단검사의학과로 전공을 바꾸셨는데, 그 이유가 예배에 집중하기 위해서라는 소문이 돌아 모든 사람들을 놀라게 한 일이 있었다.

그 후에 김동수 교수님 내외분이 미국에서 귀국하시면서 연세기도회에 함께하시게 되어 훌륭한 기도의 동역자를 얻게 되었고, 나는 특별히 기도회예배에 참석하는 의사성도님들에게

"약을 처방할 때에는 '구약과 신약'이라는 두 가지 약을 더 넣어서 환자들의 나약한 영혼도 함께 치료해 주세요."라고 부탁을 드렸다.

연세기도모임에 모인 성도님들이 하늘을 향해 부르짖었던 간절한 소원이 하늘을 진동하는 역사가 되어 이곳에 모였던 모든 분들은 복에 복을 더하는 축복을 얻게 되어 각 분야에서 사회를 이롭게 하는 주님의 제자로 그의 이름이 빛같이 나타나게 되었다.

여호와를 기뻐하라

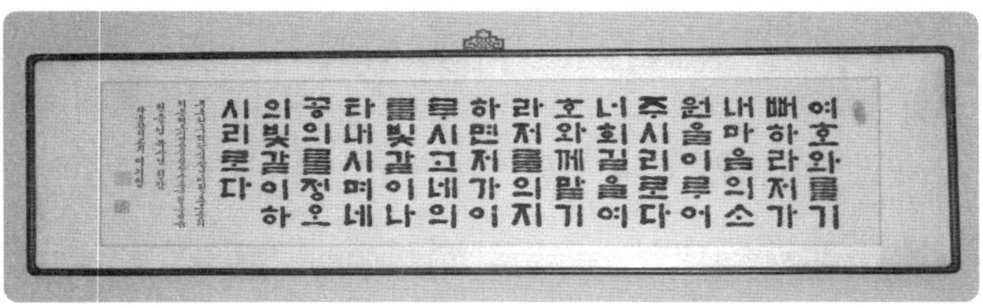

1983년 이월 초에 오산작전사령부 인근의 좌동감리교회에서 부흥집회를 인도해 달라는 요청을 받았다.

군 밖의 일반 교회에서 3일 동안 인도된 부흥집회의 둘째 날 저녁예배에는 좌동감리교회 성도님들 뿐만아니라 주변의 많은 교회에서 함께 하여 교회 안에는 앉을 자리가 없을 정도였다.

부흥집회를 인도할 때마다 혼신의 힘을 다해 말씀을 전하지만, 이날은 특히 시편 37편 4-6절을 준비하면서 내 삶 속에서 체험한 하나님의 은혜를 전하게 되었다.

"여호와를 기뻐하십시오. 그리하면 우리 마음의 소원을 이루어 주실 것입니다. 여러분의 모든 길을 주께 맡기십시오 그리하면 우리를 정오의 빛같이 나타내 주실 것입니다. 저는 이 말씀을 늘 묵상하며 여호와를 기뻐하는 삶이 무엇인지를 생각하며 지금 이 자리에서 여러분들에게 하나님의 빛 되신 말씀을 전하고 있습니다. 제가 받은 은혜의 말씀을 성도님들께 전하여 동일한 축복을 받으시기를 바랍니다.”라며 나의 인생의 고백이 담긴 간증을 하기 시작했다.

첫날에는 ‘군에서 오신 군목 부흥강사를 보려고 많은 사람들이 찾아왔다’ 는 이야기를 가까운 분에게서 들었는데 시간이 지날수록 성령님의 은혜가 부흥집회에 가득하여 주변의 성도들이 구름떼처럼 모이는 하나님의 역사가 일어나기 시작했다.

그리고 마지막 날 저녁집회를 마치려고 할 때였다. 갑자기 좌동감리교회 목사님께서 부흥강사인 나에게 하고 싶은 말씀이 있다고 하시면서 나이가 지긋하신 점잖은 어른 한 분을 단으로 올라오시게 하였다.

이분은 교장선생님이시며 좌동교회의 이기성 집사님이셨다. 집회 둘째 날에 시편 37편의 말씀과 함께 전해드린 나의 신앙의 고백으로 하나님의 은혜와 감동이 넘쳐 시편 37편 4-6절 말씀을 붓글씨로 준비하셔서 가지고 오셨다고 하셨다. 이기성 집사님은 2m가 넘는 붓글씨 액자를 가지고 나오시면서

“목사님! 어제 저녁 예배 후부터 준비를 하여 가지고 왔습니다. ‘여호와를 기뻐하라’ 고 하신 말씀에 감동을 받아 ‘무엇을 할까’ 하고 기도하다가 목사님이 가장 좋아하시는 성경구절을 정성을 다하여 써 보았습니다. 은혜를 주셔서 감사합니다.”라고 하시며 나에게 전달해 주셨다.

이기성 집사님은 집회 마지막 날에 ‘붓글씨 액자’를 전달하기 위하여 밤을 새어 글을 쓰고 선풍기로 말리는 혼신의 정성을 다하여 겨우 예배시간 전까지 가지고 올 수 있었다고 하였다.

나는 너무나 감사하고 감동을 받아, 그 자리에서 이기성 집사님의 머리에 손을 얹고 간절한 축복의 기도를 드렸다.

집사님의 사랑으로 나의 마음이 이렇게 기쁘고 뜨거워질 때에, 하나님을 의지하고 하나님이 기뻐하시는 삶을 살기 위해 노력한다면 하나님은 분명 우리의 소원을 이루어 주실 뿐만 아니라 우리를 존귀한 자리에 앉혀 주실 것을 확신한다.

이기성 집사님이 주신 성경말씀액자에는 37편 4-6절 말씀과 함께 '주후 천구백팔십삼년 이월초 부흥집회의 은혜로 시편 삼십칠장 사, 오, 육절을 적음. 전을성 목사 청감 좌동감리교회 이기성' 이라는 문구가 적혀져 있다.

나는 이 말씀의 액자를 집안의 가장 좋은 자리에 걸어 놓고 가보 1호로 생각하고 있다. 외형적으로 아름다운 글씨가 아닌 하나님이 내게 주신 가장 귀한 말씀으로 우리 가정의 가보 1호가 되었다.

많은 사람들에게 성경말씀을 선물할 때에는 항상 이 말씀을 적어서 드린다. 시편 37편의 말씀을 선물하는 것에는 이렇게 귀하고 큰 축복의 의미가 담겨져 있다. 나의 인생의 고백과 함께 하나님이 나에게 주신 축복과 사랑이 동일하게 일어날 수 있도록 기도하는 나의 마음과 정성인 것이다.

선을 이루시는 하나님

나는 영어에 부족을 느끼면서 미국에 유학의 꿈을 꾸면서 노력하였다. 그러던 중에 김장환 목사님께 미국 유학의 길을 열어 줄 것을 간청하였다.

김 목사님께서는 나의 간청을 들으시고 얼마 후에 미국 텍사스 주에 있는 신학교에 가셔서 설교를 하시게 되었는데, 그 학교의 총장님에게 나의 뜻을 전하여 장학생 초청장을 받아 오셨다. 미국 텍사스 신학교의 장학생 초청장(full scholarship)을 받아 쥐고 나는 마냥 기뻐하였다.

그러나 유학 수속을 준비하는 과정에서 마음속에 갈등이 생기었다. 왜냐하면 그 해에 중령에 진급하는 심사가 있었는데 전에 선배들의 경우를 보면 유학 간 군목님들이 진급에서 누락이 되는 것을 보았기 때문이었다.

1년 유학 후에 돌아와서는 다시 군에서 자리를 잡지 못하고 제대하는 경우가 허다했다. 나를 아끼는 주위의 많은 사람들은 '진급에 연연하지 말고 유학의 길을 떠나라' 는 조언을 하여 주는 사람들도 있었다.

그러나 나는 유학보다는 진급에 목표를 두었다. 내가 품은 꿈! 내가 어린 시절부터 품어왔던 꿈을 이루는 것이 나의 길인 것을 확신하고 유학을 포기하였다. 그리고 김장환 목사님께 사정을 말씀을 드렸다. 김 목사님께서는 나의 말을 듣고 "유학은 다음 기회에도 갈 수 있을 거예요. 군대에서 이루고 싶은 꿈을 위하여 최선을 다하세요."라고 말씀을 주셨다.

그 해에 여름이 지나고 가을 초에 중령 진급 발표가 났는데, 어떻게 된 일인지 나의 이름은 빠져있고 동기 신부님의 이름이 중령 진급자 명단에 올라와 있었다. 나는 한꺼번에 유학과 진급을 잃었다고 생각하니 가슴이 아파오면서 허무함을 느끼게 되었다.

나의 가족들이나 주위의 신자들 그리고 나를 도와주었던 모든 분들에게 미안한 마음이 이만 저만 한 것이 아니었다. 기지교회의 단에 엎드

려 하나님 앞에 나의 사정을 아뢰고 울부짖으며 기도하였다. 이때 하나님이 주시는 말씀은

"우리가 선을 행하되 낙심하지 말찌니 피곤하지 아니하면 때가 이르매 거두리라."(갈라디아서 6:9)는 은혜의 응답이었다.

나는 이 말씀을 붙들고 낙심과 피곤을 물리치며 또 한 해를 더욱 열심히 주의 일을 하면서, 군에 그리스도의 계절이 오는 것을 목표로 삼고 장병들에게 끊임없이 주의 말씀을 선포하였다. 그리고 하나님의 도우심으로 다음 해에 영광의 중령으로 진급을 하게 되었다.

그러나 막상 중령이 되고 보니, 이제는 공군의 군종업무에 책임을 져야하는 위치에 있게 되어서 외국에 유학을 갈 수 있는 처지가 못 되었다.

나는 기도하는 가운데 덴마크의 구룬드비히 목사님의 말이 떠올랐다.

'밖에서 잃은 것을 안에서 찾자!' 는 말이 나의 마음을 두드리었다. 기도하는 가운데 배움의 꿈을 이루고자 아세아신학대학원과 미국 풀러 신학대학원의 공동 목회학박사 과정에 입학을 하게 되었다.

바쁜 군 목회 생활 속에서도 열심히 노력하여 박사 과정을 잘 마치고 목회학 박사논문도 통과되어 1988년 3월에 미국 풀러 신학대학원에서 수여하는 목회학 박사를 취득하였다. 공군 군목 가운데서는 정식 논문을 통과한 박사가 처음 탄생한 것이었다.

나의 목회학 박사 취득 감사예배에는 김장환 목사님께서 오셔서 은혜와 축복의 설교 말씀을 하여 주셨다.

세계적으로 영적 거장이신 김장환 목사님은 때로는 아버지처럼, 때로는 형님처럼, 멀리서나 가까이서나 기도해주시고 염려해 주시면서 나의 목회활동을 이끌어 주고 계시는 '나의 영원한 스승이요, 멘토 되

시는 분이다.'

"우리가 알거니와 하나님을 사랑하는 자 곧 그 뜻대로 부르심을 입은
자들에게는 모든 것이 합력하여 선을 이루느니라."(로마서 8:28)

아멘! 하나님! 감사합니다.

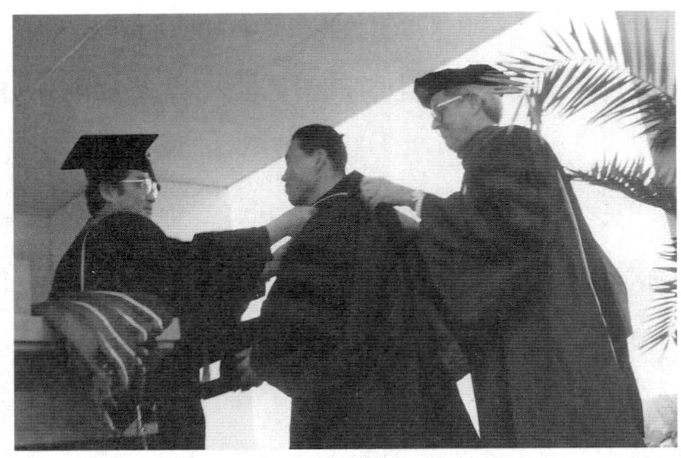

1. 박사학위 취득(아세아연합신학대학원과 미국 풀러신학대학원의 공동 목회학박사)
2. 김장환 목사님께서 박사학위 취득 감사예배 인도

4. 기도의 응답

목 급소에 지네 물리다_(대구 비행단 1984-1986)

1984년에 공군본부에서 대구 전투비행단으로 전속명령을 받고 가족을 떠나 기차에 몸을 싣고 새로운 임지로 향하였다. 기차 안에서

"여호와는 너를 지키시는 자라. 여호와께서 네 우편에서 네 그늘이 되시나니 낮의 해가 너를 상치 아니하며 밤의 달도 너를 해치 아니 하리로다. 여호와께서 너를 지켜 모든 환난을 면케 하시며 또 네 영혼을 지키시리로다. 여호와께서 너의 출입을 지금부터 영원까지 지키시리로다."(시편121: 5-8)는 말씀을 읽고 묵상하며 새로운 군종참모 사역지를 위하여 기도하였다.

대구 비행단은 그때만 해도 공군에서 가장 중심을 이루는 거대한 전투 비행 부대였다. 나는 자부심을 가지고 장병들을 위하여 종교활동, 인격지도활동, 상담활동, 대민봉사활동의 4대 업무를 성실히 수행하고자 결심을 하며 임지를 향하였다.

나는 새로운 임지에서 전 장병을 위한 3일간의 심령대부흥회를 열었고 집회 기간의 저녁시간 마다 연병장에서 많은 장병 및 군인가족들이 모여 참석한 가운데 성황리에 은혜로운 부흥집회가 이루어졌다.

나는 "I can do in Jesus Christ."라는 부흥집회의 주제를 정하고 하나님께서 역사해 주시는 성령의 충만함을 느끼면서 전적으로 하나님을 의지하며 기도로 준비할 때 설교자에게 먼저 허락해 주신 담대함과 은혜로 힘차게 설교를 선포하였다.

힘차게 외치는 설교 말씀은 전 부대뿐만 아니라 관사지역으로 그 소문이 알려져 불신자에게까지 영향을 미쳤다. 그 후로 부대 지휘관 및 참모들이 교회를 출석하는 등, 기지교회는 더욱 부흥이 되어 2부 예배를 드리는 역사가 이루어졌다.

부대 참모부의 장교들 중에는 잦은 전근으로 그때마다 아이들도 학교를 옮기게 되는 것을 염려하여 생활의 터전을 옮기지 않고, 가족을 서울에 두고 혼자 생활하며 근무하는 경우가 있었다.

나도 관사에서 혼자 식사를 해결하며 지내고 있었는데 주말에는 아내가 서울에서 내려와 밀린 집안일을 해 주었고, 목회 사역을 돕기 위해 심방대원들과 함께 신자들의 가정을 심방하기도 하였다.

1986년 여름 주중에 공군본부에 회의가 있어서 새벽에 서울로 올라가서 하루의 회의를 다 마치고는 저녁에 곧장 대구 부대로 귀대를 하였는데 관사에 도착하니 거의 자정이 되어 있었다. 연일 햇볕이 쨍쨍 내리쬐는 따뜻한 날씨였다.

그날 아침 집을 나서기 전에, 카펫을 베란다에 널어놓고 나갔기 때문에 집안에 들어오자마자 베란다에 걸려 있는 카펫을 걷어 대충 손으로 털어서 방에 깔고 감사의 묵상 기도를 마쳤다. 너무 늦은 시간에 도착하여 간단히 씻은 후 잠자리에 들었는데 너무나 피곤한 나머지 아무 생각도 없이 바로 곯아 떨어졌던 것 같다.

얼마동안 잠이 들었는데 갑자기 귀 밑의 급소에 심한 아픔이 느껴졌다. 그리고 잠시 후에 온 머리에 열이 솟구치더니 얼굴까지 부어오르며 통증을 심하게 느끼게 되었다.

일어나 거울을 보니 이미 눈은 충혈이 되어 있었다. 귀 밑의 아픈 곳에는 뭔가 물린 상처가 발견되었다. 언제 물렸는지 벌써 벌겋게 퉁퉁

부어 있었기 때문에 쉽게 발견이 가능하였던 것이다. 시간을 쳐다보니 새벽 1시 30분이었다.

한밤중에 혼자서는 어떠한 초치를 취할 수도 없어서 침으로 아픈 곳에 여러 번 바르고 다시 잠을 청하였지만 고통은 이루 말할 수가 없었다.

고통의 시간이 조금 지나 그나마 진정이 되었는데, 방 한구석에서 "샥~ 샥~" 하는 소리가 들리더니 그 소리가 벽을 타고 올라가는 느낌이었다. 어두움 속에서 무엇인가가 계속하여 "샥~ 샥~ 샥~" 소리를 내며 재빠르게 올라가는 소리를 듣게 되었다.

나는 재빨리 불을 켜고 소리 나는 벽을 보고는 깜짝 놀라고 말았다. 큰 지네가 벽을 타고 천정을 향해 올라가고 있는 것이었다. 정신을 가다듬고 재빨리 신문지를 통째로 가져와 지네를 덮친 후 움켜잡았다. 신문지 안에서 지네는 꿈틀거렸다. 나는 신문지를 구기며 비벼서 죽였다. 그 지네는 카펫에 붙어 있다가 거둘 때 함께 방 안으로 들어 온 것이었다.

신문지에 죽인 지네를 움켜쥐고 차를 몰고 부대 병원으로 향하였다. 비상벨을 눌러도 바로 군의관이 나오지 않는 것이었다. 급한 마음에 계속 비상벨을 울렸는데 한참을 지나서 군의관이 잠에서 깨어 일어나 문을 열고

"군목님! 이 밤중에 어디가 아파서 오셨습니까?"라고 묻는 것이었다. 나는 '지네에 물려서 고통이 심하다'고 말하면서 신문지에 있는 지네를 보여 주니 군인관은 잠이 달아난 듯이 깜짝 놀라는 것이었다. 그리고는 군의관은 난색을 표시하면서,

"부대 병원에는 응급으로 치료할 약이 없습니다. 그러니 의무병실에서 입원하고 계시다가, 내일 아침 일찍 시내 민간 종합병원에 가야할 것 같습니다."라고 말하는 것이었다.

군의관도 당황하여 어쩔 줄을 몰라 했지만 달리 방도는 없는 것 같았다. 나는 잠깐 동안이지만 "불편한 병실에 입원하는 것보다는 관사에서 기다리는 것이 좋겠다."고 말하고는 아픈 부분에 소독만을 하고 집으로 돌아왔다.

그러나 잠을 청해도 심한 고통으로 잠을 이룰 수가 없었다. 군의관의 말을 듣고 나니 오히려 고통과 불안감이 밀려와 잠을 이루지 못하며, 정신은 더욱 더 또렷해지기만 하였다. 그래서 나의 힘이 되신 하나님께 '살려 주세요' 라는 기도를 드릴 수밖에 없었다.

과거에도 죽을 고비 고비를 넘겨주시고, 이길 수 있도록 새 힘을 주신 하나님께 이번에도 치유함을 달라고 간절한 기도를 드렸다. 고통 중에 예수님께서는 말씀으로 위로해 주셨다.

"이르시되 기도 외에 다른 것으로는 이런 유가 나갈 수 없느니라. 하시니라."(마가복음 9:29)

이 말씀을 부여잡고 밤이 깊어지도록 소리 내어 통성기도를 하였다. 성령님은 기도할 때 나의 잘못된 것을 깨닫게 하시고 기도의 힘을 불어넣어 주셨다.

얼마나 오랫동안 기도를 하고 있는지 몰랐다. 다만 열정적으로 눈물과 콧물을 흘리며 주님을 부르짖으며 기도를 한 것으로 기억이 되었는데 정신없이 기도를 드리는 중에 어느새 아픔도 잊어버렸다.

기도하는 가운데 "두려워 말라. 내가 너와 함께 함이니라. 놀라지 말라. 나는 네 하나님이 됨이니라. 내가 너를 굳세게 하리라. 참으로 너를 도와주리라. 참으로 나의 의로운 오른 손으로 너를 붙들리라."(이사야 41:10)는 말씀으로 위로의 축복을 주셨다.

이 말씀을 의지하고 아픈 곳에 손을 얹고 기도를 드린 후에야 잠을 청하였고 하나님의 은혜로 깊은 잠을 잘 수가 있었다. 통증도 불안도 없는 평안한 밤이 되었다.

아침에 현관문을 두드리는 소리에 잠에서 깨어 일어났다. 밖에서 군의관이 다급하게 나를 부르고 있었다. 부대병원에 근무하는 군의관이 앰뷸런스를 가지고와서 나를 종합병원으로 데려가기 위해 달려온 것이었다.

문을 열어주자 군의관은 걱정스러운 눈길로 나를 살피기 시작했다. 군의관이 한참동안 나의 모습을 보더니 "목사님! 아무렇지도 않은데요."라고 말하며 두 눈이 동그랗게 커지는 것이었다.

그렇다! 밤새 하나님은 졸지도 주무시지도 아니하시며, 치료의 광선을 발해 주신 것이었다. 하나님께서는 치료의 손길로 나를 어루만지시어 독을 제하여 주시고 병을 고쳐 주신 것이었다. 나는 하나님께서 지네의 독으로부터 구해 주신 것을 감사드리며, 하나님께 영광을 돌리었다. 그 후로 더욱 생명의 풍성함과 건강한 가운데 부대 장병들에게 주님의 복음을 힘차게 전하였다.

전화로만 기도하여 주세요(대구비행장 1984-1986)

대방동 공군본부교회에 있을 때, 군 신자들 가운데 관절 계통의 환자들을 위하여 안수 기도드리면 많은 환자들이 고침을 받았다. 하나님께서는 나에게 관절계통에 치유의 역사를 주심으로 많은 영혼을 구원하여 하나님께 영광을 돌리는 사건이 많이 일어나는 은혜를 주셨다.

대구는 우리나라에서 중요한 비행단 중에 한 곳으로, 많은 젊은 조종사들이 근무를 하고 있었다. 젊은 조종사들은 군 생활에 열정을 가지고 있었지만 신앙생활도 열심히 하고 있었다.

그 중에서 김태영 집사님은 결혼한 지 얼마 되지 않은 새신랑이었는데 주님의 가정을 이루어 요셉처럼, 다윗처럼 올바른 믿음의 생활을 하는 분이었다.

특히, 대구기지교회의 성가대와 중고등부를 지도하며 군인 자녀들의 신앙생활에 많은 도움을 주었다.

그때 당시 하나님의 선물로 첫 아들 준식이를 주셨는데, 부인 홍성희 집사님은 목사님의 따님으로 김 집사님처럼 믿음이 돈독한 신앙의 모범이 되는 충성스러운 성도였다.

홍 집사님은 성가대 반주자로 봉사를 하였는데, 어린 아기를 업고서도 교회 일에 앞장서며 열심히 헌신해 주었다.

김태영 집사님 내외는 크고 작은 문제가 생기면 때와 장소와 관계없이 담임목사에게 항상 상의를 하였다. 부부는 항상 주님의 음성에 귀를 기울여 순종하는 신앙생활을 하며, 가정에도 기도의 생활화를 이루어 언제나 기도가 끊어지지 않는 '기드온 용사와 같은 믿음' 을 소유한 젊은 부부집사였다.

그런데 어느 날 밤이었다. 밤 11시도 넘었는데 교회 반주자 홍성희 집사님이 전화를 하여 '김태영 집사가 허리 통증이 심하여 움직이지도 못하고 고통스러워한다.' 며 울먹이고 있었다.

김태영 집사님은 하루 종일 허리의 통증이 심하여서 출근도 못하고 집에서 쉬고 있었는데 이제는 앉거나 누울 수도 없이 통증이 밀려와 도저히 참을 수가 없다고 하면서 목사님께 전화를 걸어달라고 부탁했다는 것이다. 부인 홍집사님으로부터 수화기를 건네받은 김태영 집사님은 "목사님, 기도를 받고 싶습니다. 안수기도를 해주세요."라고 청하였다.

나는 늦은 밤이었지만 너무나 아끼는 집사님이었기에 "집사님, 늦은 밤이지만 지금 달려가서 안수기도를 해 드리겠습니다. 조금만 참고 기다리세요."하며 김태영 집사님을 안심시켰다.

그러자 김태영 집사님은

"목사님, 오시지 마시고 전화로만 기도하여 주셔도 고침 받을 줄 믿습니다."라고 기도해 주기를 청하는 것이었다.

김태영 집사님께서 백부장과 같은 믿음을 가지고 있다는 것은 정말 놀라운 일이었고, 나는 그 부부의 믿음대로 전화 수화기를 통해 간절하게 기도를 해 드렸다.

기도하는 순간에 성령님께서 강한 신유의 은사로 역사하심을 느낄 수 있었고, 하나님께서는 아멘으로 대답하는 김 집사님의 믿음을 기뻐 받으시고 치료의 광선을 발하여 병을 고쳐 주는 축복을 허락하셨다. 그리고 그 밤에 실제로 주님의 신유(치유)의 역사로 김태영 집사님은 온전히 고침을 받았고, 그 다음날 아침에는 건강한 몸으로 출근하여 배정된 비행기를 타고 하늘을 날을 수가 있었다. 할렐루야!

대구 비행장 특별 종교 강연회

그 후로 내가 '군인들 가운데 허리나 관절이 아픈 환자가 있으면 무조건 데려 오라'고 권하였고, 믿음으로 병든 자들을 위해 기도를 해 주었다.

김태영 집사님은 군 안에서도 전도를 많이 하는 조종사로 유명해졌다. 전도하다가 복음을 잘 받아 드리지 않는 사람이 있으면 자신의 사례를 들어 말하기를

'허리나 관절, 어느 부분이든지 아프면 전목사님께 가서 기도를 받게 해야겠다. 그러면 주님을 믿는 마음이 생기겠지…' 라고 본인이 안수기도를 받은 후에 치료 받은 간증을 하며 전도를 하였다.

하나님께서는 군의 복음화를 위하여 나에게 특별한 신유의 은사를 주셨고, '믿음의 기도는 병든 자를 일으켜 주신다' 는 말씀과 '믿음의 간구는 역사하는 힘이 많다' 는 말씀에 의지하여 기도할 때

나의 능력이 아닌 성령님의 은사로 마른 막대기보다 못한 나를 들어 사용해 주셨고 하나님의 영광을 위한 치유의 은사가 지속적으로 나타나게 해 주셨다.

황금어장의 어부(기도의 응답) (대전교육사령부, 1987-)

약 2년간의 대구비행단에서의 군목활동도 하나님의 강권적인 은혜와 각종 은사로 역사해주심 가운데 군목생활에 보람을 느끼고 있었다. 1986년도에 군 교회에서는 2부 예배를 드리는 일이 좀처럼 없었던 흔하지 않는 일이었다.

기도하는 중에 성령님께서 갑자기 감동을 주셔서 '2부 예배를 드려

서 많은 성도님들이 주일을 지킬 수 있도록 해야겠다' 는 뜨거운 소원이 생기도록 역사를 해 주셨다. 1부는 10시에 관사 가족과 장병들이 예배를 드렸고, 12시에 또 한 번의 예배를 드리기로 교회 광고를 하였다. 그때 당시에 주일날에도 장병들의 근무가 있었다.

'군 교회 밖에서, 일반교회에 출석했던 장병들은 근무가 있는 주일이면 본 교회를 나가지 못하게 되었다.' 그런데 12시에 부대교회에서 2부 예배가 생기게 되니, 점심시간을 이용하여 예배를 드릴 수가 있었다.

이후에 군 기지교회에 12시 예배를 보려고 많은 장병들이 모여들기 시작했다. 12시 2부 예배 때에는 전례와 다르게 성전에 장병들로 가득 차고 넘쳐 성령의 역사가 일어나기 시작하였다.

나는 예배를 사모하는 성도들을 통해서 영성적인 면에서나 군종활동에서 열정을 가지고 힘을 기울였다.

대구비행장에서도 하나님의 사랑과 은혜 가운데 약 2년간의 목회활동이 끝날 시기에, 다른 곳으로의 전속 명령을 기다리고 있었다. 이번에는 하나님께 전속명령을 원하는 곳이 있어서 가게 해 달라고 기도를 드렸다. 당시 마음속에 기도드리며 소원하는 곳은 본부 군종감실이었다.

대전 교육 사령부 주일예배(강대상 앞까지 장병들로 가득했다.)

군목들 역시 다른 군인들과 마찬가지로 일정기간이 지나면 전근을 가게 되어, 아이들이 어느 정도 자라자 두 집 살림을 시작하게 되었다.

아이들에게는 최선의 부모가 되어 주고 싶은 것은 모든 부모들의 공통된 마음이라고 생각한다.

'군 장교들은 아이들을 위해 예외 없이 복무기간이 지나면 부대를 옮겨 사역지를 다시 옮겨야 하는 처지이므로 자녀들에게 잦은 전학으로 혼란을 주지 않기 위해 교육 환경이 되는 곳에다가 정착을 시키고 있었다.

나도 아내와 상의한 끝에 '아이들에게 혼란을 주지 않고 학교생활에 잘 적응하도록 좋은 학업환경을 만들어 주자'고 의논하였고 두 집 살림을 선택하여, 아내가 서울과 대구를 분주히 오가는 생활을 하게 되었다.

초등학교 4학년인 막내의 경우는 '한 가족이 함께 살고 싶다'는 생각을 말한 적이 있기 때문에 마음에 걸려 '이번에는 꼭 본부로 발령을 받아야만 하겠다'는 생각으로 기도하였고, 군종감실 내부의 문제도 있어서 은혜롭게 해결되기를 소원하며 정말로 간절하게 하나님께 매달리며 기도를 드렸다. 그러나 전속 명령은 '대전교육사령부'로 발령이 나서 가게 되었다.

대전 교육사령부는 서울과 얼마 떨어져 있는 곳은 아니지만 '얼마 있지 않아 대전 지역을 떠나 진주교육사령부로 이전하기로 결정되어 있는 상태였다. 그러므로 특별히 진주에 연고가 있는 장병이 아니라면 서울로의 전속을 원하는 것은 솔직히 누구나 원하는 인간의 마음일 것이다.

그러나 주님이 행하시는 일은 '언제든지 선한 목적과 이유가 있고, 축복이 기다린다'는 것을 잘 알고 있기에 감사한 마음으로 대전교육사령부로 내려가 그곳에서의 군종활동을 하나님의 인도하심을 기대하며 부대에 적응하기 시작하였다.

대전교육사령부는 군인 가족들은 얼마 없었고, 훈련병들과 기술학교의 교육생들이 많은 곳으로 군교회 역시 젊은 훈련병들로만 가득한 상태였다.

그럼에도 불구하고 이곳에서도 하나님의 뜻이 있어 보내신 줄로 믿고 젊은 장병들의 믿음생활을 위해 최선을 다하리라 마음먹고 '할렐루야' 군목활동이 시작되었다.

공군교육사령부 기지교회 주일예배는 군종참모로 부임한 지 얼마 지나지 않아 훈련병, 사관후보생, 하사관후보생, 기술고등학교학생, 관사 가족 성도들로 초만원을 이룬 대성황의 예배였다.

특별히 무더운 여름 주일예배에, 훈련병성도들이 가득한 강단에서의 설교는 매우 힘들었다. 훈련병들이 강한 훈련 중에 교회에 나오기 때문에 몸과 훈련복에 흠뻑 젖은 땀 냄새와 군화속의 발 냄새는 얼마나 지독한지 코를 찌르며, 호흡하기조차 힘들었지만 장병들이 구원을 받게 되었다는 감격으로 극복할 수 있었다.

처음에는 선풍기를 몇 대나 돌려도 찌는 더위에 땀 냄새가 진동하여 참기 힘들었지만, 얼마의 기간이 지나고 이들과 함께 예배를 드리고 사랑으로 대하다 보니 오히려 역한 냄새는 다 사라지고 도리어 주님의 아름다운 향기로 예배당 안에 가득하게 넘치는 것처럼 느껴졌다.

공군교육사령부 기지교회는 전도의 황금어장이었다. 예수님께서 베드로를 갈릴리 바다에서 '깊은 곳에 그물을 던지라'고 말씀하실 때 베드로가 순종하여 그물을 던졌을 때에 많은 고기를 건질 수가 있었던 것처럼 '2부 예배를 드리라'는 성령님의 감동에 순종하여 실천하였더니 놀라운 성과를 얻게 된 것이다.

이곳에서 나는 황금어장의 어부가 되어 주님께서 명하신대로 많은 영혼을 구원하는 은혜의 그물을 던졌고 젊은 장병들을 하나님의 품으로 인도 할 수 있었다. 하나님께서는 '내가 원하지 않은 부대에 발령을 받게 하셔서 근무할 수 있도록 강권적으로 이곳으로 보내셔서 많은 영혼을 구원하려고 인도하셨다.'는 것을 깨닫고 본부로 발령이 나지 않게 된 것도 감사할 수 있었고, 나중에는 더욱 큰 선한 계획 가운데 인도해 주셨음을 알게 되었다.

공군교육사령부의 훈련과정 중에 가장 중요한 것은 종교 활동을 통하여 신앙전력화를 이루는 것이었고, 또한 인격지도 교육을 통하여 올바른 국가관 정립과 건전한 인격을 형성시켜 병역을 무사히 마칠 수 있게 인도하며 자살 예방과 각종 사고를 예방하는 임무가 주어져 있었다.

나는 하나님을 사랑하고 나라를 사랑하는 마음으로 주어진 이때가 절호의 기회라고 여기고 종횡무진(縱橫無盡)으로 학과 현장을 돌아다니며, 인격지도 강연으로 활약을 하였다. 육체적으로는 힘들었지만 내가 담당한 군종업무를 통하여 매우 보람을 느끼며, 이 업무를 수행하면서 하나님을 전할 수 있는 기회를 주신 하나님께 감사를 드렸다.

그리고 열심히 군종활동을 하고 있었는데 얼마 지나지 않아 새로운 사령관님이 대전교육사령부로 오시게 되었는데 지휘관을 만나자 "할렐루야!"가 저절로 흘러나왔다.

하나님께서 믿음의 지휘관인 곽영달 소장님(장로님)을 대전교육사령관님으로 보내주셨다. 얼마나 감사했는지 대전으로 발령받은 일이 오히려 커다란 기쁨이 되기까지 하였다.

곽영달 장로님은 강직하시고 정식하신 분이셨다. 무엇보다도 성령이 충만하여 나의 젊은 대위시절(본부에서)부터 기도로 동역해 주셨고 군복음화를 위해 훌륭한 역할을 해 오시는 귀중한 분이셨다.

대전교육사령부의 교회는 지휘관의 예배참석으로 하나님의 사랑이 더욱 넘치기 시작하였다. 복음의 황금어장이 더욱 풍성해지는 것을 시간이 지날수록 느낄 수 있었다.

주일예배시간에 성전 안은 이미 훈련병들로 가득 차 앉을자리가 없을 정도였다. 물론 사령관님은 매 주일 일찍 교회로 오시어 앞자리에 앉아서 모든 기독군인들에게 믿음의 본이 되어 주셨다.

교회에 참석하였으나 앉을 의자가 부족하여 들어오지 못하는 군인들이 생기자 교회 옆에 자리 잡고 있는 교육관에 TV를 연결하여 영상을 통한 예배가 시작되었다. 군 교회에서 교회가 차고 넘쳐, 영상을 통한 예배를 드리는 곳은 이곳 대전 교육사령부가 처음으로 기록을 세운 것이다.

지금은 대형교회들이 먼 곳에 있는 성도들에게, 아니면 본 성전에 들어오지 못하는 성도들에게 화상으로 예배를 드릴 수 있게 하는 경우가 있지만 그러나 그 당시에 영상으로 예배를 드릴 수 있도록 한 것은 주님께서 주신 지혜였고, 놀라운 사건이었다. 1986년도 대전교육사령부 교회의 영상예배는 은혜를 사모하는 자들에게 허락해 주신 놀라운 은총이며, 축복의 예배이었다.

특별히 지휘관이신 곽영달 장로님은 대전교육사령부 교회가 계획하는 모든 일들에 대하여 '군종활동이 곧 정신전력과 부대 전투력 증강의 근원이요, 강한 부대, 사고 없는 부대가 된다' 는 것을 잘 알고 계셨기에 각종 지원을 잘 해 주셔서 큰 힘이 되었다.

대전교육사령부에서의 군목활동은 너무나 신나는 목회생활이었다. 나는 '나, 개인이기 이전에 하나님의 종으로, 주님이 부르시면 어디든지 달려가야 한다' 는 사실을 다시금 깨달았을 수 있었다. 하나님께서는 귀중한 깨달음을 축복으로 허락해 해 주신 것이다.

대전에서 장병들과 함께 한 시간들을 돌이켜 보면 너무나도 보람이 되었고 즐거웠다. 무엇보다 주님을 알지 못했던 영혼을 위해 구원의 그물을 던지며, 어려움에 처한 장병들에게 격려를 하고, 각종 사고를 사전에 예방하고, 복무기간 동안 힘이 되어주려고 노력하였고 보람을 느끼는 나날이 되었다.

'주님께 영광 돌립니다. 공군의 젊은이들에게 하나님의 말씀을 전하는 일은 나의 사명입니다.' 주일날 주님의 말씀을 사모하여 구름떼처럼 교회로 모이는 젊은 장병들은 주님의 아들들이며, 그 영혼이 귀하게 느껴져 마음껏 주님의 복을 빌어주며 기도를 하였다.

훈련 장병들에게 시간마다 인격지도교육을 강연할 때 일부 장병들은 고된 훈련 때문인지 피곤하여 교육시간에 잠을 자거나 조는 일들이 많았다.

부대생활이나 인격형성이나 군인정신에 더욱 유익한 교육이 되면서 훈련병들이 졸지 않는 방법이 무엇일까 생각하며 더욱 은혜가 충만한 말씀으로 교육하게 해달라고 기도드리고 방법을 연구하게 되었다.

그래서 신앙의 유익을 잘 알리면서 성경에 나오는 이야기들을 재미있게 들려주었다. 믿음으로 역경을 극복하거나 전투에서 승리한 사례, 충효를 실천하는 신앙으로 승리한 사례 등을 교육으로 전할 때에 간접전도가 되어 하나님을 사모하는 장병들이 늘어나게 되었다.

교육 시간에 더욱 흥미(興味)를 갖게 하기 위하여 재미있는 사례들과 유익이 될 수 있는 상식과 뉴스를 잘 준비하여 강의를 실시할 때 훈련 장병들이 교육시간에 졸음과 잠을 이기는 것을 발견하였다. 그래서 훈련 장병들이 가장 좋아하는 인기 있는 교육시간은 인격지도교육 강의 시간이라고 말할 정도가 되었다.

열정적인 설교와 함께 군종업무와 관련된 강의를 하게 되면서 나의 설교하는 모습이 대중에게 영향력 있는 말씀을 전하는 부흥강사의 체질로 변하고 있음을 느낄 수가 있었다. 그 후로 나는 설교하는 시간이 기쁘고 가장 행복한 시간처럼 느껴지게 되었다.

1986년 1월 1일, 2일, 3일 휴무에 나는 아내와 성도님들 몇 분과 함께 부대 근교에 있는 기도원을 찾아 금식기도를 하기 위해 떠났다.

매년 기도원에 가서 금식기도로 한 해를 시작하며 하나님께 매달리며 기도하는 시간을 가졌기 때문에 이번에도 간절히 목회와 군종업무를 위한 기도를 하고 3일 금식기도를 마치고 집으로 돌아왔다. 그리고 얼마 지나지 않은 1월 20일에 본부 군종감실로부터 전화를 받았다.

"본부 군종감실로 발령이 났다"는 전화를 받게 되었지만 '지금은 발령이 나는 시기도 아닌데…'라고 의아하게 생각하면서도 하나님께서 역사하심을 느낄 수 있었다.

그렇게 간절히 기도를 드리고 소원하던 기도의 제목이 마침내 응답을 받은 것이다. 하나님은 다 알고 계셨다. 그리고 좀 더 좋은 것으로 채워주시기 위한 때를 기다리고 계셨던 것이었다.

"할렐루야! 하나님! 감사합니다." 만약에 대구에서 바로 본부로 발령을 받았더라면 황금의 어장인 대전교육사령부의 귀한 젊은이들과 성도님들과 귀하신 곽영달 장로님을 영원히 만나지 못했을 것이다.

만약 그랬더라면 그곳에서 많은 장병들이 구원을 받는 은혜와 교회가 구원받은 장병들로 가득차고 넘치는 축복과 군선교의 열매를 거두는 하나님의 역사를 경험하지 못했을 것이다.

'하나님! 하나님의 은혜에 감사합니다. 주님의 황금어장에 부족한 종을 어부로 사용해 주셔서 감사합니다. 나의 작은 신음에도 응답하시는 하나님! 환난 가운데서도 지켜주시고 제일 좋은 길을 너희에게 보이리라.' (고전 12:31)고 하신 말씀처럼 복되게 인도해 주시니 감사드립니다,

대전에서 하나님의 일에 함께해 주신 곽영달 장로님은 언제나 군목생활에 큰 힘이 되어 주셨다. 대전교육사령부에서 장병들을 위해서, 교회를 위해서, 군복음화를 위해서 기도하시며 격려해주셔서 군복음화에 풍성한 결실을 맺을 수가 있었다.

이렇게 주의 일에 힘써 주신 곽영달 장로님도 승진의 축복을 받아서 공군사관학교 교장으로 취임하시게 되었다.

먼저 그의 나라와 의를 위해 헌신할 때에 우리의 삶의 자리를 복되게 해주시고, 항상 우리의 필요한 모든 것을 예비하시는 하나님께 무한한 감사와 영광을 돌립니다. 할렐루야!

1. 특별신앙집회 (1986년)　　　　　2. 공군본부교회에서

제3부

하나님의 은혜

박사 학위 수여식(아세아연합신학대학원과 미국 풀러신학대학원의 공동 목회학박사)

1. 전쟁고아에서 공군의 군종감으로

계룡산에 그리스도의 계절이 오게 하다

계룡산은 대전광역시, 공주시, 논산시에 걸쳐 있는 충남 제일의 명산이다. 차령산맥과 노령산맥 사이에 이룩된 산지로 능선이 닭의 볏을 머리에 쓴 용의 모습과 닮았다고 하여 계룡산이라는 이름으로 불리면서 수려한 산세로 많은 사람들이 찾아오는 곳이다.

주봉인 천황봉(845.1m)을 비롯하여 삼불봉, 연천봉, 관음봉 등 열 대 여섯 개의 봉우리, 기암괴석과 서쪽에 용문포, 동쪽에 은선폭포, 남쪽에 암용추, 숫용추 폭포를 이루고 있는 명산명소가 자리 잡고 있으며, 특히 바위의 경관이 뛰어나다.

불끈하게 치민 암봉도 있고, 오밀조밀한 기암들로 연속되는 암릉도 있다. 그 사이로 은밀한 굴곡을 가진 계곡들이 발달하여, 흡사 호도의 껍질 속 같은 산세를 보인다. 그런 기묘함 때문인지, 계룡산이 신비스러운 곳이라 하여 무속인과 도사들의 추앙을 받아 오래 전부터 무속신앙이 이루어진 곳 이었다.

무속인들은 굿을 통해 악령을 부르거나, 기도를 통해 귀신을 만나거나, 염불을 통해 소원을 비는 등, 여러 가지 형태로 세상의 다양한 우상을 만들어 섬기고 있었다.

그리고 이들은 산이 신이고, 계곡이 신이며, 나무가 신이고, 바위가 신이라고 믿고, 모든 곳에 무속의 제단을 이루었다. 그래서 계룡산은 이런 한국 고유의 우상들이 총 집합된 곳이라고 할 수 있었다.

그러나 1989년 바로 이곳 계룡산에 공군본부와 육군본부가 이전하게 되었다. 이곳의 무속인들과 도사들 그리고 그들의 신단들을 다 내어 보내고, 무속의 형태인 것들을 다 깨끗이 치워 버린 후에 육, 해, 공군의 본부가 들어서게 된 것이다.

본부의 건물은 미국 펜타곤의 형태처럼 8각형으로 더욱 견고하고 웅장하게 세워졌다. 세계의 어디에 내 놓아도 손색이 없을 정도였다. 그리고 부대 안의 아름다운 높은 지역에 교회, 성당, 법당이 나란히 하여 각 종교의 특성에 맞게 아름답게 세워졌다.

부대에서 약 4km에 떨어진 곳에 군 아파트 단지를 만들어, 군인 가족들이 생활하기에 불편함이 없도록 모든 환경을 조성해 주었다. 계룡대로 이전한 부대 주위시설은 검소했지만, 자연환경과 어우러져서 무척이나 아름다웠다. 그러나 그동안 떨어져 있던 3군(육, 해, 공)이 한 곳에 모여 국방의 업무를 수행하다 보니 좋은 점도 많지만 더러는 불편하고 어려운 일도 있었다. 하지만 그런 가운데서도 3군은 서로의 군을 이해하고 협조를 통해 조화를 이루며 본부의 특성을 이루어 나갔다.

육군과 공군의 본부가 서울에서 계룡대로 이전을 하면서, 계룡대에는 육군본부교회와 공군본부교회가 한 예배당을 사용하게 되어 공군과 육군이 함께 예배를 드리게 되었다.

당시 본부교회의 공군 담임을 맡은 나는 하나님이 축복하시는 새로운 사역지에서 더욱 큰 사명을 부여받아 더욱 하나님께 감사를 드렸다. 공군과 육군의 신자들이 한 교회에 모여 예배를 드릴 수 있으니 얼마나 감사한 일인지 몰랐다.

그런데 갑자기 바뀐 환경 때문인지 부대 내에서 차량사고들을 비롯하여 각종 인사, 병기, 군기사고들이 자주 발생하게 되었고, 관사의 군인 가족들은 각종 질병에 시달리는 일이 일어났다.

어른들은 자고 일어나면 머리가 상쾌하지 못했고 어린아이들은 감기에 걸려서 고생을 하는 일이 잦아지면서 또한 밤에는 적막감마저 감돌아 무서운 생각을 떨칠 수가 없었다.

이런 일들이 자주 발생되자 사람들은 불안감을 느끼기 시작했다. 게다가 토속신앙이 강한 지역이라 주변 마을사람들은 부정적인 이야기를 퍼트리고 다녔다. 나중에는 교인들의 입에서도 "우상이 득실거리던 곳이라 터가 강하다."라는 말들이 나오기 시작하였다.

나는 이런 상황에 부딪히게 되자 하나님께 매달려 간절히 부대와 장병들을 위해 기도할 수밖에 없었다. 기도하는 가운데 깨달은 것은 어려운 때를 만날수록 성도들이 함께 모여 기도하여야 하고, 성령의 충만한 역사가 일어나야 한다는 것을 깨닫게 되었다.

어느 날 나의 학교 동기이며 가장 가까운 친구인 본부교회 육군 담임목사 홍순영 목사님과 의논을 하게 되었다.

"교회를 위해서, 성도를 위해서 자체적으로 부흥회를 가졌으면 합니다."하고 제안을 하였다. 하나님의 은혜가 충만한 홍순영 목사님도 "같은 생각이었습니다."하시며 기쁨으로 의견을 수용하시고 받아들여 주셨다. 우리는 '서로 기도로 준비하자'고 격려하며, 그 자리에서 두 손 모아 간절히 기도드리고 부흥회를 개최하기 위한 계획을 진행하기 시작하였다. 나와 홍 목사님은 부흥회 설교를 준비하는 한편, 부흥회 포스터를 제작하여 본부와 군인아파트 단지에 부착하는 등 부흥회를 알리는 일에도 힘을 기울였다.

"하나님의 권능과 뜻대로 이루려고 예정하신 그것을 행하려고 이 성에 모였나이다. 주여 이제도 저희의 위협함을 하감하옵시고 또 종들로

하여금 담대히 하나님의 말씀을 전하게 하여 주옵시며, 손을 내밀어 병을 낫게 하옵시고 표적과 기사가 거룩한 종 예수의 이름으로 이루어지게 하옵소서 하더라. 빌기를 다하매 모인 곳이 진동하더니 무리가 다 성령이 충만하여 담대히 하나님의 말씀을 전하니라.”(사도행전 4:28-31)는 말씀을 부여잡고 주님께 울부짖으며,

“말씀을 전할 때 능력을 주시고, 성령의 충만한 역사를 통하여 부대의 신앙에 변화를 이루게 해주옵소서.”라고 밤을 지새우면서 기도하였다.

군의 상관들도 부흥성회를 반기는 모습이었다. 부흥회를 통하여 군과 장병과 가족들이 주님의 평화를 얻기를 바라는 마음이 있었던 것 같았다.

천고마비의 계절인 10월에 마침내 천국잔치 ‘심령대부흥회’가 하나님의 은혜 가운데 시작되었다.

첫날 밤 집회에 1,300석의 자리에 1,700명의 장병들과 가족들이 모임으로써 교회가 성도들로 가득차고 넘치는 역사가 이루어졌다. 공군 전을성 목사와 육군 홍순영 목사, 두 군종 목사가 순서를 번갈아 가며 예정된 집회를 은혜스럽게 인도하였고, 본부교회는 불같은 성령의 충만으로 참석한 장병 모두가 하나님의 은혜를 경험하는 놀라운 축복을 받게 되었다.

나는 그날 밤에 성령이 충만한 가운데 “하나님의 전신갑주를 입어라.”는 제목으로 영혼을 사랑하는 불붙는 심령으로 복음을 전하였다. 말씀을 들은 많은 성도들이 ‘충만한 은혜를 받았다’고 간증을 하였으며 설교에 은혜를 받아 회개의 역사가 일어나게 되었고 구원의 확신과 하나님의 자녀로 부름 받은 은혜에 감격하여 눈물 흘리면서 더러는 치유의 체험을 받기도 하였다.

성회의 시간 시간마다 성도들과 장병들이 더욱 교회로 찾아오는 역사가 일어나 새벽 집회에도 약 1,500명이 모이게 되었는데 새벽기도로 인하여 본부의 교통이 마비가 될 지경이어서 헌병들이 교통정리를 하기도 하였다.

이번 성회는 오순절의 기사와 표적이 나타난 초대교회처럼 은혜의 역사가 일어났다. 천국잔치인 부흥성회를 통하여 만군의 전능하신 하나님께서는 본부와 아파트 단지에 복을 주셔서 전능하신 능력으로 지켜 주심을 확신하게 되었고 은혜와 평강을 허락해 주셨다.

천국잔치 심령대부흥회가 끝난 뒤에도 본부교회 새벽기도회는 매일 부흥회가 열리는 것처럼 성령의 은혜로 충만했다. 육군 참모총장이신 김진영 장로님과 공군 참모총장이신 이양호 장로님께서도 앞좌석에 앉으셔서 박수와 찬양으로 하나님께 영광을 돌리시는 모습은 더욱 은혜가 되었다.

하나님께서 창조하신 아름다운 계룡산에 우상의 세력들은 완전히 모두 다 물러가고 주님의 말씀과 찬양이 울려 퍼지는 그리스도의 계절이 도래(到來)한 것이다.

어느 날 군종감실 법당의 백 법사님이 웃으면서 "전 군목님! 법당에 오셔서 부흥회를 해주세요, 법당은 파리만 날리고 있습니다."라고 말하여 모두가 웃은 적이 있었다.

이런 작은 일화로 그때 당시 계룡대에는 성령이 충만함과 하나님께서 함께 하신다는 증거를 역사해 주셔서 신앙생활을 하는 모든 성도님들에게 축복과 은혜의 시간이 되었다.

Lord, help me!

1991년, 나는 미국 콜로라도 주 스프링스 시에서 열리는 세계 기독교 청년 지도자 세미나에 참석하게 되었다. 국방부 군종실장과 함께 각 군(육, 해, 공)에서 한 명씩 뽑힌 군목들 가운데 공군 대표로 참석하는 영광을 얻게 된 것이다.

참모총장님의 특별한 배려로 허락을 받은 해외출장이었다. 내가 그곳에 가서 해야 할 일은 대한민국 공군과 군종장교의 활동 그리고 나의 신앙생활에 대한 소개를 하는 것이었다. 개인적으로는 이번 출장을 통하여 '나 자신의 신앙생활을 재점검해 보고 기타 유익한 경험들을 쌓는 것도 중요하다'고 생각을 했다.

바쁜 업무 중에도 시간을 내어 세미나에 필요한 자료들과 함께 대한민국 공군과 군종장교의 소개를 위한 준비에 만전을 기하였다. 모든 일정을 점검하고 무엇보다도 짧은 기간이지만 영어로 진행되는 일정을 위해 영어 공부를 열심히 하면서, 틈틈이 나의 간증을 영어로 준비하였다.

처음으로 미국 땅을 밟는 기회가 주어졌다. 출국 날이 이르자 어린아이처럼 마음이 들뜨고 설레었는데, 해외여행 자체가 난생 처음이었다. 마침 또 내 좌석이 창가 쪽이어서 바깥 구경하기에 더없이 좋았다.

비행기의 육중한 동체가 몇 차례 기우뚱하는가 싶더니 활주로를 박차고 사뿐히 떠올라 지상의 건물들과 일대 풍경들이 작아지면서 온 세상이 점점 가라앉는 것 같았다. 내가 명색이 공군에 소속된 몸인데도 그 모든 것이 신기하고 새롭게 느껴졌다.

비행기는 점점 하늘 높이 올라가 일망무제(一望無際)의 구름바다가 태양 아래 한가득 펼쳐지자.

"내가 산을 향하여 눈을 들리라. 나의 도움이 어디서 올꼬. 나의 도움이 천지를 지으신 여호와에게서로다. … 여호와께서 너의 출입을 지금부터 영원까지 지키시리로다."(시편 121:1-8) 라는 말씀을 마음속으로 외우고 또 외웠다. 그리고 하나님께 감사하면서 무사히 다녀오게 해 달라고 기도를 드렸다.

LA 공항에 내렸을 때는 이미 날은 저물대로 저물어 있었고, 몸이 개운치 않았지만 비좁은 좌석에서 장시간 시달린 데다 시차 문제가 겹친 탓으로 여겼다. 예약된 근처 숙소에서 하룻밤 휴식을 취하고 이튿날 곧바로 다시 비행기를 타고 스프링스로 향했다.

여기가 진짜 미국인가 싶을 정도로 흥취나 감동 따위는 일어나지 않았다. 단지 낯선 세계에 뚝 떨어진 기분이었다. 스프링스에서는 현지 가이드가 우리를 맞이했다. 그의 안내를 받아 도심 외곽에 위치한 어느 호텔로 이동하면서 자동차로 불과 몇 십 분밖에 가지 않았는데도 지난밤 내내 잠을 설친 것이 깜빡 졸음으로 이어졌다.

목적지 부근에 다다랐을 때 눈이 번쩍 뜨이는 놀라운 광경이 나타났다. 사진으로만 보았던 가히 압도적이고 말로 형언할 수 없는 로키 산맥의 장관이 펼쳐져 있었다. 한 폭의 웅장한 파노라마 같다고 해야 할까? 여독이 단숨에 씻겨 내려가는 청량하고 확 트인 느낌으로 그제야 비로소 미국이라는 나라에 왔음을 실감할 수 있었다.

여장을 풀고 모처럼 느긋한 식사를 즐길 수 있어서 서둘러 LA를 떠나온 보람이 있었다. 여유롭게 호텔 주변을 감상하면서 모두들 카메라 셔터를 눌러대느라 정신이 없었다.

오후 늦게는 시내로 들어가 여기저기를 둘러보기도 하고 백화점에서 간단한 쇼핑을 하는 일정으로 스프링스에서의 첫날은 그렇게 지냈다.

미국에서의 첫날밤은 피곤하여 일찍 잠자리에 들었고, 다음 날 아침 일찍 새벽 기도회를 마치고 조깅을 하기로 되어 있었다.

하나님의 은혜 가운데 숙면을 취하고 나니 상쾌하고 몸은 가뿐했다. 예정대로 육군의 김 군목과 함께 한 방에서 경건회를 마친 후 운동복으로 갈아입고 조깅을 하러 나가려고 하였는데 김 군목이 '너무 피곤해서 자기는 방에서 쉬고 싶다' 는 것이었다.

나는 새벽마다 조깅하는 습관이 있어 그냥 쉬기보다는 운동을 해야 컨디션을 유지할 수 있을 것 같았다. 결국 나 혼자 미명의 찬 공기를 가르며 고즈넉한 외딴 길을 달리게 되었다.

한참을 달리다보니 나무와 바위 그리고 산의 아름다운 절벽들이 펼쳐지는 것이었다. 눈이 시리도록 청명한 로키 산맥의 정경이 한눈에 들어오면서 인적이라고는 보이지 않았고 주택들도 대부분 시야에서 사라졌다. 절묘하게 깎아지른 듯한 절벽 위로 투명한 햇살이 부서지고 있었다.

전날에 보던 것과는 또 다른 정취였다. 실제로 스프링스는 'Garden of the Gods' 라는 국립공원으로 유명하였기에 '여기가 정말 하나님의 정원이 아닐까' 하는 생각이 들어서 주위를 좀 더 찬찬히 둘러보기 위해 속도를 줄이고 호흡을 가다듬기 시작했다. 찬송가 78장이 저절로 흥얼거려졌다.

"참 아름다워라, 주님의 세계는 저 솔로몬의 옷보다 더 고운 백합화. 주 찬송하는 듯 저 맑은 새 소리. 내 아버지의 지으신 그 솜씨 깊도다."

그런데 갑자기 뭔가가 나를 뒤쫓아 온다는 느낌이 들었다. 주위가 아직 적막한데다 워낙 인적이 없는 외진 곳이었기 때문에 '예민하게 느껴진 것이 아닐까?' 하면서도 왠지 께름칙함을 떨칠 수가 없었다.

즉시 가던 길을 멈추고 돌아보았다. 아니나 다를까 송아지만 한 세퍼드 두 마리가 내게로 미친 듯이 달려오고 있었다. 엄청나게 빠르고 맹렬한 속도였다. 나는 얼른 주위를 이리저리 살펴보았지만 아무리 봐도 나를 향해서 오는 것이 틀림없었다. 당장 몸을 피할 만한 데를 찾을 수도 없었고 무방비 상태로 그냥 서있자니 머리카락이 곤두서고 등에서는 식은땀이 흐르기 시작했다. 다리는 굳어서 아예 움직여지지도 않았다.

순식간에 개들이 내 앞으로 바짝 다가와서는 날카로운 송곳니를 드러내놓고 으르렁거리는 것이 금방이라도 달려들 기세였다. 전혀 예기치 못한 돌발 사태를 만난 것이다. 어떻게든 정신을 차려야겠다고 마음먹고 위기를 해결할 방법을 찾고 있었다.

계속 겁에 질려 있거나 섣불리 도망치다가는 오히려 더 큰 낭패를 볼 것 같았다. 순간 기도를 하자는 생각이 들어서 두 손을 맞잡고 하늘 높이 치켜들었다. 그리고는 계속해서 힘껏 외치기 시작했다.

"Lord, help me! Lord, help me! Lord, help me!" 미국 땅이라서 그랬을까? 나도 모르게 기도가 영어로 나왔다.

다행히도 개들은 나의 이상한 행동에 마구 짖기만 할 뿐 대들지는 않았다. 내가 외치는 기도 소리와 개들이 짖는 소리로 조용하던 그 일대가 시끄러워지자, 그 순간 산중턱 수풀 너머에 자리 잡은 어느 저택에서 한 중년 여인이 창문 밖으로 고개를 내밀었다. 이른 아침 정적을 깨는 때 아닌 소동에 무슨 일인가 내다본 것 같았는데 개들의 주인인 듯했다.

이내 상황을 파악한 그녀는 개들의 이름을 부르기 시작했으나 개들은 물러서지 않았다. 주인의 꾸짖음을 칭찬이나 격려로 알아들었는지 더욱 기세등등해졌다. 곧이어 그 여인이 연신 개들의 이름을 불러대면서 이쪽으로 허겁지겁 뛰어오고 있었다. 개들은 그때서야 수그러드는 기색을 보이면서 주인 쪽으로 몸을 돌리더니 쭈뼛거렸다. 가쁜 숨을 몰아쉬며 도착한 여인이 재빨리 개들의 목덜미에 달린 쇠줄을 붙잡으며

"I am sorry. I am sorry. God kept you. God helped you."라는

말로 미안함을 표시하면서도 하나님께 대한 내 기도가 응답되었음을 상기시켜 주는 것 같았다. 여인과 두 마리의 개는 사라졌지만 떨리는 가슴을 좀체 가눌 수가 없었다.

그날 아침 어떻게 호텔로 되돌아왔는지 잘 기억이 나지 않는다. "God kept you. God helped you."라는 말만이 자꾸 귓전에 맴돌았다. 내가 만약 다른 식으로 대처했다면 어떻게 되었을까? 왜 그때 그런 상황에서 큰 소리로 하나님께 구원을 요청할 마음이 들었을까? 나는 숙소로 돌아와서 비행기 안에서 주님이 주신 말씀을 암송하며 떨리는 마음을 가라앉혔다.

"내가 산을 향하여 눈을 들리라. 나의 도움이 어디서 올꼬. 나의 도움이 천지를 지으신 여호와에게서로다. … 여호와께서 너의 출입을 지금부터 영원까지 지키시리로다."(시편 121:1-8).

"하나님! 위기에서 건져 주시니 감사합니다."라고 거듭 거듭 위기의 상황을 기억하며 감사의 기도를 드렸다. 그 사건 이후로 나는 해외 여행지와 같은 낯선 곳에서 홀로 조깅하는 것을 되도록 자제하게 되었다.

나는 세계기독교 청년 세미나의 일정을 성공적으로 모두 마치고 건강한 모습으로 군목 일행들과 귀국하였다. 공군본부교회에서 주일 예

1. 계룡대 본부교회에서 육군본부 교회 담임 홍순영목사와 부흥성회를 열다
2. 미국 콜로라도 주 스프링스 시에서 열리는 세계기독교청년지도자세미나 참석,

배를 마치고 참모총장님을 비롯한 몇몇 성도님들과 출장 보고 겸 가볍게 담소를 나눌 때였다.

개에게 위기를 만났던 그날 그 사건을 애기해 주었더니 어떤 성도님이 "하마터면 신문 톱기사로 날 뻔했습니다."라고 농담처럼 말하기도 했지만 다들 진지하게 듣고 놀라는 분위기였다. 그리고는 하나님의 놀라운 능력과 구원해 주신 은총에 함께 감사를 드렸다.

"환난 날에 나를 부르라. 내가 너를 건지리니 네가 나를 영화롭게 하리로다."(시편 50:15)라는 말씀처럼 우리가 환난 날에 하나님을 부르면 하나님께서 우리를 건지시고 당신을 영화롭게 하도록 하신다는 것을 다시금 깨달은 소중한 시간이었다.

15대 공군 군종감

나는 공군의 군목이 된 것을 가장 자랑스럽게 생각하고 긍지를 갖으며 기쁘게 군종활동을 하였다. 그래서 강단에서 설교할 때마다 이 세상을 떠나 천당에 가서 주님과 동행하며 생활하다가,

어느 날 주님께서 저에게 "다시 세상에 무엇으로 보낼 줄 것을 원하느냐?"라고 물으신다면, "공군 군목으로 보내 주옵소서."라고 대답할 것이라고 늘 힘주어 말했다. 하나님의 은혜로 1991년 1월 1일부로 대령으로 승진을 하고, 제 15대 공군 군종감으로 취임을 하였다.

공군 군종장교 업무활동 가운데는 4가지 중요 업무가 있었다. 첫째는 종교활동업무, 둘째는 도의 및 정신교육 지도활동업무, 셋째는 상담활동업무, 넷째는 봉사활동업무였다.

나는 제 15대 공군 군종감으로서 군종장교들이 4대 업무를 잘 수행할 수 있도록 지도하며 또한 행정적으로 뒷받침 할 뿐만 아니라, 공군 참모총장님의 참모로서 군의 정신전력 증강에 기여하는 일에 최선을 다하였다. 또한 나는 본부교회 담임 목사로서 장병들과 군 가족들의 영혼을 돌보는 목회자의 길을 걸어가며, 하나님의 특별하신 은혜의 축복을 받을 수 있었다.

나는 여러 가지의 업무를 수행할 때에 힘들고 어려운 일도 많았지만, 사역에 큰 보람을 느끼면서 나의 영적 성장에 있어서 큰 도움이 되게 하신 하나님의 축복에 감사를 드렸다.

당시 계룡대교회에서 육군의 담임목사님으로 계시던 홍순영 목사님은 이미 소개한 것처럼 나와는 둘도 없는 친구사이였다. 우리는 신학대학교 동창이며, 물론 같은 기독교대한성결교단에서 목사 안수를 받고 파송된 군목으로서 너무나 비슷한 점이 많은 좋은 친구였다.

주위에서는 같은 곳에서 육군과 공군으로 사역하는 우리를 부러워하면서도 기적 같은 일이라고 하였다.

홍순영 육군담임목사! 전을성 공군담임목사!

주일예배는 공군과 육군이 서로 조화를 이루며 시간을 조절하여 1부는 육군, 2부는 공군이 예배를 드렸다. 그리고 수요 기도회, 금요일 철야 기도회, 새벽기도회는 함께 드리기로 하고 홍 목사님과 내가 한 달씩 맡아서 차례로 설교를 하였다. 공군과 육군이 함께 신앙생활을 하게 되어 군에 화합이 이루어지고 즐거움이 가득했었다.

홍 목사님과 나는 하나님의 영광을 위하여! 군의 사기를 위하여! 최선을 다해 기도하고 더욱 열심히 설교 준비를 하게 되었다. 정말 우리들이 강단에서 전하는 설교는 불꽃 튀는 힘 있는 하늘의 메시지였다.

공군 제 15대 군종감 취임 감사예배

하나님의 복음을 전하는 선한 싸움에 더욱 성령의 충만함을 구하며 열심히 준비할 수밖에 없었다.

이런 담임목사들의 열정적인 기도 가운데 설교가 이루어지니 말씀은 살아 움직이는 생명의 검이었고, 성령의 강한 역사로 초대교회와 같이 모이기를 힘쓰게 되었다. 서로 마음을 같이하고 주의 일에 화합하니 많은 놀라운 은혜의 일들을 체험하게 되었고 기적들이 줄줄이 일어났다.

무엇보다도 믿는 사람들이 점점 늘어나고 있었다. 그리고 군 장병들의 병영생활에 전반적인 면을 보살펴주는 어머니 같은 역할을 수행하며 즐겁게 신앙생활을 할 수 있도록 도와주었다. 장병들이 신앙으로 무장이 되니 군 생활에서도 자신에게 주어진 자리에서 최선을 다할 수가 있었다.

1. 제1회 전 공군기지교회
   제직수련회(1990년)

2. 공군본부교회
   헌신예배(1991년)

나는 군 목회 활동에서 가장 먼저 장병들을 위하여 최선을 다하였다. 그리고 믿음이 독실한 기독 장교들이 주의 일에 최선을 다하면 그들의 보직과 승진을 위하여 중보기도하며 힘써 도와주게 되었다.

그 이유는 인간적으로 친밀하기 때문이 아니라 기독 장교들이 잘되는 길이 하나님의 나라가 확장되는 길이기 때문이다. 믿음의 지휘관으로서 장병들을 인도하는 길이, 군의 복음화를 이루는 방법 중에 가장 큰 지름길이라는 사명감을 가지고 중보기도와 심방을 통해 기독 장교들을 격려하며 용기를 북돋아 주게 되었다.

사회의 어느 조직과 다르지 않게, 군에서도 지휘관의 영향은 절대적이라고 할 수 있다. 한 부대에 믿음이 돈독한 지휘관이 계시면 그 부대의 참모들뿐만 아니라 장병들까지도 신자가 되는 통계가 상승하는 것을 쉽게 볼 수 있었다.

하나님께서 나를 사랑하시어 군종감으로 재직하게 하였을 때, 훌륭한 지휘관님들이 많이 계셨다. 군에서 주의 일로 부흥회를 계획하는 사역들이 일반 교회처럼 준비한다고 다 진행할 수 있는 것이 아니라, 믿음의 지휘관들이 함께 하고 기독교에 대한 이해도가 높아야 가능할 수가 있다.

병사들이 신앙으로 무장하는 것이 각종 사고로부터 예방하는 길이요, 부대를 지휘, 관리, 운영, 통솔하는 데 유익하다는 것을 인지하는 분들만이 군종 업무에 도움을 주게 된다. 심지어 믿음의 지휘관들이라고 할지라도 함께 협력을 해주셔야 진행할 수가 있다.

그래서 나는 장병들 이상으로 믿음이 좋은 지휘관을 모시기 위하여 기도를 드렸고, 하나님은 매번 응답을 주셔서 계룡대에 참모님들은 공군, 육군 모두 예배를 사모하는 분들이 시무하셨다. 심지어 주일 예배뿐만 아니라 새벽기도에도 앞자리에서 앉아서 은혜를 사모하는 모습으로 많은 신자들의 모범이 되어 주셨다.

“우리는 하나님의 동역자들이요. 너희는 하나님의 밭이요. 하나님의 집이니라.”(고린도전서 3:9)

예배 시간마다 은혜를 사모하시고 본부교회 부흥에 앞장서 주신 김진영 장로님 내외분과 한주석 장로님 내외분, 그리고 이양호 장로님 내외분에게 진심으로 군선교의 헌신에 대하여 깊은 감사를 드린다.

특별히 강민수 장로님과 서정민 권사님은 내가 목회생활을 하는 데에 브르스길라와 아굴라처럼 무한한 사랑을 베풀어 주시며 기도의 동역자로 큰 힘이 되어주셨다.

나의 군 목회 생활과 공군 군종감으로서의 사역은 나의 인생에 다시 없는 축복이었다. 목회 활동에 함께 동역하여 군 복음화에 힘써 주신 많은 분들이 지금까지도 나의 모든 사역에 끊없는 사랑과 중보기도의 동역자로 함께 해 주고 계시다.

나는 하나님께서 “전 목사야, 다시 직업을 선택할 수 있다면 무슨 일을 하기 원하느냐?”라고 물어 보시고, 기회를 주신다면 여전히 똑같은 대답을 할 수 밖에 없을 것이다.

“하나님, 저는 공군에서 군목으로 일하고 싶습니다. 그리고 자랑스러운 군종감이 되고 싶습니다.”

“나의 목회사역에 동역해 주신 모든 분들에게 귀한 상급을 주옵소서! 군 선교가 확장되도록 헌신할 기회를 허락해 주셔서, 이곳에 하나님의 나라가 임하는 은혜를 베풀어 주셔서 감사합니다.”

“할렐루야!”

공군 군종 장교회의와 기념촬영(가운데가 전을성 목사)

국무총리가 병상에서 구원받다

본부교회가 은혜로운 가운데 하나님께 영광을 드리고 모든 성도들이 더욱 열심을 내어 하나님을 섬기며 나 또한 군종업무에 더욱 바쁜 나날을 보내고 있었다. 군종장교 업무활동과 교회의 부흥을 위해 여러 가지 일들을 진행하고 있을 때였다.

어느 날 비서실장으로부터 '참모총장님께서 전 목사님을 급히 부르

십니다.' 라는 연락을 받고 총장실로 뛰어 올라갔는데, 한주석 총장께서는

"서울에서 전 목사님을 급히 만나고 싶어하는 분이 있으니 빨리 서울에 올라가 보세요. 지금 기다리고 계십니다."라고 말씀해 주셨다.

나는 정말 궁금하여 "총장님, 누가 저를 기다리고 있습니까?" 라고 말씀드렸더니 총장님께서는

"공군의 초대총장과 국방부장관, 국무총리를 역임하신 김정렬 총리님께서 지금 서울대병원에 입원해계시니 빨리 가서 돕도록 하세요. 목사님을 만나고 싶어 하십니다."라고 말씀해 주셨다.

군종감이 되고 얼마 되지 아니하였을 때 참모총장님의 호출을 받고 달려갔더니 뜻밖에 말씀을 하신 것이었다. 한 번도 뵌 적은 없었지만 김정렬 전 총리는 훌륭한 분이셨기에 너무나 잘 알고 있었고, 그런 분이 나를 보자고 요청을 해온 것이 무슨 이유인지 무척이나 궁금하였다. 그러나 그시기에 내가 시무하고 있는 본부교회에는 큰 행사가 계획되어 있어서 자리를 비우기가 매우 곤란한 상황이었다. 그래서 나는 총장님께 머뭇거리다가 어렵게 말씀을 드렸다.

"총장님, 저는 그 총리님을 뵌 적이 없는데 저를 찾으시는 것이 맞는지요? 또 서울에는 훌륭하신 목사님들이 많이 계시니 제가 목사님들께 연락을 드려서 만나게 해 드리시는 것이 어떻겠습니까?"

그러자 총장님께서 "공군의 군종감을 기다리고 계시니 김 총리님을 빨리 뵙고 오세요."라고 다급하게 말씀해 주셨다. 그래서 급히 차를 몰고 서울대 병원으로 달려갔다.

서울대병원에 도착해 보니 비서들과 많은 고관들이 장사진을 이루고 있었고, 내가 안으로 들어서자 안내하는 분이 나를 전 총리께서 머무시

는 큰 병실로 안내를 해 주셨다.

내가 들어서자 김정렬 전 총리께서는 기쁨으로 맞아 주시면서 "목사님, 기다렸습니다."라고 반가워 해주셨다.

그분은 비록 환자였지만 나를 대해주시는 모습에서 부드러운 인품을 느낄 수가 있었고, 여전히 상대방을 압도할 만한 위풍당당한 모습을 뵈올 수 있었다. 순간 나는 그분의 모습 앞에서 내 자신이 작아지는 것이 느껴졌다. 아마도 그분 앞에서는 그 누구라도 당당하게 대화를 할 사람이 없을 것만 같았다.

그리고는 병실에 입원하고 계신 그분에 대하여 생각을 하였다. '세상에서 지식과 명성으로 부족함없이 모든 것을 다 이룬 분이 지금 목사를 찾고 있는 것은, 분명 하나님의 인도와 계획이 있으신 것 같았다.

김정렬 전 총리께서는 짧은 시간이지만 나에게 많은 이야기를 해 주셨다. 그분은 공군과 인연이 깊은 분으로 공군참모총장님을 역임하셨기 때문에 공군에 대한 애착이 남다르셨다. 그래서 아픈 병상 중에서도 공군의 군종감을 찾으셨다고 하셨다.

말씀을 나누는 가운데, 그분이 기독교 신자가 아니라는 것을 알게 되었다. 나는 잠시 마음속으로 기도의 시간을 가지며 주님이 준비하신 일이 무엇인지를 깨닫게 되었다.

"하나님! 제가 이곳에 온 것은 무슨 뜻이 있습니까? 제게 담대함을 주시어 복음을 전할 수 있도록 도와주세요. 총리님의 영혼이 구원되도록 인도해 주십시오."라고 간절하게 기도를 드리자 하나님께서 마음속에 담대함을 주셨다. 그리고 다음과 같이 복음을 전할 수 있었다.

"김정렬 총리님! 총리님께서는 예수님을 믿지 않으시므로, 만일 돌아가시게 되면 지옥에 갈 수 밖에 없습니다. 아무리 이 세상에서 높은 지위에 있었더라도 사람이 죽으면 반드시 하나님의 심판이 따릅니다. 예수님을 믿고 죽으면 천당에 가고 예수님을 믿지 아니하고 죽으면 영원히 지옥에 가게 됩니다.

죄의 값은 사망이지만 예수님께서 인간의 몸으로 이 땅에 오셔서 김정렬 총리님을 죄에서 구원해 주시기 위하여 대신 피를 흘리시며 십자가에 달려 돌아가셨습니다. 그리고 삼일 만에 죽은 자 가운데서 사망의 권세를 이기시고 다시 부활하셨습니다.

지금 이 시간부터 구세주가 되시는 예수 그리스도를 나의 구주로 믿고 영접하십시오. 누구든지 주의 이름을 부르고 예수님을 구세주로 믿는 자마다 죄에서 구원을 받으며, 영생을 얻을 수 있습니다.

예수 그리스도를 총리님의 구세주로 영접하시면 지난 삶을 어떻게 살았든지 구원을 받을 수가 있습니다. 이 세상을 마치시는 날 하나님의 자녀로 하나님이 계시는 천당에, 영원한 천국에 들어가시게 되실 것입니다.”라고 복음을 전해드렸다.

나는 그 많은 복음을 어떻게 쉬지도 않고 열심히 증거하였는지 모르겠다. 그러나 오직 성령님께서 진리 가운데로 인도하시고 담대함을 주셔서 예수 그리스도의 대속과 구원의 진리를 설명 드리고 하나님의 복음을 전심을 다해서 전해 드렸다. 그때 김정렬 총리께서는 아주 밝은 미소로

“예수님을 나의 구세주로 영접합니다.”라고 고백하시면서 복음을 진심으로 받아들여 주셨다.

김 전 총리께서 구원을 받을 수 있는 신앙의 결단을 내리신 후 병상에서 그 분의 모든 자녀들과 사모님이 감사예배를 드리며 감격의 눈물

을 흘렸다. 그때 김 전 총리께서 예수님을 구주로 영접한 후 구원을 받게 된 기쁨과 감격은 이 세상에 그 무엇으로 표현할 수가 없었다.

"한 영혼이 온 천하보다 귀하다."는 말씀을 묵상하며, 계룡대 공군본부로 내려 왔다.

그 후 얼마 지나 김정렬 전 총리께서는 구원의 확신을 갖고 병상에서 세례를 요청하여, 공군참모총장님께서 내주신 헬기를 타고 서울대병원 병실을 찾아가게 되었다. 그 동안 김정렬 전 총리와 가족들은 세례를 받을 준비를 하면서 하나님의 말씀을 더욱 가까이 하고 계셨었다.

전 총리께 세례를 베풀 때 나는 하나님의 영광이 그 병실에 가득함을 느낄 수가 있었고 온 가족들에게도 감격과 기쁨이 충만한 모습들을 발견할 수 있었다.

세례를 받으신 후에 그분께서는 짧은 기간이나마 신앙을 가지시고 성경을 읽으시고, 기도의 생활을 하신 후에 하나님의 부르심을 받아 고통 없이 하늘나라 하나님의 품에 안겨졌다.

공군장으로 장례식을 거행할 때 전직 대통령들 그리고 삼부요인 등 많은 분들이 참석을 하셨다. 장례식에서 나는 '김 전 총리께서 생의 마지막에 주님을 영접하도록 하나님께서 역사하신 구원의 진리와 하나님의 은혜' 에 대해 열정적으로 설교를 하였다.

나 같이 부족한 사람을 사용해서 그 귀한 영혼을 구원해 주시고 많은 사람들 앞에서 하나님께 영광을 돌릴 수 있도록 축복해 주신 하나님께 감사를 드리고 장례식을 집례하면서

"김정렬 전 총리께서는 예수를 구주로 영접함으로써 죽음을 극복하고 죽음을 정복한 위대한 장군이십니다. 지금 이 시간 참석한 여러분도 예수님을 구주로 영접하면 영생할 것이고, 그렇지 아니하면 죽어서 지

옥에 갈 것입니다."라고 담대하게 복음을 전하였다.

그 후 매년 추모예배에 많은 분들이 참석해 주셔서 가족들과 함께 추모예배를 드리며 하나님께 영광을 돌릴 수 있었다. 한 영혼이 전도를 통하여 구원을 받음으로 그 가족뿐만 아니라 주위에 많은 사람들이 교회를 찾는 놀라운 구원의 역사가 일어난 것이다.

미 대륙에 빛을 몰고 온 한국 공군 군종감

공군군종감의 업무수행에 있어서 제일 주안점을 군(軍)의 신앙전력화에 두었다. 그리고 이 일을 위하여서는 기독교, 천주교, 불교 3 종파의 화합과 일치 그리고 활성화에 관심을 가지고, 공생공존을 위하여 성직자간에 대화와 교제의 시간을 많이 갖도록 하였다.

삼 종파의 성직자 간에 친목이 형성되고 관계성이 좋아지니 자연적으로 신앙이 다른 장병간에도 대화와 화합으로 명랑한 군 생활이 이루어졌다.

공군예하부대마다 군종실을 중심으로 1인 1종교 갖기 운동을 펼치고 종교 강연회, 합동세례식을 거행하여 신앙인이 늘어나게 되자, 부대마다 사고가 줄어들어 신앙을 통한 업무의 활성화 효과로 튼튼한 정예공군을 이루게 되었다.

전에는 모금으로 교회, 성당, 법당의 종교 시설들이 세워져서 부대마다 균형을 이루지 못하고 또한 부대의 충족에 따르지 못하였다. 이를 위하여 늘 기도하며 나라의 경제가 성장함에 따라서 기회가 있을 때마다 모금을 지양하였다. 그리고 부대 내의 종교시설도 국가소유의 건물이므로 국고금으로 건립할 것을 예산관계부서에 건의하며 국회예산에 반영할 것을 주장하였다.

미약하지만 열정적인 활동으로 하나님이 은혜를 주시어 육군, 해군, 공군 3군이 공히 종교시설을 국고금으로 건립되는 방법이 열리게 되었다.

각 예하부대마다 아름답고 편리하게 지어진 종교 시설에서 신앙 활동이 활발하게 이루어지며 장병들의 정신적 휴식의 장이 이루어졌다.

한국군의 군종제도는 사실상 미국 군종제도의 영향을 많이 받았다고 하여도 과언이 아니다. 나는 예하 부대에서 군종업무를 수행할 때 같은 베이스에 주둔하고 있는 미군부대 군종실에 자주 들려 그들의 군종활동을 눈여겨보았다. 그들의 활동에서 좋은 점을 메모하여 두었다가 군종 분야와 나 자신의 발전을 위하여 시도하며 노력하는 일을 쉬지 않았다.

미군부대 군종장교들 중에서 업무적으로 친분의 관계를 이루었던 목사님 가운데 오산 기지에서 근무하시던 목사님이 미 공군 군종감이 되셨고, 나는 한국 공군군종감이 되는 하나님의 축복을 받았다. 서로의 교제가 끊이지 않아 연락이 되어 함께 기쁨과 영광을 나눌 수가 있었다.

1991년 10월 말에, 친분을 가졌던 미 공군 군종감으로부터 우리 내외가 미국에 방문하여 줄 것을 초청 받았다.

나의 군목생활 20년에 가장 큰 기쁨과 하나님의 축복이었다. 이번 미국의 방문은 보통 여행이 아닌, 워싱톤에 있는 공군본부를 비롯하여 미국 전 지역에 주둔하고 있는 공군부대 군종활동을 돌아보는 기회가 되었다.

이를 위하여 우리의 공군 군종활동을 그들에게 소개하고자 영어로 준비를 하였고, 미국 방문 길에 오르기 전에 먼저 공군 참모총장 한주

석 장로님께 출장 신고를 드리러 찾아갔다. 총장님께서는

"전 목사님은 계급은 대령이지만 대한민국 군에 병과장으로서 미국 군종감의 계급인 소장과는 동일한 최고의 직위이므로 조금도 기죽지 말고 당당하게 한국 공군의 위상을 높이고 군종업무에 기여하는 기회가 되기를 바란다."고 격려하여 주셨다.

공군본부 성도님들의 따뜻한 사랑과 기도로써 우리 내외는 미국 방문 길에 올랐다.

비행기가 워싱턴 D.C의 앤드로스 공항에 도착하였다. 늦은 가을에 비가 내리고 바람이 불면서 기온은 많이 떨어져있었다. 숙소에 머물면서 밤을 지내는 동안에도 비바람은 그치지 않고 더욱 세게 창문을 내리치며 어두운 일기는 계속 되었다. 머나먼 나라에 와서 폭풍우가 쏟아지는 날씨를 만나게 되니 내일의 일정이 걱정되었다. 우리 부부는 숙소에서 무릎을 꿇고 두 손을 모았다.

"하나님, 모든 만물의 생사화복을 주관하시는 주님, 저희 내외가 내일 미 공군군종감실에 방문할 때는 좋은 날씨를 허락하여 주옵소서!"라며 좋은 날씨를 달라고 간절히 기도드렸다.

잠을 설치며 밖을 내다보아도 비는 계속 내리고 바람은 세차게 불고 있었다. 그래도 "믿습니다!"하며 편안한 마음으로 잠자리에 들기로 했다.

아침에 눈을 떠보니 창문으로 환한 빛이 비추고 있었다. 비바람이 멈추고 태양이 떠오르면서 청명한 가을 날씨에 아름답게 물든 가을 풍경이 활짝 우리를 반기는 것만 같았다. 가을의 따뜻한 태양의 햇살을 받으며 미 군종감실에 들어설 때, 미 공군군종감을 비롯하여 여러분의 군목님들이 기쁘게 맞이하여 주었다.

미 공군 군종감은 오랜만에 만나게 되었는데도 오산비행장에서와 같은 느낌으로 친근함을 감추지 않았다. 미 공군군종감은 활짝 웃으면서 "어제까지 이곳은 폭풍우가 몰아치고 있었어요. 한국 공군군종감이 미 대륙에 밝은 빛을 몰고 왔습니다."라고 박수를 치면서 하나님께서 허락하신 맑은 날씨의 축복을 감사드리고, 우리 내외의 방문을 환영하며 반가움을 감추지 않았다. 미 공군 군종감은 우리가 그곳에 머무르는 내내 나에 대하여 다른 사람들에게 소개할 때마다 "빛을 몰고 온 목사님입니다."라고 자랑하였다.

일주일 후에 스프링스 시에 광활하게 자리 잡고 있는 미 공군사관학교 군종실을 방문하게 되었다.

워싱턴공군본부와 미 공군사관학교 방문

이곳에서도 전 날 하루 종일 비바람이 몰아치며 어수선한 일기였다. 워싱턴 D.C를 방문했을 때보다도 더 폭풍우가 심한 것 같았다. 그러나 걱정하지 않고 주님 앞에 엎드려 기도를 드렸다.

"하나님, 빛을 몰고 다니는 공군의 군종감이 되게 하여 주옵소서!"

미 공사 군종실에 방문하는 다음날 아침에도 밝은 태양이 떠오르며 청명한 가을 날씨가 우리를 반겨주었다. 밝은 햇빛을 받으며 군종실에 들어 설 때 미 공사군종실장이 "한국 공군군종감이 밝은 빛을 몰고 왔다."고 말하면서 기쁘게 우리 부부를 맞이하여 주었다.

미 공사군종실장과 대화를 나누면서 미 군종감실에 방문할 때도 똑같은 일기의 기적이 일어났다고 말하자, 미 공사군종실장은 "빛을 몰고 다니는 목사"라고 박수를 보내 주었다. 나는 그 후로 성령님이 나와 함께 하신다는 것을 더욱 확신하며 모든 일에 기도로 담대히 나아갈 수 있었다.

"나는 빛을 몰고 다니는 하나님의 종이기 때문이다."

그리고 더욱 아름다운 하나님의 사람으로 빛된 생활을 할 수 있기를 늘 기도하고 소원하였다.

나는 어떠한 슬픔과 고난의 어두운 그림자가 다가와도 절망하지 않는다. 왜냐하면 하나님이 반드시 빛을 몰아주시기 때문이다.

나는 가끔 사랑하는 아내와 이 노래를 부르며 밝은 햇빛 되시는 하나님께서 우리를 비춰주시고 지켜주심을 감사드린다.

"오 밝은 햇빛이 온누리 비춰니 우리는 항상 즐겁다.
내 비록 슬픔을 지녔을지라도 햇빛은 비추어 주네
오 나의 안식처일세 햇빛은 지지 않으리
오늘도 날 위해 저 밝은 햇빛이 영원히 비추어주네."

성지순례를 위한 기도(끝없는 작은 물방울의 기도)

그리스도인이라면 누구나 일생에 한 번쯤은 예수 그리스도께서 탄생하시어 30년간의 사생애와 3년간의 공생애 그리고 성경의 구약과 신약의 활동 무대를 이루었던 성지의 땅인 이스라엘 나라에 성지순례하기를 간절히 소원하고 있을 것이다.

많은 그리스도인들이 교회와 선교 기관 혹은 관광회사를 통하여 성지순례를 하기도 한다. 성지순례를 다녀온 성도들은 성경 지식이 더욱 깊고 넓어질 뿐만 아니라, 믿음이 깊어져 신앙 생활하는 데에 기쁨과 활력이 넘침을 볼 수 있다. 그리고 한번 성지순례를 다녀온 성도들 중에는 은혜에 감격하여 거듭 성지순례를 하기도 한다.

특별히 성직자들은 성지순례를 통하여 사명감을 더욱 불타게 할 뿐만 아니라 성경 역사의 배경을 분명하게 깨닫게 되므로 설교할 때에 성도들에게 더욱 은혜를 나눌 수가 있다.

나는 성지순례를 다녀오신 분들이 너무 부러웠다. 단순히 해외에 나가는 여행의 의미가 아니라 사랑하는 예수님의 생애와 성경 곳곳의 이야기가 펼쳐지는 곳을 직접 순례할 수 있다는 것이다.

목사로서, 아니 한 명의 그리스도인으로서 성지순례를 다녀오신 분들의 이야기를 들을 때마다 감격과 은혜를 받게 되어 성지순례에 대하여 더욱더 소원을 갖게 되었다.

민간 교회에 목회하시는 성직자님들은 교회를 통하여 안식년 등 여러 가지 조건으로 성지순례를 다녀오기도 한다. 그런데 군목들은 특수 지역인 군에 몸담고 있기에 여행경비가 있다고 해서 성지순례를 다녀올 수 있는 것은 아니었다.

성지순례를 다녀오기에는 여러 가지로 힘든 여건이었고, 여행경비,

시간, 군의 허락 등 많은 부분에서 쉬운 일은 아니었다. 그러나 나의 마음속에는 성지순례에 대한 간절한 꿈을 꾸었고, 그것은 나를 기도하게 만들었다. 특히 마태복음 21장 22절 말씀이 마음에 감동으로 다가왔다.

"너희가 기도할 때에 무엇이든지 믿고 구하는 것은 다 받으리라 하시니라."(마태복음 21: 22)는 말씀을 수첩에 적어 넣고 또한 이 말씀을 믿으며 성지순례를 위하여 주님께 두 손 모아 기도하기 시작하였다. 이렇게 2년 동안 기도하는 중에 공군 제15대 군종감으로 취임하게 되었다.

공군 군종감의 업무는 참모총장의 특별참모로서 군의 정신전력과 종교 활동을 전반적으로 책임지는 수장으로 군종장교들의 인사 그리고 보직에도 관여하며 책임을 지고 있었다.

또 한편으로는 대한민국 장교의 의무를 다하여야 하고 성직자의 경건함을 잃지 않아야 하는 어렵고도 중요한 위치였다. 이러한 모든 임무를 성실하게 수행하면서도 성지순례의 꿈을 저버리지 않고 계속해서 열정적인 기도를 하였다.

"구하라. 그러면 너희에게 주실 것이요. 찾으라. 그러면 찾을 것이요. 문을 두드리라. 그러면 너희에게 열릴 것이니 구하는 이마다 얻을 것이요. 찾는 이가 찾을 것이요. 두드리는 이에게 열릴 것이니라. 너희 중에 누가 아들이 떡을 달라 하면 돌을 주며 생선을 달라 하면 뱀을 줄 사람이 있겠느냐? 너희가 악한 자라도 좋은 것으로 자식에게 줄 줄 알거든 하물며 하늘에 계신 너희 아버지께서 구하는 자에게 좋은 것으로 주시지 않겠느냐?"는 말씀으로 더욱 하나님께서 확신을 주셨고 말씀을 의지하여 계속 기도를 하였다.

말씀에 의지하며 기도하는 순간들은 항상 나에게 기쁨과 행복의 시간일뿐만 아니라 주님과 동행하는 축복의 시간이었다. 그리고 열정적인 목적의 기도는 나의 삶을 경건 되게 이끌어 주는 길이 되었다.

군종감실에서 회의를 마치고 대화를 하는 가운데 한 군목께서 장병들에게 성경을 가르치면서 성지순례에 대한 필요성을 느꼈다고 하며 군에서도 이런 기회가 있었으면 좋겠다고 말을 하였다.

이 이야기를 듣는 순간에 나도 모르게 "곧 이루어질 것입니다."라고 서슴없이 말을 하였다. 이 말을 들은 동료 군목은 "어디 믿어 보겠습니다."라고 활짝 웃으며 말을 하였다.

실록이 우거진 아름다운 계절, 5월 초 창가로 스며드는 따뜻한 햇살과 함께 향긋한 꽃 냄새가 진동하고 있었다. "참 아름다워라, 주님의 세계는…." 저절로 찬송이 흘러 나왔다.

암송하고 있던 말씀을 묵상하면서 어린아이와 같이 단순한 마음을 가지고 성지순례에 대하여 기도하고 있었다. 그런데 기도하는 중에 전화벨이 어느 때 보다 더욱 요란스럽게 울리는 것이었다. 기도를 마치고 전화 수화기를 들었는데 극동방송국 사장이신 김장환 목사님의 전화였다.

목사님은 맑고 부드러운 음성으로 "전 군종감, 지금 무엇하고 있어?"라고 다정하게 물으셨다. 나는 "말씀을 묵상하며 기도 중에 있었습니다."라고 밝게 대답을 하였다.

김장환 목사님께서는 "5월 말에 공주 갑사에서 극동방송국 전 직원과 청소년 십대선교회 직원 그리고 수원침례교회 사무실 근무자를 위한 1일 수련회가 있는데 전 군종감이 꼭 와서 강사가 되어 설교를 하여 주기를 바랍니다."라고 부탁의 말씀을 하셨다.

나는 기쁨과 감사로 김 목사님의 부탁을 순종하여 기도로 말씀을 준비한 후에, 공주 갑사수련회에 도착하였다. 김장환 목사님과 직원들이 나를 기쁘게 맞이하여 주시었다.

하나님께서 창조하신 수련회 장소는 아름다운 산이 마치 병풍과 같이 둘러져 있었고, 계곡에는 맑은 물이 줄기차게 흐르고 있어서 풍요로운 에덴동산처럼 보였다. 이 아름다운 동산에서 약 300여 명의 하나님의 청지기들이 부르는 찬송 소리는 천사의 소리가 되어 하나님을 기쁘시게 하였고 집회 장소는 하나님의 영광으로 가득 넘침을 느낄 수가 있었다.

나는 이때 "영력 있는 그리스도인"이라는 제목으로 기도와 말씀, 그리고 성령 충만에 대하여 힘차게 설교하였다. 성령님의 역사로 말씀을 전하는 나와 듣는 모든 분들이 한결 같은 모습으로 은혜를 받아 헌신을 다짐하는 아름다운 시간이 되었다.

예배가 끝나고 이어서 점심 식사를 함께하였다. 식사를 하면서 은혜의 체험을 서로 나누고 즐거운 시간을 함께하고 있었는데 김장환 목사님께서 나를 향하여 오늘 참으로 은혜로운 설교를 하여 주었다고 격려하시면서

"군종감! 요새 무슨 기도를 많이 하고 있나요?"라고 물으시는 것이었다. 이때 나는 김장환 목사님께 2년 동안 기도하는 기도의 제목이 있다고 말씀을 드렸다. 그러자 김 목사님께서는

"전 목사, 2년 동안 기도하는 제목이 무엇인가요?"물으셨다. 나는 서슴없이 말씀 드리기를

"저와 공군 군목들이 성지순례를 할 수 있도록 축복하여 달라고 2년째 기도하고 있습니다."라고 말씀을 드리자 김장환 목사님께서는 나의 기도제목을 들으시고는 활짝 웃으시면서

"그 성지순례를 위하여 도움이 되고 싶습니다."라고 기쁨으로 말씀을 하시며 약속을 해 주시었다. 나는 너무 기뻐서 두 손을 들고 할렐루

야!를 크게 외쳤는데 둘레에 함께 식사하던 성도님들이 박수를 치며 하나님께 영광을 돌리었다.

그 후 김장환 목사님께서 공군본부에 오셔서 장병들을 위하여 종교 강연회를 인도하여 주셨다. 그리고 군목 중에서 다섯 부부가 성지순례를 다녀 올 수 있는 여행비를 전달하여 주셨을 뿐만 아니라 공군 참모 총장님을 뵙고 군목들의 성지순례가 잘 이루어지도록 부탁을 해 주셔서 기도의 응답이 순조롭게 진행되고 있었다.

천고마비 계절인 가을 10월에 나는 군종감으로서 다섯 분의 군목님들의 부부를 인솔하여 극동방송국 성지순례팀과 함께 꿈의 성지순례를 떠나게 되었다. 공항에서 여객기에 오르기 전에 우리는 둥그런 원을 그려 서로 손을 잡고 출발 기도를 드렸다.

1. 김장환 목사님과 예배 후
2. 공군 군목들과 함께 성지순례를
   출발하기 전 기념사진
3. 공군본부교회에서 아내와 함께

"인생의 길과 진리 그리고 생명이 되신 예수님! 저희 간절한 기도를 들으시고 성지순례의 복을 내려 주시니 하나님께 영광과 감사를 드립니다. 성지순례를 위하여 사랑과 배려로 아낌없는 은혜를 베풀어 주신 김장환 목사님과 공군에 감사를 드립니다."

"이번 성지순례를 통하여 주님의 은혜를 더욱 체험하고 군에 복음화를 위하여 죽도록 충성하여 공군에 그리스도의 계절이 오게 하여 주옵소서! 저희들의 출입을 주님께 부탁드리며 예수님의 이름으로 기도드립니다. 아멘!"

전역예배(공군을 떠나면서)

초등학교 6학년 13세 때, 어린 소년의 가슴에 불타올랐던 소원과 꿈이 32년 만에 현실로 이루어졌다.

1972년 7월 2일 공군군종장교 중위로 임관식을 하고 1991년 1월에 제 15대 공군 군종감으로 취임하게 되어 주님께 영광을 돌리는 넘치는 축복을 받았다.

나의 젊음과 꿈이 시작되고, 그 꿈을 이룰 수 있었던 공군! 연약하고 의지할 곳 없던 어린 소년을 지금 이 순간까지도 보호하시고 인도해 주신 하나님의 은혜가 너무나 깊고 넓어 감사의 눈물이 흐를 수밖에 없다. 인생의 고비 고비마다 지켜주시고 보호해주신 나의 아버지 하나님!

"여호와는 나의 목자시니 내가 부족함이 없으리로다. 그가 나
를 푸른 풀밭에 누이시며 쉴만한 물가로 인도하시는도다. 내
영혼을 소생시키시고 자기 이름을 위하여 의의 길로 인도하

시는도다. 내가 사망의 음침한 골짜기로 다닐지라도 해를 두
려워하지 않을 것은 주께서 나와 함께 하심이라. 주의 지팡이
와 막대기가 나를 안위하시나이다. 주께서 내 원수의 목전에
서 내게 상을 차려 주시고 기름을 내 머리에 부으셨으니 내
잔이 넘치나이다. 내 평생에 선하심과 인자하심이 반드시 나
를 따르리니 내가 여호와의 집에 영원히 살리로다."(시편 23편)

시편 23편 다윗의 찬양은 언제나 나의 마음을 떠나지 않고 하나님께
드렸던 나의 믿음의 고백이다. 은혜의 목회를 이루었던 공군에서 21년
간의 군목생활을 마치고 전역하게 되었다. 그동안 나는 고아원 출신이
고 이북 출신이라는 사실을 한 번도 말한 적이 없었다. 나름대로 나만
의 금기시 되는 이야기처럼 말하기를 꺼려했다.

나는 항상 밝은 성격으로 낙심하지 않았고, 사람들의 동정을 사는 것
이 싫었으며, 이북 출신이라는 사실을 나타내기도 원치 않았다. 어린
시절을 고아원에서 생활하며, 고아라는 이름으로 동정 받던 것이 싫어
서 그랬는지도 모르겠다.

오직 나의 형편과 사정을 아시는 아버지 되신 하나님을 의지하며, 21
년 동안 공군에서 하나님이 기뻐하시는 일을 행하며 장병들의 복음화
를 위하여 최선을 다했다. "Never give up, I can do in Jesus
Christ"를 외치며 복음을 전했던 충성된 목회생활이 하나님의 복을 받
는 축복으로, 군종감이라는 영광을 주셨다고 믿는다.

나는 나라에 빚진 자요, 공군에서 빚진 자이다. 그리고 나는 많은 성
도님들께 사랑의 빚을 진 목사이다. 하나님의 사랑으로 인하여 많은 형
제자매를 얻게 되었다. 한 번도 외롭고 혼자라고 생각한 적이 없을 만
큼, 공군에서 21년간 지내온 날들을 뒤 돌아보면 매 순간 순간마다 주
안에서 나에게 사랑과 큰 힘이 되어준 많은 분들이 함께 계셨기에 늘

감사하는 마음이 가득할 수밖에 없다.

비록 친 혈육으로 함께 한 부모 형제는 없었을지라도, 하나님을 아버지라 부르는 많은 형제들이 있었기에 오늘의 영광을 얻을 수 있다고 믿는다. 그래서 나는 빚진 자이다. 이 많은 빚을 갚을 길이 없지만 항상 주님께 부탁을 드린다.

"주여! 저는 빚진 자입니다. 제가 받은 사랑의 빚을 주께서 갚아 주실

공군 전역 감사예배

줄로 믿습니다. 만 배로 갚아 주옵소서!"

나는 마지막 본부교회에서 전역 감사예배를 드릴 때에, 내가 어린 시절을 지냈던 고아원인 '강경금강애린원'의 원생 동생들을 초청하였다. 나의 꿈을 간증하여 어린 아이들에게도 희망이 되어주고 싶었다. 그리고 전역감사예배를 드리는 그 자리에서 처음으로 내가 고아원에서 자랐었다는 말을 하기 시작했다.

공군의 목사인 나를 자랑스러워하며 축하하러 먼 길을 달려와 준 고아원의 동생들을 소개하면서 나의 지난날의 어린 시절을 간증하자 그 자리에 참석했던 육, 해, 공군의 모든 성도들은 감동하여 눈물의 바다를 이루었다. 어린 전쟁고아의 소원도 귀하게 여기어, 이루어주시고 축복해 주시는 하나님의 은혜와 크신 사랑에 다시 한 번 감격하여 하나님께 감사와 영광을 돌리었다.

"네가 죽도록 충성하라. 그리하면 내가 생명의 면류관을 네게 주리라."(요한계시록 2:10)

2. 하나님의 능력

휠체어에서 일어난 청년

나는 기적을 믿는 목사라고 늘 시인하고 설교시간에도 간증을 한다. 내 안에 살아서 늘 역사하시는 성령님의 능력을 많은 사람들이 함께 체험하고 치유 받기를 소원하며 기도하고 있다.

치유의 역사는 주님께서 하시며, 나는 다만 주님의 말씀만 믿고 성령님의 감동으로 환자를 위하여 기도할 뿐, 결과는 주님께 맡기는 것이다. 이미 내 자신이 기도함으로 죽을 병에서 고침을 받았고, 또한 헤아릴 수 없는 많은 성도님들이 기도로 고침 받았기에 하나님의 은혜에 영광과 감사를 드린다.

나는 1995년과 1996년, 두 차례에 걸쳐 미국 일리노이주 세인트루이스 오팰로에 제임스 송 목사님께서 목회하시는 국제한인교회에서 부흥회를 인도하게 되었다.

1996년도 5월 춘계부흥회를 인도하는 둘째 날 밤 집회에서 열심히 설교하는 중에 많은 성도들에게 문제가 있고 질병으로 고통 받고 있음을 느낄 수가 있었다. 나는 설교 중에 광고를 하였다.

"내일 저녁 집회에는 한 사람씩 안수 기도를 할 예정입니다. 각자 기도로써 준비하시기를 부탁드립니다."라고 말씀드리자 모든 성도님들께서 기뻐하시며 박수를 치며 '아멘'으로 받아 들였다.

수요일 저녁 집회는 약 200여명의 성도님들로 성전이 가득 채워졌으며, 말씀과 기도로 충만해 있었다. 설교 말씀이 끝나자 곧이어 안수

기도를 하기 시작했다.

먼저 송 목사님께서 단에 올라오셔서 겸손히 기도를 받으시는 모습을 통하여 성도님들께 본이 되었다. 곧이어 많은 성도들이 줄을 이어 강단에 올라와 한 가지씩 마음의 소원을 내 놓고 안수 기도 받으실 때, 기쁨과 감격의 눈물이 성도님들의 얼굴에서 한없이 흐르고 있었다.

안수 기도를 하는 중에 미국인 'Bob'이라는 청년이 휠체어에 앉아 순서를 기다리고 있었다. 나는 강단에서 내려가 청년 밥을 안고 단에 올라왔는데, 하반신에 신체장애를 가지고 있어서 다리가 가늘고 빈약하여 매우 가벼웠다. 그 청년의 눈동자를 보는 순간에 하나님을 사랑하고 주님께 의지하는 순수한 믿음을 볼 수가 있었다. 성전 미문에 앉은 뱅이를 일으키신 주님께서 이 청년을 일으켜 주실 것을 믿고 온 성도님들과 함께 통성기도를 하였다.

온 성도들의 기도는 오순절 마가의 다락방에 있던 120 문도의 기도처럼 뜨거운 불의 제단이 되었다. Bob이라는 청년과 나도 얼마나 힘차게 부르짖으며 기도했던지 온 얼굴은 눈물로 범벅이 되었고, 서로 한 몸을 이루어 불덩어리가 되었다.

기도가 끝난 후에 Bob 청년은 "I saw GOD from your face."(나는 당신의 얼굴로부터 하나님을 보았다.")고 부르짖으며 감격할 때 많은 성도들이 기쁨의 박수를 치며 하나님께 영광을 돌리었다.

그 주일에 Bob에게는 기적이 일어났다. 휠체어를 집어던지고 목발을 딛고 사랑하는 애인과 함께 교회에 출석하는 사건이 벌어진 것이다. Bob은 처음부터 장애를 가지고 태어난 것이 아니라, 어느 날부터 질병이 생기기 시작하면서 점점 다리를 움직이지 못하게 되었다고 하였다. Bob의 애인은 신체에 장애가 생긴 청년을 외면하고 떠났다가 후회하며 괴로워하였는데, 이 청년이 휠체어에서 일어났다고 하는 소식을 듣고 달려와서 회개하며 'Bob'의 재활을 돕기로 하였다는 것이다.

청년 Bob은 부흥집회 중에 받았던 안수기도에서 자신이 치유를 받았다는 간증을 하며 육체의 회복뿐 만아니라, 잃어버렸던 애인이 자신과 교회의 품으로 돌아오게 된 것을 감사하며 하나님께 영광을 돌리었다.

정 집사의 암 덩어리가 빠져 나가다

"사랑하는 자여 네 영혼이 잘됨같이 네가 범사에 잘되고 강건하기를 내가 간구하노라."(요한삼서 1:2)

목회자로서 강단에서 늘 말씀을 전할 때마다 하나님을 사랑하는 성도는 시온(교회)에서 영혼이 잘되고, 범사가 잘되고 그리고 건강의 복을 받는다고 요한삼서 1장 2절 하나님의 말씀을 확신 있게 선포하였다.

여기에 믿음의 확신을 가진 성도는 주님의 몸 된 교회를 섬길 뿐만 아니라 이 땅에서 하나님께 영광을 돌리고 복 된 삶을 누리기 위하여 교회에서 아름다운 영적 삶을 영위해 나가야 한다.

세계선교교회의 정규석 집사님은 정말 어린 아이와 같이 순수하고 아름다운 믿음을 가지고 신앙생활을 할 뿐만 아니라 교회 재정을 맡아 열심히 봉사하고 충성을 하였다. 그리고 예배드릴 때는 언제나 앞자리에 앉아서 본이 되는 예배를 드렸고 십일조를 드릴 뿐만 아니라 항상 하나님을 경외하고 하나님의 마음을 기쁘게 하려고 힘쓰는 신실한 성도였다.

이렇게 충성된 믿음의 생활을 하는 정 집사님에게 육신의 질병이 찾아 왔다. 어느 날부터 소화가 잘 안되고 힘이 빠지면서 식사를 제대로 할 수가 없었다.

그리고 날이 갈수록 배에 통증이 일어나기 시작하면서 그 밝고 잔잔한 미소가 흐르는 그의 얼굴에서 창백한 모습이 드러나기 시작하였다. 나뿐만 아니라 다른 성도님들도 정 집사님께

"몸이 어디 많이 불편 한 것 같은데 어디가 아프십니까?"라고 물어도 그는 태연한 모습으로 "괜찮아요."라고 응하였다. 그런데 한 3주가 지나는 동안 그의 배가 점점 부풀어 오르면서 단단해지기 시작하였다. 정 집사님은 식사도 못할 뿐만 아니라 대, 소변을 전혀 못하여 통증의 아픔이 점점 심해지고 있음을 느낄 수가 있었다.

그런 모습을 가지고도 교회의 예배는 물론 자기의 주어진 일을 잘 감당하고 있었다. 그리고 자기의 고통을 그 누구에게도 말하지 않고 묵묵히 참고 기도하며 열심히 신앙생활을 하고 있었다.

그런데 어느 날 정 집사님께서 기도원에 가서 있어야 하겠다고 하였다. 그래서 우리 내외는 정 집사님께 권면과 부탁하기를 "집사님, 기도원에 가서 생활하는 것도 좋지만 먼저 교회에서 머무르면서 온 성도가 합심 기도를 하는 것이 좋겠습니다. 함께 기도할 수 있게 허락해 주세요."라고 부탁을 드렸다. 그랬더니 정 집사님과 그의 부인 김 집사님께서도 동의하면서 성전에서 기도회가 시작되었다.

목회자와 온 성도님들이 교회에서 밤 철야를 하면서 정 집사님의 쾌유를 위하여 집중적으로 기도하였다. 몇 날이 지난밤에 나는 "내 이름을 경외하는 너희에게는 의로운 해가 떠올라서 치료하는 광선을 발하리니 너희가 나가서 외양간에서 나온 송아지 같이 뛰리라."(말라기 4장 2절)는 말씀을 가지고

"너희는 나가서 뛰리라."는 제목의 설교를 통하여 질병에서 치료 받아 마음껏 뛰는 정 집사님이 될 것을 확신하면서 통성 기도를 계속 하였다. 우리는 매일 같이 자정이 넘도록 기도로 울부짖으며 정 집사님의 치료를 소원하였다.

기도회가 계속되던 어느 날 저녁에, 성도님들과 함께 기도하면서 나는 정 집사님의 배 위에 손을 얹고 안수 기도를 하였다. 그리고 온 성도님들과 휴식의 시간을 갖으며 서로의 신앙에 권면과 위로를 하며 은혜의 밤을 지내고 있었다.

그런데 갑자기 정 집사님께서 화장실을 가고 싶다는 것이었다. 그래서 그의 부인 김 집사님이 남편을 부축이고 화장실을 갔는데, 잠시 후에 성전 안으로 달려와서는

"정 집사님의 몸에서 대변이 나왔습니다."라고 소리치자, 우리 모두는 '할렐루야'를 외치며 함께 기뻐하였다. 그 날 새벽은 모두가 잠깐 눈을 붙일 수가 있었다. 이른 아침에 예배를 드린 후 나의 아내가

"정 집사님을 약수동에 있는 송도병원으로 모시고 가야겠어요. 무슨 병인지 자세한 병명을 알고 치료 받는 것이 좋겠어요."라고 말을 하며 송도병원 이종균 이사장님 댁으로 전화를 드렸다.

약수동에 있는 송도병원은 우리나라에서 대장, 항문으로 가장 유명한 전문병원이다. 이사장님은 우리 가족의 건강에 무슨 문제가 있거나 병원지식의 자문을 구할 때면 언제나 모든 일을 뒤로 하시고 도움이 주고 계셨다.

이사장님 내외분은 하나님께 받은 은혜와 사랑에 감격하여 어려운 목회자나 성도님들을 위해 참 사랑을 베풀며 하나님을 기뻐하는 분이셨는데, 세계선교교회에 온 가족이 함께 방문을 하신 적이 있어서 이미

우리 교회 성도님들도 이종균 이사장님을 잘 알고 있었다.

아픈 정 집사님과 함께 송도병원에 도착하니 이사장님께서는 미리 모든 준비를 하시고 자세히 진찰을 해주셨다. 진찰이 끝난 후 원장님께서 "암이 발견되었으니, 빨리 암전문 병원으로 가는 것이 좋겠습니다." 라고 하시면서 강북삼성병원의 전문 의사에게 자세한 소견서와 특별히 부탁 드린다는 편지를 써 주셨다.

우리 내외는 정 집사님을 모시고 소개 받은 병원으로 갔는데, 이사장님이 미리 부탁을 해 놓으셔서 바로 입원을 하여 진찰과 정밀검사를 받을 수가 있었다. 결과는 송도병원의 진찰 결과와 같았다. 삼성병원의 담당의사는 빨리 암 전문 병원으로 왔기 때문에 수술은 가능하다고 하였다.

이종균 이사장님께도 결과를 알려드리고 정 집사님의 수술 일정을 위하여 자세한 사항을 의논드렸다. 일주일이 지난 후에 정 집사님은 수술을 받기 위하여 또 다시 여러 가지 준비와 검사를 진행하였으나, 나는 정 집사님이 수술을 받지 않고 하나님의 치유로 퇴원할 것을 원하면서, 그렇게 치유되게 해 달라고 간정한 기도를 드리고 있었다.

그런데 수술 당일 날이 되었지만 정 집사님의 건강상태와 재검사 등으로 수술이 연기 되어 또 다시 일주일을 기다리게 되었다. 우리는 일주일을 기다리는 병실에서도 계속해서 쉬지 않고 예배를 드리며 기도로써 치유되는 역사를 바라고 있었다.

"할 수 있거든이 무슨 말이냐 믿는 자에게는 능치 못할 일이 없느니라."(마가복음 9:23)고 하신 말씀으로 은혜를 받아 하나님의 권능에 의지하여 "나사렛 예수님의 이름으로 명하노니 정 집사님을 괴롭히는 모든 암 덩어리는 빠져 나갈 찌어다!"라고 외치며 배에 손을 얹고 기도를 하였다. 정 집사님은 병원에 입원 중에 있어서 몸은 좀 야위였지만 주님과 동행하는 은혜의 생활로 얼굴에는 밝은 미소가 떠나지 않았고 '마음이 편안하다' 는 말씀을 전해 주셨다.

어느 날 정 집사님은 배에 진통이 심하여 화장실을 보러 가게 되었는데, 화장실에 가자마자 힘을 다하여 대변을 보는 중에 갑자기 변으로 시꺼먼 덩어리가 빠져 나오면서 몸이 가벼워지고 통증이 사라졌다고 하셨다. 이런 육체의 변화로 담당 암 전문 의사는 정 집사님의 상태를 여러 번 체크 하시고는

"의학으로는 설명할 수 없는 몸의 변화가 생겨서 치료가 되었다."는 소견을 말해 주었다. 그리고 "의학계에도 발표를 하여야 하겠다."며 무척 놀라는 모습이었다. 정 집사님은 건강한 모습으로 병원에서 퇴원하여 집으로 돌아갔는데, 먼저 감사의 예배를 드림으로 하나님께 영광을 돌렸다.

나와 온 성도님들도 함께 기뻐하며 하나님의 놀라우신 능력과 사랑에 감사드렸는데, 교회 둘레의 주님을 믿지 않는 사람들도 이 소식을 듣고 '주님의 손길로 치료 받은 정 집사님' 을 보기위해 교회에 오시는 분들이 있을 정도였다.

주님은 만병의 의사이시며, 이 세상에서 못 고칠 병이 없다고 믿는다. 문제는 믿음이고, 믿음의 기도는 만사를 변화시킨다.

"믿는 자에게는 능치 못할 일이 없느니라."

3. 하나님의 축복

주 안에서 복된 만남

공군에서의 목회생활을 뒤돌아 볼 때마다, 하나님의 은혜에 감격하여 감사의 노래가 저절로 흘러나온다. 나약한 육체를 가지고 공군 중위에 임관을 하였지만 군종감의 영예를 안고 군 목회사역을 떠날 수 있게 축복해주신 하나님의 크신 은혜와 사랑은 많은 사람들에게 신앙의 간증이 될 수 있었다.

그리고 군에서 끊임없이 기도해주신 하나님의 자녀들은 전역 후에도 기도의 동역자로서 변함없는 사랑을 베풀어 주셔서, 나의 목회활동이 더욱 풍성해질 수 있었다.

하나님의 은혜로 전역 후에는 서울에서 큰 교회의 목회를 할 수가 있었다. 성도가 많은 큰 교회에서의 목회는 보람이 있었지만, 목회자가 걸어가는 사명의 길은 '하나님의 생각과 사람의 생각이 다르다'는 것을 깨닫게 되었다.

세계선교교회의 목회생활이 시작되면서 '한 영혼이 천하보다 귀하다'고 하신 말씀이 마음 속 깊은 감동으로 다가오면서 다시금 하나님의 계획과 섭리를 체험하며 잃어버린 어린양을 위해 기도할 수 있는 축복의 시간을 감사하였다.

"하나님! 감사합니다. 사도바울의 고백처럼 나에게 빈곤과 풍요에 대한 일체의 비결을 배우게 하시고 낮은 자리로 보내어 겸손한 마음으로 주님의 자녀들을 위로하게 하심을 진심으로 감사드립니다."

나의 입술에는 감사와 찬양이 끊이지 않았고, 주님의 은혜를 전하기 위한 기도가 계속되면서 그동안에 정신없이 바빠서 할 수 없던 일들을 찾기 시작했다. 사람과의 만남을 소중히 하여 두 세 사람이 모인 곳일지라도 마음과 뜻과 정성을 다해 말씀을 전하고 기도로 축복하기 시작했다.

이러한 은혜로운 시간 속에서 즐거운 만남이 있었다. 예수님이 골고다 언덕길을 힘들게 올라가셨지만, 그 시간에도 예수님과 함께한 사람들이 있었는데 나 역시 외롭고도 힘든 사역을 걷고 있었지만 하나님이 보내주신 사람들이 함께하고 있었기에 주님의 맡기신 일을 감당할 수가 있었다.

그 중에 한인수 장로님을 생각하면 입가에 미소가 지어지며 하나님이 보내신 분이라 생각이 든다. 한인수 장로님은 1996년에 내가 시무했던 교회에서 장로 직분을 받은 분으로, 장로님과는 허물없이 마음을 나누고 이야기 할 수가 있어서 장로님 앞에서는 체면과 가식을 버리고

한인수 장로님 부부와 함께

어린아이 같은 마음으로 기도제목을 나눌 수가 있었다.

장로님은 언제나 가족의 모든 일에 하나님의 은혜를 바라며 기도부탁을 하셔서 주님 안에서 즐거운 교제는 계속되었다.

2005년의 여름에, 한인수 장로님 내외분은 나와 아내를 아름다운 동산으로 초청해 주셨다.

"목사님! 이번 여름에는 다른 곳으로 휴가를 가지 마시고, 양평에 오셔서 함께 예배드리며 즐거운 시간을 보내고 싶습니다."라는 말씀으로 힘든 사역을 위로하시며 평안한 쉼과 주님께 찬양할 수 있는 시간을 마련해 주셨다.

나와 아내는 한 장로님 부부와 함께 하나님이 만드신 동산에서 더운 여름을 보내기로 하였다. 장로님 댁은 자연 한가운데에 위치해 있어서 낮에는 계곡의 시원함을 느낄 수가 있었고, 밤에는 하나님께서 축복해 주신 동산 앞마당에서 마음껏 찬송을 부르며 하나님께 영광 돌리며 즐거운 시간을 함께 하였다.

지금 생각해봐도 아름다운 동산에서 하나님을 찬양하는 은혜가 충만한 시간이었다. 이틀 동안 장로님 댁에서 사랑을 받으며 즐거운 휴가를 보내고 다음날 아침 8월 17일 수요일 오전에 서울로 향했다. 서울로 올라오는 길에 반가운 전화가 울리었다. 마담포라 회장님이신 이병권 집사님으로부터 온 전화였다.

"목사님, 지금 어디 계십니까?"
"지금 휴가를 마치고 서울로 가는 길입니다."
"목사님, 12까지 롯데호텔 3층으로 와 주실 수 있습니까? 8월 17일부터 3일간 마담포라 행사가 있습니다. 갑작스럽게 장소가 섭외되었는데 꼭! 예배를 드려주세요. 기다리겠습니다."라며 예배를 부탁하였다.

당시 나는 휴가를 다녀오는 길이라 양복도 입지 않고 가벼운 옷차림

이라고 말씀드렸더니 이병권 회장님은

"목사님, 하나님께서는 우리의 마음속 중심을 보시는 분이십니다. 집에 들르지 말고 그대로 오셔서 이 행사를 위하여 마음껏 축복해 주십시오."

회장님의 믿음의 부탁으로 차를 몰고 명동 롯데호텔에 도착해 보니 호텔 3층에는 행사장이 준비되어 있었고, 회장님을 비롯한 전 직원들은 예배드릴 준비로 기다리고 있었다.

그리고 하나님 앞에 머리 숙여 시작된 행사는 놀라운 축복을 받게 되어 그 어느 때보다도 많은 고객들이 찾아와 행사장 안은 발 디딜 틈이 없을 정도였고 준비했던 상품들이 모자랄 정도로 성황리에 행사를 마치며 하나님께 영광을 돌리었다.

어느 날 이병권 회장님과 말씀을 나누며 기도를 하게 되었는데 예배를 드리기에 전에 하나님께 기도드리며

"주님, 이병권 회장님을 위하여 민수기 6장 22절-27절 말씀을 준비하였습니다. 오늘 드리는 예배가 하나님께 영광을 드리며 이 회장님과 마담포라에 은혜와 축복이 될 수 있도록 인도해 주세요. 예수님의 이름으로 기도드립니다. 아멘!"

기도를 드린 후, 이 회장님에게 민수기 6장 22절 -27절을 읽어드리고 말씀을 전하였다.

말씀을 마치고 이 회장님의 모습이 변해 있음을 느낄 수가 있었는데 눈가에는 잔잔한 눈물이 맺혀져 은혜가 가득한 모습이었다. 그리고는 이회장님의 간증이 시작되었다.

"목사님, 요즈음에 어려운 일이 있습니다. 그래서 하나님께서 자기의 백성을 축복하시는 민수기 6장 22절-27절 말씀을 마음속에 소중하

게 붙들고 살고 있습니다. 하루에도 몇 번씩, 그 말씀을 묵상하며 은혜를 주시라고 기도하고 있습니다. 그런데 저의 기도를 들어주신 하나님께서 목사님을 보내주신 것 같습니다. 목사님의 말씀을 듣고 하나님의 사랑하심과 은혜에 감격하여 눈물이 하염없이 쏟아졌습니다.”

하나님의 은혜를 사모하는 순수한 믿음을 가진 이 집사님이 간증을 하고 계시는 것을 볼 때에 ‘오늘 이곳으로 발걸음을 인도하신 하나님의 뜻’을 깨닫게 되었다. 그리고 이 집사님의 머리 위에 손을 얹고 ‘집사님 마음에 소원하는 일들을 축복해 주옵소서!’ 라고 간절하게 기도를 드렸다.

그리고 얼마 후에 이 집사님의 기도의 제목이 응답을 받는 놀라운 축복이 일어났고, 집사님과의 특별한 인연으로 마담포라의 예배를 인도하게 되었다.

집사님 한 분의 올바른 신앙으로 많은 사람을 천국으로 인도하는 역사가 이루어지게 되어 매주 수요일이면 약 100여 명이 넘는 직원이 경건의 예배를 드리며 하루의 업무를 시작하게 되었다. 예배에 참석하는 직원들이 믿음 안에서 하나님을 기뻐하며 신앙생활이 성장하게 되자 하나님께서는 마담포라를 축복해 주시는 것 같았다.

주님의 말씀을 전하고 난 후에는 일주일간에 일어났던 이야기들을 나누며 앞으로 진행해야 하는 일들에 대한 기도를 부탁하며 행복하고 즐거운 시간을 함께한다. 주님의 인도하심을 간증하고 축복받은 일들을 자랑하며 허물없이 이야기를 나누는 시간, 그 시간을 함께 할 수 있는 이병권 집사님은 하나님이 내게 보내주신 귀한 분임이 분명하다.

이제는 한 달에 한 번씩 본사와 수도권매장을 비롯한 물류센타에서 일하는 모든 직원들이 예배를 드리러 논현동 본사로 달려온다. 물론 비신자가 참석하는 경우도 있지만, 이들의 마음에도 복음이 싹트기를 간절히 기도하며 믿음의 기업인 마담포라가 날로 번창하기를 두 손 모아 기도드린다.

그리고 집사님이 이사장으로 봉사하시는 장애인 복지단체 「사랑의 날개」의 이사가 되어 이 집사님과 함께 장애인들을 위한 일을 할 수 있게 되었다.

2010년 8월에 마담포라가 5년째 돕고 있는 야베스선교회의 장애인 복지원에서 해비타트 서울지회 봉사단과 마담포라 직원들이 함께하여 환경개선 집고치기 봉사를 하였다.

집고치기봉사가 진행되었던 날은 섭씨 32~34도의 무더운 날씨를 기록하고 있었고 선풍기도 켤 수 없는 채로 작고 밀폐된 공간에서 도배 작업을 진행하였다. 방 안의 체감온도는 42~45도가 넘어서 온 몸은 땀이 흘러내리고 있었지만 신체의 장애를 극복하고 아름다운 삶을 꿈꾸고 있는 야베스선교회 식구들의 기쁨과 행복을 위해 즐거운 마음으로 봉사 작업을 할 수 있었다. 그리고 이곳에서 장애우 형제들과 모든 봉사자들이 모여서 하나님께 찬송을 부르고 감사의 예배를 드린 일은 집사님과 함께했던 복된 시간이었다.

"이새의 아들 다윗을 만나니 내 마음에 합한 자로다."(사도행전 13: 22)

주 안에서 사랑하는 믿음의 형제

군 목회 생활에서 인연이 되어, 나에게 끝없는 사랑을 베풀어 주신 분들을 주 안에서 형제라는 생각으로 살아왔다. 그러나 전역 후에도 가족과 같은 사랑을 베풀어 주신 분들이 너무 많았기에, 이 모든 사랑을 예비해 주신 하나님께 또 다시 감사와 영광을 돌린다.

특히 세계선교교회에 끝없는 사랑을 보내주시는 이봉진 박사님과 고의순 집사님은 목사와 성도와의 관계를 넘어서 나의 친 혈육과도 같은 마음을 가지고 있다.

이 박사님과의 인연은 전역 후에 큰 교회 목회를 하고 있을 때부터였다. 교회 성도님들의 기도와 심방과 말씀준비로 눈코 뜰 새 없이 바쁜 나날을 보내는 중에 우연한 기회로 박사님 내외분을 뵙게 되었는데, 말씀하시는 중에서 타인을 향한 배려와 함께 고귀한 인품과 학식을 느낄 수가 있었다.

박사님 내외분은 항상 겸손한 모습으로 하나님의 말씀에 귀 기울이시며 주님의 말씀을 사모하는 어린아이와 같은 모습이셨기에 아직도 때 묻지 않은 순수함에 항상 감동을 받게 되었다.

이 박사님 내외분과 더욱 가까워지기 시작한 것은 세계선교교회의 목회를 시작하고였다. 작은 교회의 사역을 시작하자 그동안 몰랐던 부분들의 세밀한 부분까지도 직접 신경을 쓰고 해결하는 일이 많아졌는데, 박사님은 특유의 인자함으로 말없이 도움을 주시고 계셨다.

그리고 박사님이 어떤 분이라는 것을 알게 된 것은 더욱 가까워진 후였다. 박사님은 동경대학 대학원 연구소에서 연구 중, 1968년에 우리나라 정부로부터 초빙되신 유치 과학자로서 우리나라 수치제어(NC)공작기의 국산화의 길을 연 선구자이셨다. 또 공작 기계의 국산화와 공장자동화의 길을 연 공로로 1983년 5월 16일에 민족상을 수상하셨는데, 내가 기계공학분야에 대하여 자세한 것은 몰랐지만 우리나라의 산업화와 발전에 물결을 트신 분이라는 사실을 알고 깜짝 놀라게 되었다

이후로 박사님과는 더욱 마음의 이야기를 나누게 되면서 남들에게는 말 못하는 서로의 사정들을 기도를 부탁하며 상통하는 믿음의 형제가 되었다. 이봉진 박사님을 통해 다시금 깨닫게 되는 말씀은

"내가 궁핍하므로 말하는 것이 아니라 어떠한 형편이든지 내가 자족하기를 배웠노니 내가 비천에 처할 줄도 알고 풍부에 처할 줄도 알아 모든 일에 배부르며 배고픔과 풍부와 궁핍에도 일체의 비결을 배웠노라."라는 빌립보서 4장의 말씀이다.

하나님께서는 나를 더욱 정금같이 쓰시려고 자족하는 일체의 비결을 배우게 하셨지만, 내가 풍부에 처하거나 궁핍에 처하거나 변함없는 사랑으로 함께하는 믿음의 형제를 축복하시어 나의 목회 사역의 출입을 지켜주시는 한없는 은혜와 사랑을 보여 주셨다.

"내가 산을 향하여 눈을 들리라 나의 도움이 어디서 올꼬! 나의 도움이 천지를 지으신 여호와에게서로다. 여호와께서 너로 실족지 않게 하시며 너를 지키시는 자가 졸지 아니하시리로다. 이스라엘을 지키시는 자는 졸지도 아니하고 주무시지도 아니하시리로다. 여호와는 너를 지키시는 자라 여호와께서 네 우편에서 네 그늘이 되시나니 낮의 해가 너를 상치 아니하며 밤의 달도 너를 해치 아니하리로다. 여호와께서 너를 지켜 모든 환난을 면케 하시며 또 네 영혼을 지키시리로다. 여호와께서 너의 출입을 지금부터 영원까지 지키시리로다."(시편 121)

"아멘!"

새롭게 하소서!

국민일보 '역경의 열매(2006. 1. 31- 2006. 2. 13)에 나의 간증이 소개되고

얼마 있다가 CBS선교방송의 '새롭게 하소서' 라는 프로그램에서 방송
출연 요청을 받게 되었다.

　나의 간증이 CBS TV를 통하여 방송으로 나갈 때, 전국 각지의 많은
시청자들이 은혜를 받고 하나님의 능력과 사랑에 감격하여 전화를 주
시게 되었다. 나 같이 부족한 목회자에게 크신 은혜를 베풀어 주셔서,
TV의 간증을 통하여 하나님께 영광을 돌리게 됨을 생각할 때 너무 감
사하여 가슴이 벅차오르게 되었다.

　"내가 주께 대하여 귀로 듣기만 하였삽더니 이제는 눈으로 주를 뵈옵
나이다."(욥기 42: 5)라는 욥의 고백처럼 개척교회의 의미를 나의 눈을 통
해 보게 하셨듯이, 이제 TV의 간증을 통하여 많은 사람들에게 하나님
의 은혜를 보여 주심을 감사하였다.

　그간 힘든 개척교회에 동역을 이루며 한결 같은 헌신으로 봉사한 사
랑하는 아내 그리고 사랑하는 세 딸들이 크게 보람을 느끼며 기뻐하는
모습을 보고 나는 뜨거운 감사의 눈물을 다시 한 번 흘릴 수밖에 없었다.

　'새롭게 하소서' 의 마지막 장면에 송정미 진행자는

　"지금 이 TV를 시청하는 분들 가운데는 삶의 고비 고비 마다 고난을
당하며 힘들게 살아가는 분들이 많은데 이 분들을 위하여 희망의 메시
지를 말씀하여 주십시오."라고 부탁할 때 나는

　"고난이 있을 때 예수님을 더욱 의지하고 예수님을 잘 믿으세요.

　그리고 힘써 기도하세요. 그러면 하나님이 반드시 도와주십니다. 또
한 하나님을 기뻐하세요. 그러면 하나님이 반드시 여러분을 기억하시
고 외면하지 않으십니다. 희망을 포기하지 말고, 끝까지 참고 견디면
누구나 승리 할 수 있습니다. 하나님은 도우시는 분입니다."라고 희망
의 메시지를 전하였다.

　"나의 가는 길을 오직 그가 아시나니 그가 나를 단련하신 후에
　　는 내가 정금같이 나오리라."(욥기 23:10)

나의 간증이 알려진 후부터 나를 찾는 분들이 많았는데, 이분들 중에는 고난을 겪고 계시거나 여러 가지 사정으로 하나님의 은혜를 구하려는 분들이 많이 계셨다. 한번은 어떤 할머니 성도님이 시골에 살고 계시면서 꼭 만나고 싶은데 몸이 불편하다고 하시며, 찾아와서 기도를 부탁하셨다.

나와 아내는 몇 시간의 거리를 대중교통을 갈아타고 마을 주민들에게 물어물어 할머니의 집을 찾아갔는데, 할머니는 컨테이너 집에서 거동도 불편한 채 지내고 계셨다. 할머니에게 축복과 구원의 은혜를 주시라는 간절한 기도를 드리자, 할머니는 먼 곳을 마다않고 찾아와준 나에게 연신 "감사하다"는 인사를 하시고는 눈물을 흘리시면서

"그 동안 많은 분들에게 기도를 부탁하려고 했지만 거리가 너무 멀어 차마 부탁할 엄두를 못 내고 있었습니다. 그런데 이번에 방송에 나오신 목사님의 간증에 은혜를 받고 용기를 내어 방송국에 목사님의 연락처를 물어보았습니다. 오늘 축복 받고 나의 죄가 사함 받았으니 하늘나라로 갈 수 있어서 행복합니다."라고 하시며 기뻐하셨다.

나는 한 동안을 심령이 가난한 영혼과 하나님의 은혜를 구하는 성도님들을 위하여 기도드리고 말씀전하는 일로 정신없이 바쁘게 되었다. 존 웨슬리의 고백처럼 "이 몸이 닳아서 주님께로 가겠습니다. 사역 감당하게 하옵소서!"

그리고 어느 날 순복음교회 최방식 장로님께서 '역경의 열매'에 연재되었던 나의 간증을 읽고, 장로님도 하나님의 은혜와 사랑에 동일한 감동이 되었다는 전화를 받았다. 장로님과의 인연은 이렇게 시작되어 항상 기도와 말씀으로 동역하는 믿음의 형제가 되었다.

장로님과 믿음의 이야기, 하나님의 은혜에 관한 이야기를 하는 중에 구역 성도님들 중에 하나님의 말씀을 사모하는 분들이 계시는데 식당

을 운영하시기 때문에 주중에는 식당 밖을 나올 수가 없어서 예배를 드리고 싶어도 교회에 갈 수가 없다고 하시며

"목사님! 제가 구역의 권사님들을 위해서 가끔씩 찾아가서 예배를 인도 합니다. 목사님께서 한 달에 한 번씩이라도 예배를 인도해 주시면 권사님들께서 너무나 좋아하실 것 같습니다."라며 구역의 성도님들을 위하여 애쓰는 마음을 보여주셨다.

그리고 그 날부터 한 달에 한번 날을 정하여 김옥분 권사님, 김옥심 권사님, 최방식 장로님과 함께 간절한 예배가 시작되었다. 김옥분 권사님이 운영하는 '조선설렁탕' 은 주일날을 제외하고는 하루도 쉬지 않고 매 시간 손님들로 발 디딜 틈이 없다. 그러나 예배시간 만큼은 문을 걸어 잠그고 경건하게 예배를 준비하시는 모습을 볼 때에 '여호와를 기뻐하는 자의 소원을 이루시고 이름을 높이신다.' 는 시편의 37편의 말씀에 다시금 감동을 받게 되어, 이곳에 머리 숙인 하나님의 자녀들 위에 복에 복을 더하여 달라는 간절한 기도를 드리게 되었다.

"두 세 사람이 내 이름으로 모인 곳에는 나도 그들 중에 있느니라."(마태복음 18:20)

"고난과 역경을 통하여 나를 겸손하게 하시고 새롭게 하셔서, 나에게 하나님이 사랑하시는 기도의 사람들과 함께 할 수 있는 축복을 주셔서 감사드립니다." "할렐루야!"

또 하나의 사명, 해비타트

하나님께서 내 인생 후반에 주신 또 하나의 축복은 바로 해비타트 (Habitat) 사역이다. 2001년 해비타트 서울지회가 설립되고 얼마 후에 이사로 선임되어 선교위원장의 소임을 맡게 된 것은 하나님이 나에게 허

락하신 마지막 사명이라고 믿는다. 오직 말씀과 기도로 해비타트 행사
때마다 예수 그리스도의 사랑과 가르침을 전하는 일을 하게 되었다.

해비타트 운동은 '예수님 중심의 운동'(Jesus movement)이다.

해비타트에서의 새로운 사역은 '예수님께서 가장 낮은 자들을 위해
집을 지으시고 선을 베푸신 것' 처럼 나도 이곳에서 '어려운 이웃에게
예수님의 사랑을 실천하라' 는 하나님이 주신 축복이었다.

지미 카터 전 미국 대통령도 해비타트 자원봉사자 중 한 명으로.
2001년에 우리나라에서 1만 여명의 국내외 자원봉사자들과 함께하여,
천안 아산, 진주, 대구, 경북, 파주, 군산, 태백 등지에서 구슬땀을 흘리
며 174세대의 주택을 건축하였다.

해비타트 서울지회는 이경회 이사장님을 중심으로 2001년에 설립된
후 "사랑의집 고치기" 운동에 주력하면서 현재까지 760여 세대에 이르
는 소년소녀가장, 독거노인, 다문화가정, 지역아동복지센터 및 사회복
지시설을 비롯하여 긴급재난주택 개축 등 다양한 주거환경개선사업을
수행해 오고 있다.

한국해비타트 서울지회 임직원과 함께

해비타트 이사로 일하면서 직접 어려운 이웃들의 가정을 방문하는 기회가 많아지면서 2005년도에는 역촌동에 저소득 가정을 위한 다섯 세대의 해비타트 집을 건축하였다. 많은 봉사자들의 땀과 정성의 손길로 한 장 한 장의 벽돌이 쌓여지면서 아름다운 집이 완성되었고 축복의 입주식에는 예수님의 사랑을 느낄 수 있는 시간이었다.

해비타트에서 어려운 이웃에게 집을 건축하는 일뿐 아니라 집을 고쳐주는 일을 시작하였다. 너무나 열악하여 '집짓기'의 혜택조차 받을 수가 없는 이웃의 가정들에게 집고치기를 통해 삶의 의지와 희망을 되찾아 주는 일이 시작되었다.

2009년에는 해비타트 서울지회의 실행위원장직을 맡게 되어, 하나님의 사랑을 전하는 일에 더욱 열중하였다.

"하나님, 주님이 기뻐하시는 일에 최선을 다하겠습니다."

중림동에 홀로 살고 있는 할아버지!

2009년 여름은 유난히 비가 많아 내렸다. 중림동의 곽 노인은 쓰러져가는 작은 집에 홀로 살고 있었는데 긴 장마로 인해 그나마 바람을 막을 수 있었던 집이 무너지기 직전의 상태가 되었다.

해비타트 서울지회로 '집을 고쳐 줄 수 있느냐?'는 요청이 구청을 통해 들어왔다. 다행스럽게도 해비타트 이사님들 대부분이 건축분야에서 일을 하시고 있어서 전문 실사팀이 구성되어 할아버지 집을 살펴보았으나 집고치기로는 해결을 할 수가 없다는 결론이 내려졌다.

여러 회의 끝에 재건축으로 할아버지에게 아담한 집을 선물해 드리기로 결정하고 설계도가 무료로 완성되자 공사는 빠른 속도로 진행되었다. 실행위원장이었던 나와 사무국직원들은 자원봉사자를 모으고 공사 일정을 세밀하게 점검하기 시작하였고, 수많은 자원봉사자들은 팀을 이루며 차가 진입할 수 없는 현장까지 벽돌을 날랐다.

우리는 2009년 여름을 땀으로 보내게 되었지만 행복과 보람이 넘치는 시간이었다. 마침내 아담하고 튼튼한 집이 완성되었고 '사랑의 집' 현판이 걸리는 날이 되었다.

이날은 중림동 전체의 잔칫날처럼 마을 부녀회에서는 음식을 준비하며 중구청 관계자, 해비타트 임직원, 자원봉사자들이 함께 모여 곽 할아버지에게 새 집의 현관 열쇠를 전달해 드렸다. 이경회 이사장님은 할아버지에게 성경책을 선물로 드리며 주님의 사랑을 전하는 것을 잊지 않으셨다.

그로부터 몇 달 후에 할아버지를 방문한 사무국 직원들로부터 감격스러운 이야기를 전해 들었다. 곽 노인은 해비타트의 선물에 감동을 받아 교회를 나가기 시작하면서 하나님의 사랑을 체험하는 삶을 살게 되었고, 그날 받은 성경책을 들고 매 주일 교회로 향하는 할아버지는 모든 사람들에게 감사의 마음을 전해주셨다. '할렐루야!'

용인 11남매 가정의 집

2010년 9월 중순의 어느 날 해비타트 사무실로 전화가 걸려왔다. 지난 주에 인간극장에 나온 '용인 11남매의 집'을 고쳐달라는 요청이었다.

허문구 사무국장과 자원봉사팀장이 용인으로 실사를 다녀와서는 많은 아이들이 너무나 열악하고 낙후한 환경에서 지내고 있다고 하였다. 아이들은 독립된 공간이 없는 채로, 11남매와 부모님이 한 곳에서 지내고 있었다.

11남매 아이들에게 쾌적한 환경을 제공하기로 결정을 하고, 이 사업에 함께 해 달라는 내용을 여러 후원기관에 보내어 아이들에게 도움의 손길을 요청하였다. 많은 후원자들로부터 독려의 글과 생필품이 전달되었고 격려의 메시지가 넘쳐나기 시작했지만 정작 집고치기를 진행할 수 있는 사업비는 마련되지 않았고, 젊은 개인 후원자 10명이 귀한 성금을 보내주셨다.

특별사업의 후원금은 마련되지 않았지만 11남매에게 집고치기를 약속한 날이 다가와 먼저 집고치기의 준비가 시작되었고 사무실에서 예배드리는 시간에도 이 사업을 위한 특별기도가 시작되었다.

그리고 얼마 후에 대림산업 담당차장으로부터 전화가 왔다. 용인 11남매 가정에 후원과 함께 직원들이 참여하여 집을 고쳐주고 싶다는 내용이었다. 그리고 모든 준비가 일사천리로 진행되었다. 다행히 용인에 대림공사현장이 있어서 대림산업 자원봉사자들이 며칠 동안 사전 작업을 실시하여 무너진 담장을 철거하고 지붕을 수리하였다.

집 고치기를 마무리하는 봉사 당일 아침이 되었다. 나는 여느 때의 봉사 날처럼 봉사자들과 용인 11남매네 가족과 현장의 안전을 지켜달라고 하나님께 간절히 기도를 드렸다.

10월 22일에 70여 명의 자원봉사자들이 모여 벽에 아름다운 그림을 채색하고 단열재를 붙이고 외벽을 만들고 담벼락을 쌓으며 집안 곳곳을 수리하기 시작하였다.

대림산업의 이병찬 본부장을 비롯한 직원들, 해비타트의 임직원, 대학생벽화동아리, 자원봉사자들, 용인시 의장 그리고 각종 매스컴의 기자들이 용인의 작은 마을로 모였다. 동네의 주민들까지도 구경을 나와 마을은 잔치 분위기였고 봉사자들은 기쁜 마음으로 활기차게 작업을 진행할 수가 있었다.

이날의 집고치기는 행복과 희망이 가득했었다. 11남매 가정은 열악한 환경 속에 살고 있지만 서로를 아끼고 사랑하는 화목한 가족으로 물질이 행복을 대신할 수는 없다는 것을 보여주는 것만 같았다.

예수님의 사랑을 실천하는 의미로 "LOVE IN ACTION"을 이야기한다. 나는 해비타트에서 드리는 경건회를 통해 하나님의 말씀으로 우리 이웃에게 사랑이 실천되기를 노력했다.

이경회 이사장님은 예배를 사모하는 분으로 해비타트의 봉사 외에 환경건축연구원의 책임을 맡고 계시는데, 모든 직원들이 함께 예배드리는 것을 기도의 제목으로 삼으실 정도로 하나님을 경외하는 장로님이시다.

나는 목사로서 어디를 가든지 하나님께 기도와 예배를 드리며 만나는 분들의 축복기도를 빼놓지 않는다. 나의 기도로 그분들이 하나님께 축복받기를 원하기 때문이다. 하나님을 믿지 않는 사람일지라도, 나는 나의 사명에 최선을 다한다. 나의 사명이 시간과 공간과 상황에 따라 타협될 수는 없다는 믿음을 가지고 있기 때문이다.

이경회 이사장님과 나는 어느 곳을 방문하더라도 먼저 하나님께 기도를 드리는 믿음의 동역자이다.

비신자가 있는 사업장일지라도 나는 기도하는 것을 부끄럽게 생각하거나 주저하지 않았고, 기도드리는 시간을 독려하시며 큰 힘이 되어주시는 이사장님과의 동행은 언제나 즐거움이 가득했다.

2011년에는 해비타트 서울지회 부이사장으로 더욱 더 헌신하면서 주님의 사명을 감당하게 되었다. 해비타트 사역을 통해 하나님의 축복이 더욱 풍성해짐에 감사와 영광을 드린다. 더욱이 해비타트를 위해 헌신하시는 이사님들을 비롯하여 사무국장, 간사, 자원봉사팀장, 후원자 등, 수많은 자원봉사자들이 함께 하였기에 해비타드 서울지회의 사업이 해마다 성장하고 발전할 수 있었다.

주님의 사랑을 전하며 해비타트를 알리는 사역이 요즈음 나에게는 가장 보람된 일이 되면서 '내 코밑에 호흡이 멈추는 날까지 나에게 주신 소명을 다하겠다.'고 몇 번이고 다짐을 하며 하나님의 인도하심과 풍성한 은혜에 늘 감사드리고 있다.

예수님께서 '이들 중 네 이웃이 누구냐'고 물으시며 멸시받던 사마리아인을 진정한 이웃이라고 말씀하셨다. 진정한 이웃은 높은 자리에서 어려운 사람을 외면하는 자가 아닌, 행동으로 봉사하는 사람이다. 나는 이곳에서 하나님의 은혜를 받고, 낮은 곳에서 사랑을 실천하신 예수님을 따르며, 나 또한 예수님을 닮은 목회자가 되기를 간절히 소망한다.(2011. 3월)

한국해비타트 서울지회 임직원들과 함께한 성탄축하 및 송년의 밤

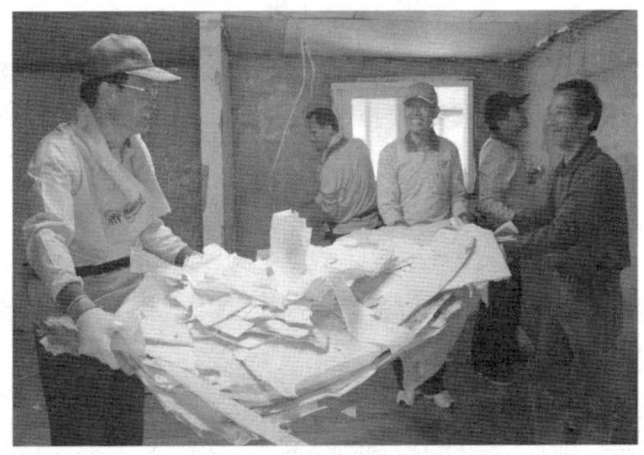

1. 중림동 해비타트 주택건축 봉사
   한국해비타트 서울지회 임직원과 자원봉사자
2. 평택 꿈자람지역아동센터 사랑의 집고치기와
   벽화봉사
3. 대림산업이 후원한 용인 11남매 가정
   사랑의 집고치기
4. 이경회 이사장님과 함께, 은평구 선덕원
   지역아동센터 평상만들기

제4부

전을성 목사 설교

예수님은 누구신가?

예수께서 가라사대 내가 곧 길이요. 진리요. 생명이니 나로 말미암지 않고는 아버지께로 올 자가 없느니라.(요 14:6)

Jesus answered, "I am the way and the truth and the life. No one comes to the Father except through me." (JOHN 14:6)

믿음으로 생활하고 믿음으로 기도할 때 진정한 그리스도인이라고 할 수 있습니다. 우리에게 믿음이 없다면 우리의 삶은 헛되고 위선으로 가득한 생활일 것입니다.

존 뉴톤은 아버지를 따라 노예장사를 하는 배에서 선원생활을 하다가 나중에는 노예선의 선장이 되었습니다. 그리고 많은 노예를 팔아넘김으로 부를 이루기도 하였습니다. 그래서 그는 자연히 타락한 삶을 살게 되었습니다. 그는 영국 해군에 입대를 했다가 문제를 일으켜 자신이 노예로 팔리는 어려움을 겪게 되었습니다.

이런 고난의 삶을 보내는 가운데 예수님을 바라보게 되었고 어느 날 '토마스 아켐피스'의 〈그리스도를 본받아〉를 읽고 영적인 깊은 자각을 체험하였습니다. 마침내 뉴톤은 과거의 잘못된 삶을 버리고 새로운 삶을 찾게 된 것 뿐만 아니라, 목사가 되어 노예제도를 반대하고 온전히 예수님께 드리는 삶을 살았습니다. 그는 예수님의 구원과 은혜에 감격하여 찬송가 405장 "나 같은 죄인 살리신"의 작사자가 되었습니다.

<나 같은 죄인 살리신 주 은혜 놀라와,
잃었던 생명 찾았고 광명을 얻었네.>

예수님께서 베드로에게 '너희는 나를 누구라 하느냐?'고 물으실 때 베드로는 "주는 그리스도시오 살아계신 하나님의 아들이시니이다."라고 고백하였습니다.

예수님은 신앙고백을 한 베드로에게 "네가 복이 있도다."라고 축복하였습니다. 우리도 예수님이 누구신가를 분명히 알고, 믿고 살아가야 할 것입니다.

1. 예수님은 길이 되십니다.

우리가 걸어가야 할 길은 예수님의 길입니다. 이 길은 소망의 길이요, 십자가의 길이며 구원의 길입니다. 예수님의 길은 축복의 길입니다.

예수님이 게네사렛 호숫가에서 어부 베드로의 배에 오르셨을 때, 베드로는 밤새도록 고기를 잡지 못하고 빈 그물만을 씻고 있었습니다. 예수님은 베드로에게 "깊은 데로 가서 그물을 내려 고기를 잡으라."라고 말씀하셨고, 베드로가 순종하여 깊은 곳에 그물을 내렸을 때에 그물이 찢어질 정도로 고기가 잡혔습니다.

이 놀라운 기적과 같은 일을 경험한 베드로는 "주여, 떠나소서. 나는 죄인이로소이다."라고 고백하였습니다. 이때 예수님께서는 베드로에게 "나를 따르라. 네가 사람을 낚는 어부가 되게 하리라."고 말씀하셨습니다. 베드로는 배와 그물을 버려두고 예수님이 이끄시는 예수님의 길을 걸어갔습니다. 베드로는 길 되는 예수님을 따라 살 때 어부가 변

하여 사도가 되는 축복을 누렸습니다. 〈누가복음 5:1-11〉

2. 예수님은 진리가 되십니다.

1) 인류 역사상 많은 사람들이 인간의 노력으로 진리를 찾고자 많은 노력을 하였습니다. 그러나 예수님을 만나지 못하는 한, 참 진리를 찾은 것이 아니라는 것을 알아야 합니다. 본래적인 의미에서 진리는 하나님 자신입니다. '진리'(眞理)란 참 이치를 말하는데 하늘에 계시는 하나님, 참 진리로 빈틈이 없이 천지만물을 만드시고 인간을 창조하신 하나님께서 참이시고 진리이십니다. 출애굽기 3:14절에 "하나님이 모세에게 이르시되 나는 스스로 있는 자니라."고 말씀하셨습니다. 하나님은 스스로 계시면서 영원하시므로 진리는 영원토록 불변합니다. 참으로 진리 되신 하나님께서 인간의 몸을 입으시고 이 땅에 오신 분이(탄생)예수님입니다. 예수님은 스스로 "나는 진리다."라고 말씀하셨습니다.

2) 우리가 살아갈 때 항상 죄와의 전쟁을 하게 됩니다. 죄는 마귀 사단의 무기이며, 마귀 사단이 부리는 종이기도 합니다. 그래서 우리가 죄의 종이 되면 사단의 종이 되는 것입니다. 사단의 표적은 우리 믿는 사람들입니다. 그래서 사단은 우리를 유혹하고, 시험하고, 고난을 갖게 합니다. 또한 우리를 진리 되신 예수님과 멀어지게 하고 믿지 못하게 하여 우리로 하여금 죄의 종이 되게 하려고 항상 유혹하고 있습니다. 마귀와의 싸움에서 반드시 승리하기 위해서는 항상 깨어 진리 되신 예수님을 바라보아야 합니다.

주님께서는 우리에게 말씀하시기를 "진리가 너희를 자유케 하리라."

고 하셨습니다. 우리에게 진리로 자유함을 주시는 분은 예수님뿐이십니다.

3. 예수님은 생명이 되십니다.

예수님을 믿고 만날 때 우리의 삶이 그분의 능력으로 회복되고 생명의 풍성함을 누리게 됩니다. "도적이 오는 것은 도적질하고 죽이고 멸망시키려는 것뿐이요. 내가 온 것은 양으로 생명을 얻게 하고 더 풍성히 얻게 하려는 것이라.(요한복음 10:10)"

'예수 그리스도를 믿어 구원을 받는다' 는 것은 예수 그리스도로 말미암아 생명을 얻게 되는 것을 말합니다. 예수 그리스도로 얻은 생명은 부모에게서 받은 유한한 생명과는 다른 것이며, 영원한 생명을 말합니다, 하나님의 영원한 생명을 소유한 사람은 사망의 권세를 제어하고 영원한 세계에서 영원히 사는 축복을 얻게 됩니다.

"저희를 데리고 나가 가로되 선생들아 내가 어떻게 하여야 구원을 얻으리이까? 하거늘 가로되 주 예수를 믿으라. 그리하면 너와 네 집이 구원을 얻으리라.(사도행전 16:30-31)"

인류의 구원은 길 되시고, 진리와 생명이 되신 예수님께로부터만 옵니다. 우리가 예수님께로부터 구원 받은 것을 감격하여 기쁨과 감사로 살아갑시다.

할렐루야!

영적 지도자의 영성

"폐하시고 다윗을 왕으로 세우시고 증거하여 가라사대 내가 이새의 아들 다윗을 만나니 내 마음에 합한 사람이라 내 뜻을 다 이루게 하리라 하시더니 하나님이 약속하신 대로 이 사람의 씨에서 이스라엘을 위하여 구주를 세우셨으니 곧 예수라"(행 13:22-23)

"After removing Saul, he made David their king, He testified concerning him: I have found David son of Jesse a man after my own heart; he will do everything I want him to do. From this man's descendants God has brought to Israel the Savior Jesus, as he promised."(Acts. 13:22-23)

신약과 구약을 상고하여 보면, 하나님이 쓰신 사람의 공통된 특징은 지성(知性, Intelligence)과 감성(感性, Emotion) 그리고 영성(靈性, Spirituality)을 갖춘 자입니다. 영적인 지도자로 부름 받은 여러분들이, 날이 갈수록 주님에 대하여 더 깊은 깨달음과 따뜻한 마음 그리고 더 밝아진 원숙한 영성이 회복되기를 바랍니다.

1. 성서에 나타난 영적 지도자의 영성

1) 아브라함의 영성 – 믿음과 순종의 영성

2) 요셉의 영성 – 의로움과 용서의 영성

3) 모세의 영성 – 권능과 온유의 영성

4) 여호수아의 영성 – 용기와 순종의 영성

5) 욥의 영성 – 인내의 영성

6) 룻의 영성 – 긍휼과 사랑의 영성

7) 엘리야의 영성 – 기도와 사랑의 영성

8) 다니엘의 영성 – 경건과 기도의 영성

9) 에스더의 영성 – 겸손과 헌신의 영성

10) 마리아의 영성 – 성결과 사랑의 영성

11) 베드로의 영성 – 열정과 사랑의 영성

12) 바울의 영성 – 성령과 in christ의 영성

하나님의 마음에 합한 다윗의 영성은 무엇일까?

The spirituality of David is love, joy, peace, patience, kindness, goodness, faithfulness, gentleness and self-control.

2. 기독교 영성이란 용어의 역사적인 관(觀)

바울은 고린도전서 2:14-15절에서 영적인 사람과 육적인 사람으로 구별하고 있습니다.

이러한 구분은 비물질적인 것과 물질적인 것, 삶과 죽음 그리고 선과 악을 구분하는 이원론적인 용어가 아니고, '하나님의 영'의 지배 아래에 있느냐 혹은 단순히 자연적인 인간성의 지배 아래에 있느냐를 구분하는 바울의 신학적인 용어입니다.

바울은 이러한 신학적인 의미로 '영성(spirituality)'이라 했고, 자연적인

인간성의 지배 아래에 있는 것을 '일시적인 것(temporality)'이라 했습니다. 17세기에 들어 영성이란 말은 보다 구체적인 용어로 사용되기에 이르렀습니다. '영성'이란 그리스도인들이 추구하는 이상적인 내면적인 삶을 대표하는 말이었습니다. 18세기에 이르러 '영성'이란 말은 엘리트적인 영성주의를 반영하는 용어로 발전되었습니다.

즉, '영성'이란 일상적인 믿음 생활과는 다른 차원으로 완덕을 추구하며 영성적인 삶을 지도할 수 있는 신학적이고 경험적인 능력을 갖춘 사람을 의미하였습니다. 그래서 19세기와 20세기 초에 이르러 '영성'이란 말은 완덕(完德)의 삶을 성취하기 위한 내면적인 삶을 지칭하는 특별한 말로 자리를 잡게 되었습니다.

3. 영성신학(靈性神學)이란?

살아 있는 경험을 지칭하는 기독교 영성이 학문적인 영역으로 관심을 모으기 시작한 것은 최근의 일이라고 할 수 있습니다. 그러나 이런 최근의 동향 외에도 그 이전 시대부터 영성신학에 대한 역사적인 유래가 없었던 것은 아니었습니다.

중세 '스콜라주의' 시대에 들어서면서 신학과 영성이 뚜렷하게 분리되는 현상을 보였습니다.

스콜라 시대의 대표적인 인물인 '토마스 아퀴나스'는 기독교 경험으로서의 영성의 주제를 그의 역작인 '신학대전'에서 "윤리신학"(moral theology)이라는 분야에 예속시키고 있습니다. 비로써 영성이 신학의 한 영역으로서 자리를 잡기 시작한 기점이라고 할 수 있습니다.

17세기에 이르러서도 기독교 신학을 이론과 실천적인 영역으로 더욱 뚜렷하게 나누어 다루는 경향이 있었습니다. 그래서 로마 카톨릭에서는 이론적인 영역의 신학을 '교리신학(dogmatic theology)'이라 했고, 실천적인 영역을 '윤리신학(moral theology)'이라 했습니다.

기독교(개신교)에서는 전자를 '조직신학(systematic theology)'이라고 불렀고, 후자를 '기독교 윤리'(Christian ethics)라고 불렀습니다.

교리신학이나 조직신학은 고백적인 서술 즉 '무엇을 믿느냐'를 다루는 영역이고, 윤리신학이나 기독교 윤리는 교리적인 고백의 의미에 따라서 '어떻게 사느냐'를 다루는 영역입니다. 여기서 기독교 영성이 자리를 잡아야 할 곳은 전자의 조직신학 분야보다는 후자의 기독교 윤리에 더 적합했을 것입니다.

여기에 영성적인 체험을 기독교 윤리로 할 수 있느냐는 의문도 제기됩니다. 기독교는 본래 역사적으로 두 가지의 큰 흐름을 가지고 발전해 왔습니다.

영성, 수도원적 체험, 신비주의적 기독교가 그 한 줄기입니다. 또 다른 하나의 흐름은 이성 중심의 학문적, 신학적 기독교입니다.

이 두 가지 흐름의 줄기를 하나로 통합시키는 말로 발전되어 갔습니다. 그래서 일반적으로 영성적인 경험뿐만 아니라 그 경험으로 이르는 모든 과정을 포함하여 '영성(spirituality)'이라 했고, 방법론을 도입하거나 여타 다른 영역의 학문을 도입하여 영성적인 체험을 체계적으로 분석하고 이해하려는 시도를 영성신학(靈性神學, spiritual theology)'이라 했습니다.

영성신학(靈性神學)은 삼위일체적 차원으로서 철저히 성경(聖經)을 근거로 해서 판단되고 기준이 됩니다. 성경(聖經)은 도그마(Dogma)요, 카논(Canon)입니다.

성경에 있으면 진리이고 그렇지 않으면 진리가 아닙니다. 성경이 표본이며 개신교의 모든 것은 성경 밑에 있습니다. '영성신학'(靈性神學)은 신론적 차원입니다.

예수님은 예배에 대한 중요성을 한 문장으로 압축해서 말씀하셨습니다. "하나님은 영이시니 예배하는 자가 신령과 진정으로 예배할지니라."(요 4장 24절)

즉, '하나님은 영이시다.' 라고 선포하셨습니다. 우리가 영으로 예배를 드릴 때 하나님과 우리와의 영적인 관계가 형성됩니다.

영성신학(靈性神學)은 기독론적(基督論的) 차원입니다. 기독론은 예수 그리스도의 생애에 초점을 맞춥니다.

"내가 그리스도와 함께 십자가에 못 박혔나니.(갈 2:20)"

"그리스도 예수의 사람들은 육체와 함께 그 정과 욕심을 십자가에 못 박았느니라.(갈 5:24)"

나는 이미 십자가에 못박혀 죽은 존재입니다. '그리스도 안에서(in Christ) 영과 육이 다 죽었다' 는 것이 바울 신학의 핵심입니다. 이것이 바로 철학적 기독교에서 신비적 기독교로 바꾸는 힘입니다. 철학에는 '그리스도 안에서(in Christ)'가 있을 수 없습니다. 그렇지만 우리는 십자가를 보면서 저기에서 내가 죽었다고 고백합니다. 기독교의 영성은 예수와 함께 십자가에 못 박히는 것으로부터 시작합니다.

4. 영성(靈性)이란 무언인가?

영성에 대한 여러 가지 오해들을 찾아 볼 수 있습니다.

1) 영성은 수도원주의가 아닙니다.

2) 영성은 금욕주의가 아닙니다.

3) 영성은 고행주의가 아닙니다.

4) 영성은 샤마니즘(Shamanism)이 아닙니다.

5) 영성은 부디즘(Buddhism)이 아닙니다.

어떤 성직자는 '신문 구독을 취소했다'고 합니다. 이유인즉 전쟁과 범죄, 권력 경쟁, 정치 조작에 대한 끝도 없는 이야기가 마음과 정신을 흩어 놓고 묵상과 기도에서 멀어지게 한다고 느꼈기 때문이라는 것입니다. 이런 도피주의적 영성에 대해 '토마스 머튼'은 이렇게 말했습니다.

"끊임없는 친밀한 교통으로 살라. 생명의 임재와 능력의 삶의 방식, 하나님의 영과 살아있는 교제로" 영적 삶이란? 우리의 일상적인 실존을 뛰어 넘는 것이 아닙니다.

당신이 나에게 "영적으로 산다는 것이 무엇을 의미하는가?"라고 직선적으로 묻는 다면 나는 "중심에서 예수님과 더불어 사는 삶이며, 성령님 안에서 말씀을 통해 예수님을 닮아 가는 것이다."라고 대답하겠습니다.

'마이클 다우니'도 말하기를 기독교의 영성을 규정하는데 "기독교의 영성은 하나의 체험된 경험으로서 그리스도 안에서 사는 그리스도인의 삶 즉, 그리스도인의 성품으로 변화되고 하나님과 연합하고 타인들과 연합하는 삶이다."라고 설명 합니다.

영성은 잃어버린 하나님의 형상을 회복하는 것입니다. 영원성을 잃어버리고 순간의 쾌락만을 추구하는 인간을 다시금 영원한 존재로 바꾸는 것입니다.

신성을 잃어버리고 동물적이고 육체적인 본성에 이끌려 사는 존재를

신적 존재로 환원시키는 일입니다. 이기적이고 개인주의가 팽배해지고 고독과 불안 그리고 고난이 많은 세상 속에서 사랑을 회복하는 것입니다. 물질의 지배를 받는 인간을 해방시켜 물질을 다스리는 본래의 위치로 되돌려 놓는 것입니다.

5. 예수님을 경험하는 영성훈련

영적 지도자의 영성의 원천은 하나님과 개인적으로 깊은 교제에 있습니다. 주님과 교제하는 삶을 특징짓는 세 가지 기본 요소는 첫째는 '하나님의 말씀' 입니다. 둘째는 '기도' 입니다. 셋째는 '순종' 입니다.

이 세 가지는 영적 지도자에게 있어서 없어서는 안 될 삶의 요소들입니다. 지도자는 매일 매일의 삶과 사역 속에서 역사하시는 하나님의 능력을 체험해야 합니다.

영적 지도자가 예수님을 경험하는 성숙한 영성은 "하나님이 언제나 나와 함께 하신다"는 것을 확신하고 믿음을 갖는 것입니다. 여러분이 다음과 같이 어려울 때 그리스도의 손을 잡으십시오!

첫째는 '고독' (孤獨, solitude)할 때 그리스도를 생각하라.

지도자라 하더라도 길을 잃은 듯 외로운 순간들이 있게 마련입니다. 그런 순간에 우리는 혼자가 아님을 기억하고, 고독의 시간을 긍정적으로 활용해야 합니다.(시편 46:10)

둘째는 '불안' (不安, anxiety)할 때 그리스도께 의지하라.

제자들이 폭풍 앞에 놓여 있을 때 예수님은 "내가 있다. 두려워하지 말라"고 말씀하셨습니다.(요6:16-21) 미래의 모든 일을 주께 맡기면, 최선을 다하면 그리스도가 알아서 하십니다. 실패는 하나님께 의지하는 법을 배우는 통로가 됩니다.

셋째는 '의심'(doubt)**이 들 때 그리스도를 믿으라.**

믿음은 그리스도의 은혜가 흘러드는 채널입니다. 우리를 하나님과 이어주는 생명선입니다. 믿음은 생명의 수액을 뿌리에 가지로 전해주는 나무줄기와 같습니다. 가지는 줄기로 흘러드는 양분을 먹고 자랍니다.(요15:1-8)

넷째는 '고난'(苦難, hardship, suffering)**받을 때 그리스도께 맡기라.**

"지금 우리가 당하는 고통은 앞으로 우리에게 나타날 영광에 비하면 아무것도 아니라."(롬 8:18) 갈보리의 십자가를 바라보세요. 약속의 땅을 바라보세요.

잃어버린 하나님의 형상이 회복되어져야 할 영성의 방법론적 원리는 마태복음 28장 19-20절에서 찾아볼 수 있습니다.

"그러므로 너희는 가서 모든 족속으로 제자를 삼아 아버지와 아들과 성령의 이름으로 세례를 주고 내가 너희에게 분부한 모든 것을 가르쳐 지키게 하라. 볼찌어다. 내가 세상 끝날까지 너희와 항상 함께 있으리라 하시니라."(마 28:19-20)

"Therefore go and make disciples of all nation, baptizing them in the name of the father and of the son and of the Holy Spirit, and teaching them to obey everything I have commanded you. And surely I am with you always, to the very end of the age."
(Matthew 28:19-20)

이 말씀은 영적 지도자(靈的 指導者)로서 간과할 수 없습니다. 그것은 바로 "제자를 삼으라"는 것입니다. 제자를 삼으라. 이것은 매우 중요합니다.

제자를 삼는 자의 자격이 먼저 그 속에 포함되어 있기 때문입니다. 먼저 예수님의 제자가 된 자만이 제자를 삼을 수 있습니다. 아무나 제자를 삼을 수 있는 것은 아닙니다. 진정한 제자가 된 이후에야 다음 사람을 제자 삼을 수 있는 것입니다. 이것이 예수님께서 취하셨던 영성의 방법이었습니다.

3. The World Christian Leadership Seminars의 설교

(Matthew 5:9, John 14:27)

Peacemaker

"Blessed are the peacemakers, for they will be called sons of God."

"Peace I leave with you; my peace I give you. I do not give to you as the world gives. Do not let your hearts be troubled and do not be afraid."

This morning message is about the peacemaker. Our biggest wish is to have peace on this earth. Jewish people have had so many wars but their only wish is for peace. They always say "shalom" which means "peace" Jerusalem, the capital of Israel, means the capital of peace. The reason Jesus came on this earth as the King of peace was to give us peace. So we praise Jesus for coming on this earth 'glory to God' 'peace on earth' Jesus who came to this world to restore and save us, says 'Blessed are the peacemakers, for they will be called sons of God.'

Mr. J. S stuart said "Jesus didn't leave us any material thing, But He gave us great peace.

"shalom" Our deepest wish is to make peace.

So it says, the peacemaker will be called sons of God.

First of all : A peacemaker has to find his own peace of mind.

All peace starts from our own mind. If we do not have peace of our own mind, neither will we have peace at home, nor peace with our neighbour.

There won't be peace in this country, nor the church either, First We have to find our own peace of mind. Even though we have health, love, wealth, beauty, talent, and power, if there is no peace in our mind, these things are worthless. So our happiness and worth come from peace of our own mind. now Jesus, our messiah, came on to this earth to give us peace.

John 14 : 27

Jesus says " Peace I leave with you; my peace I give you. I do not give to you as the world gives. Do not let your hearts be troubled and do not be afraid."

The reason we feel uncomfortable is we do not have the peace which Jesus gave us. We can have true peace and happiness in life, only when we break the barrier of sin between Jesus and us, then we posses the true peace of Jesus which we can't exchange for anything.

And second : We must pay to have peace.

What causes war? What causes fighting?

We see extreme selfishness, greed, and egocentrism causing fighting. We can't obtain true peace when have selfishness and greed in our mind. We have to pay dearly to achieve true peace. In the bible Abraham and his nephew Lot were not at ease with each other over their possessions.

When they shared the good land, Abraham told Lot "If you turn right, I will turn to left, If you turn left, I will turn to right."

At last, when he gave Lot the fertile soil and took for himself the desolate land, Abraham became a real apostle of peace and his family and his country could be blessed.

Proverbs 17 : 1

"Better a dry crust with peace and quiet than a house full of feasting with strife."

That means it is better to be at peace with only a little piece of bread, rather than quarrelling with plenty.

A long time ago a man who very rich, had domestic troubles and lots his peace of mind. He went to the Han River to commit suicide. At that time, there were many poor people living in an old tent on the sand around the River. As the passed there, he heard the sounds of their home service. They had probably returned home after selling vegetables all day or after selling old articles and were having a late home service.

When he heard a joyful hymn, the rich man, who was trying to commit suicide became shocked and was thinking to himself "they are overwhelmed with peace but I do not have peace. Even though such poor people like these are overwhelmed with joy, there is not peace in my mind."

He changed his mind and received God. He went to church. Later, he found true peace and was saved by God.

We cannot make true peace before we break the barrier of sin between God and ourselves. We can't make true peace until we sacrifice for something with love.

In conclusion, The peacemaker shall be blessed to be God's children.

A peacemaker is God's child, but a troublemaker will be satans child.

Mother Teresa, who received the nobel peace prize, evidenced God's love by closing the eyes of poor dying people and the people starving to death and holding funeral services for them.

When Dr. Albert Schweitzer was reading Luke chapter 16.

He interpreted it to say the rich man is white and the Nazarite is black. That's why, He went to Africa and took care of poor black people, pressing out their infection the rest of his life.

One korea tourist Mr. Chan Sam Kim went there to meet Dr. Albert Schweitzer and stayed with him for a week. Mr. Kim said, "your pants are so old; I would like to give you my pants, if you don't mind." He accepted the pants and put them on, and again he started taking care of poor people, pressing out the infection with peace and love. Before Mr. Kim left there, he asked Dr. Albert Schweitzer; "please give me a very important word for living life." He answered " Success comes to him who can stick to his pursuit." And He waved to him when he left, shouting

"give us peace, and give us love."

Through Dr. Albert Schweitzer's efforts and sacrifice, living and working with black people. always shouting, give us peace, give us love.

We see that love and peace can grow anywhere today.

Only a creator of peace, peacemakers shall be blessed to be God's children. Shalom!

Blessed are the peacemakers, for they will be called sons of God. God bless you all.

I pray that all of you will be peacemakers in the name of Jesus Christ.

Prayer

Lord! thank you for the opportunity to show your love and peace to others. Help us to always forgive others as you forgive us.

God of peace, help us to be your hands and your voice, comforting people whose loved ones have died. Give us peace, and Give us love. in Jesus' name, Amen.

주여! 다른 사람들에게 주님의 사랑과 평화를 나타낼 기회를 주시니 감사합니다. 주님께서 우리를 용서하신 것처럼 다른 사람들을 항상 용서하도록 도우소서.

평화의 하나님, 우리를 도우사 사랑하는 사람을 잃은 자들을 위로하는데 주님의 손이 되게 하시고 주님의 음성이 되게 하소서. 우리에게 평화를 주소서 그리고 우리에게 사랑을 주소서. 예수님 이름으로 기도합니다. 아멘.

세계선교교회 주일예배 설교
(행 13:21-23)

하나님이 쓰시는 사람

미국의 어느 가정에 밥만 먹고 잠만 자는 게으름뱅이 아들이 있었습니다. 워낙 게으르기 때문에 밥만 먹으면 아침부터 줄곧 잠만 자는 것이었습니다. 부모님은 사랑하는 아들이기에 꾸중을 해보고 타일러 보았지만 소용이 없었습니다.

그런데 어느 날 아침밥을 먹고 잠을 자기 전에 신문을 보더니 조용히 집을 나가는 것이었습니다. 그 신문에 커다란 대문짝만한 광고가 실렸습니다. 침대회사에서 침대를 만들어 전시장에 내놓고 메트리스의 강도를 알기 위하여 하루 종일 잠만 자는 사람을 구하였습니다. 이 게으른 청년은 이 광고를 보고 응시하여 하루 종일 잠만 자다가 저녁에 시간이 되어 퇴근했다고 합니다.

이 세상에는 쓸모없는 사람이 한 사람도 없다는 것입니다.

그런데 오늘의 다원화된 시대에 사람을 평가하는데 다음 5가지를 봅니다.

(1) 그 사람이 무엇을 할 수 있는가?(능력)

(2) 그 사람이 얼마나 가졌는가?(재력)

(3) 그 사람이 얼마나 배웠는가?(학력)

(4) 그 사람이 어떤 위치에 있는가?(권력)

(5) 그 사람이 건강한가?(체력)

위의 사항들은 사람의 기준이 되기도 합니다. 그러나 하나님의 기준은 사람의 기준과 다릅니다. "여호와의 말씀에 내 생각은 너희 생각과 다르며 내 길은 너희 길과 달라서, 하늘이 땅보다 높음 같이 내 길은 너희 길보다 높으며 내 생각은 너희 생각보다 높으니라."(사 55:8-9)

사람의 생각과 하나님의 생각은 다르며, 사람은 외모를 보지만 하나님은 중심을 봅니다. 사람은 할 수 없으되, 하나님은 모든 것을 할 수 있습니다.

오늘 본문에 나오는 다윗은 보잘 것이 없고, 그의 아버지도 그를 인정하지 못하고, 그가 왕위에 오를 것은 생각지도 못하였습니다. 하나님의 쓰임 받은 다윗에 대하여 상고하며, 하나님이 쓰시는 사람은 어떠한 자인가? 함께 은혜를 나누고자 합니다.

이스라엘의 초대 왕 사울은 40년간 나라를 통치하는 정권의 생활 속에서 교만하고 하나님의 말씀을 불순종 하는데까지 떨어졌으며 하나님보다는 세상을 사랑하였습니다. 그러므로 하나님께서는 사울을 왕 삼은 것을 후회하였습니다. 하나님께서는 사울 왕을 폐하시기로 결심하시고 어느 날 사무엘을 부르시어 '기름을 뿔에 채워가지고 베들레헴 이새의 집으로 가서 내가 알게 하는 자에게 나를 위하여 기름을 부으라' 고 말씀하셨습니다.

사무엘은 이새의 집에 들어가 먼저 하나님께 제사를 드리었습니다. 이새는 큰 아들 엘리압을 불러 사무엘 앞에 세웠습니다. 사무엘이 엘리압을 보고 마음에 이르기를 "여호와의 기름 부으실 자가 과연 앞에 있나이다."라고 할 때 하늘에서 하나님의 음성이 나며 이르시되, "그 용모와 신장을 보지 말라. 내가 그를 이미 버렸노라. 나의 보는 것은 사람과 같지 아니하니 사람은 외모를 보거니와 나 여호와는 중심을 보느니라.”고 말씀하셨습니다.

이새는 다음 아비나답을 사무엘 앞에 불러 세웠습니다. 여호와께서 택하지 아니하였습니다. 셋째 삼마가 사무엘 앞에 섰으나 역시 하나님은 그를 택하지 아니하였습니다. 이새는 일곱 아들들을 불러 사무엘 앞에 세웠으나 하나님께서는 이들을 택하지 아니하였습니다. 이때 사무엘이 이새에게 이르기를 “네 아들들이 다 여기 있느냐?” 라고 물을 때 이새는 대답하기를 “말째가 남았는데 그가 지금 들에서 양을 지키고 있습니다.”

사무엘은 그를 데리고 오라고 지시하였습니다. 다윗이 사무엘 앞에 섰을 때 그의 빛이 붉고 눈이 빼어나고 그 얼굴이 아름다웠습니다. 하나님의 감동이 나타나 사무엘에게 이르시기를 “기름을 부으라”고 하였고, 이때 사무엘이 그에게 기름을 부으니 다윗의 위에 늘 ‘하나님의 신’이 임재하여 물맷돌 한 개로 블레셋의 골리앗을 쳐 쓰러뜨릴 뿐만 아니라 전투에서 항상 승리를 거두고, 사울의 뒤를 이어 왕위에 오르게 되었습니다. 다윗은

* 왕위에 올라 왕국를 종교적인 통일체제로 발전시키었습니다.
* 예수님의 인간 계보에 있어서 조상이 되는 엄청난 축복을 받았습니다.
* 늘 하나님을 찬양하고, 고백하므로 예배에 있어서 없어서는 안 될 시편을 내놓았습니다.
* 40년간 이스라엘 나라를 통치하였으며, 하나님의 성전을 마련하는데 대역사를 이루었습니다.

다윗은 산과 들에서 양들과 낮에는 태양 빛, 밤에는 찬 이슬 맞으며 생활하던 목동이었으나 하나님의 축복으로 이스라엘의 왕이 되었으며

무에서 유를 창조하는 성공적인 삶을 살았습니다.

행 13:22절에 하나님께서 말씀하시기를 "내가 이새의 아들 다윗을 만나니 내 마음에 합한 사람이라 내 뜻을 다 이루게 하리라."하셨습니다.

하나님은 외모를 보지 아니하고 중심을 보십니다. 그러면 하나님의 마음에 합한 다윗의 중심은 무엇일까요?

첫째. 믿음입니다.

다윗의 중심에는 확고부동한 믿음이 있었습니다. 히 11:6절에

"믿음이 없이는 기쁘시게 못하나니 하나님께 나아가는 자는 반드시 그가 계신 것과 또한 자기를 찾는 자들에게 상주시는 이심을 믿어야 할지니라."는 말씀처럼 다윗의 믿음은 하나님을 기쁘시게 하였습니다.

믿음이란 무엇인가?

사도 요한은 믿음을 "예수께서 하나님의 아들 메시야이심을 믿고 그 결과로 영생을 얻는 것이라" 하였습니다.

히브리서는 "하나님의 약속에 대한 소망이다."

사도 베드로는 "종국적 구원을 얻는 조건이다."

사도 바울은 "고난을 기뻐하는 것이다."

또한 신학자들도 자신의 신학사상을 믿음의 정의에서 표현했습니다.

바르트는 믿음을 "결단"이라 하였고,

탈리히는 믿음을 "뛰어 넘는 것"이라 하였으며,

키엘케고르는 믿음을 "인간의 이성을 십자가에 못 박는 것"이라 하였습니다. 그러면 신약에서 믿음이란 단어의 의미는 무엇일까요?

믿음을 헬라어에서는 '피스테우오'(πιστεύω)란 단어를 사용하였습니다. 피스테우오의 단어에는 몇 가지 의미를 갖고 있습니다. 믿음이란?

(1) 자신을 맡기는 것(Self-Commitment)

(2) 의지하는 것(Trust)

(3) 실현하는 것(Realize)

(4) 항복하는 것(Surrender)

(5) 받아들이는 것(Accept) 등의 많은 의미를 갖고 있습니다.

이와 같이 믿음은 가장 귀한 것이며, 하나님께서 주신 선물 중에서 가장 보배로운 선물은 믿음의 선물입니다.

다윗은 어린 시절에 광야에서 양을 칠 때 외로움과 무서운 짐승들로 말미암아 사망의 음침한 골짜기까지 이르렀으나 두려워하지 아니하고 주께서 늘 함께 하심을 믿고 담대히 극복하고 승리하였습니다. 다윗의 이런 신실한 믿음은 하나님의 마음을 감동시켰고, 하나님의 능력의 오른 손을 움직였습니다.

성경 역사를 통해 보면 모두 정확하신 하나님의 뜻이 신앙인을 통하여 나타나신 것을 볼 수 있습니다. 특별히 믿음의 조상 아브라함의 예를 들어 보면 아브라함이 고향에서 안일한 생활을 하고 있을 때 하나님이 저로 하여금 고향 땅을 떠나 먼 곳으로 가라고 하셨습니다. 하나님은 내가 지시하는 땅으로 이주하면 그 땅을 네 자자손손에게 허락할 것이라고 하셨습니다. 아브라함은 하나님의 뜻에 순종하여 알지 못하고 낯설은 지방으로 길을 떠난 것입니다. 그는 오직 하나님의 뜻만 받들어 섬길 뿐 앞길의 부딪혀 오는 고난은 걱정도 하지 않았습니다. 끝내 아브라함은 하나님이 지시하는 땅에 도착하여 그의 후손들이 그 땅에서 번성할 수 있게 되었습니다.

아브라함으로부터 시작하여 신약성서 사도 바울에 이르기까지 성경은 신앙의 영웅들을 제시하였는바 그들이 남겨놓은 믿음의 발자국을 결코 지워 버릴 수가 없습니다. 이 신앙의 영웅들은 모두 공통된 특징이 있는데 그들은 모두가 확고부동한 믿음을 소유하였습니다.

오늘날의 시대를 가리켜 불확실성한 시대, 위기의 시대라고들 말합니다. 우리는 내일 일을 모릅니다. 장래 일도 모릅니다. 그래서 안이숙 사모님은 '내일 일은 난 몰라요'를 작사 작곡해서 오늘날 많은 성도들에게 은혜를 끼쳐 주었습니다.

사랑하는 성도 여러분! 스펄죤 목사님은 "믿음은 영혼의 날개"라고 말했습니다. 하나님은 주의 백성들에게 믿음의 날개를 달아 주었습니다. 빛나는 믿음의 날개를 활짝 펴서 IMF 한파도 넘으시고, 절망의 강도 넘으시고, 고통과 문제의 언덕도 넘으시기를 주님의 이름으로 축원합니다.

저의 목회 길에서 힘들고, 어려울 때마다 하나님이 주시는 말씀은 이사야 41장 10절입니다. "두려워 말라. 내가 너와 함께 함이니라. 놀라지 말라. 나는 네 하나님이 됨이니라. 내가 너를 굳세게 하리라. 참으로 너를 도와주리라. 참으로 나의 의로운 오른 손으로 너를 붙들리라."

믿음은 만사를 변화시키며, 모든 것을 할 수 있습니다. 성도님들의 중심에 다윗과 같은 확고부동한 믿음을 이루시어, 하나님의 더욱 쓰임받는 인물이 되시기를 바랍니다.

둘째. 위대한 꿈(Great vission)입니다.

환상과 꿈을 가진 사람의 6가지 특징
1) 내일에 사는 인생입니다.
2) 현실에 낙심하지 않습니다.
3) 끊임없이 Idea를 개발하는 창조의 사람입니다.

4) 성실로 식물을 삼습니다.

5) 희생적인 정신을 가진 자입니다.

환상과 꿈은 성공적인 신앙생활에 필수적인 조건입니다. 또한 아무리 평범한 사람들이라 할지라도 꿈과 환상을 가진다면 그 꿈은, 그 사람을 위대하게 만들어 줍니다. 하나님은 말씀하시기를 "꿈이 없는 백성은 망한다."고 하셨습니다. 꿈이 있는 자만이 흥하고, 하나님의 축복을 받아 승리하게 됩니다.

다윗은 꿈의 사람이었습니다. 그는 밤하늘의 반짝이는 별을 보고 이스라엘의 왕이 될 것을 늘 꿈꾸었습니다. 하나님을 향한 위대한 꿈은 그의 가슴에서 용광로의 불처럼 타오르고 있었습니다. 다윗의 큰 꿈을 하나님은 기뻐하시고, 하나님의 마음에 합한 자로 여겨, 다윗을 크게 들어 쓰시었습니다.

믿음이 있는 자는 꿈도 있습니다. 믿음과 꿈은 비례합니다. 즉, 믿음이 클수록 꿈도 커지는 것입니다.

어떤 낚시꾼이 선창가에서 고기를 잡고 있었습니다. 얼마 후에 큰 고기가 낚시에 걸리어 낚시꾼은 낚시를 잡아당기었습니다. 커다란 물고기가 따라 올라옵니다. 그는 잡은 물고기를 앞에다 놓고 옆에서 자를 꺼내어 재어 봅니다. 그러더니 No, No, 하더니 그 큰 고기를 다시 바다에 던져 놓고 낚시를 물에 다시 던지는 것이었습니다. 그 모습을 한 청년이 보고 있으면서 이상하게 생각하였습니다.

좀 있으니 다시 낚시에 고기가 물리었습니다. 잡아당기니 아까 것보다 훨씬 적은 것이었습니다. 그 낚시꾼은 다시 자로 재어 보더니 그릇에 잡아넣는 것이었습니다. 그 모습을 계속 지켜보던 청년은 낚시꾼에게 다가가서 그 이유를 물었습니다. 낚시꾼이 하는 말이 "우리집 후라 이팬이 25cm밖에 되지 않아 그 이상의 것을 잡아가도 볶아 먹지 못하니까 작은 것만 잡는 걸세” 하더랍니다.

웃음을 자아내는 풍자적인 이야기입니다만 환상과 꿈은 우리의 그릇을 크게 만들어 줍니다. 하나님은 위대한 꿈을 가진 자에게 큰일을 맡기십니다. 오늘날 IMF 한파로 경제가 어려워 많은 사람들이 절망하고, 희망을 잃고 있습니다. 그러나 성도들은 이런 때 일수록 주님께 큰 꿈을 가집시다. 성도들의 마음이 텅 비어있는 것이 아니라 꿈으로 가득차 있을 때, 다윗에게 하늘의 보고를 열어주신 하나님께서 우리에게도 축복하여 주실 줄 믿습니다. 사랑하는 성도 여러분 저 높은 곳을 향하여 날마다 나아갑시다.

셋째. 정직입니다.

하나님은 정직한 자를 들어 쓰십니다. 정직은 진실성을 뜻합니다. 진실성은 신앙생활에 생명과 같습니다. 에베소서 6장에
“허리에 진실성의 띠를 띠라.”고 하셨습니다.

사람의 힘은 허리에서 나옵니다. 허리를 다치면 힘을 쓸 수가 없습니다. 이와 마찬가지로 그리스도인의 힘은 진실성에서 나옵니다. 정직한 신앙을 가진 사람은 하나님께서 끝까지 보호하시고 붙들고 계십니다. 하나님께서 진실한 신앙을 갖지 못한 사울 왕을 폐하시고 진실한 다윗을 끝까지 쓰시었습니다. 다윗에게 하나님께서 불러주신 별명이 있습니다.

성경에 보면 다윗의 이름이 나올 때마다 ‘나의 종’, ‘정직한 다윗’ 이라고 부르고 있듯이 그의 별명은 정직한 사람입니다. 그는 정직한 믿음을 가진 사람이었습니다.

그는 믿음 위에서 정직했기에 맹수와 싸울 수도 있었고, 골리앗 원수

앞에서도 담대하게 맞설 수도 있었습니다. 그는 회개도 정직하게 했습니다. 나단 선지자가 그의 죄를 책망하자 아무 변명 없이 "내가 죄를 지었나이다."라고 깨끗하게 고백했습니다. 다윗은 왕의 신분으로서, 이 일이 드러나면 백성들에게 얼마나 부끄러워집니까? 어떻게 백성들 앞에서 설 수가 있겠습니까?

그럼에도 불구하고 자기 체면에 상관없이 그는 정직하게 회개했습니다. 다윗의 참회는 눈물겹고도 위대한 일면이 있습니다. 많은 시편 가운데서도 다윗은 종종 회개하는 시를 썼습니다.

그러나 '그 많은 회개 중에 단 한번이라도 변명이 없다' 는 사실이 놀랍습니다. 자기의 실수를 솔직하게 인정하고 그 책임을 누구에게도 전가하지 않았던 것입니다. "내가 죄를 지었나이다."하며 깨끗하게 책임을 지며 회개하였습니다. 그것이 바로 하나님의 마음에 합한 것이었습니다.

다윗은 "하나님이여, 내 속에 정한 마음을 창조하시고 내 안에 정직한 영을 새롭게 하소서" 간구하였습니다. 그의 소원의 간구대로 다윗은 일생을 정직하게 살았습니다. 그러므로 사울왕과 같이 버림받지 아니하고 다윗은 하나님께 끝까지 쓰임 받았습니다.

하나님께서 쓰시는 사람은 끝까지 믿음을 지키며 환란 가운데서도 하나님께 소망을 두고 정직한 영을 소유한 사람입니다. 당신은 이때를 위하여 부름 받았으니 위와 같은 아름다운 신앙을 소유하여 쓰임 받기를 주님의 이름으로 축원합니다. 아멘.

제 5 부

추모와 감사글

하늘나라 확장의 변함없는 의지를 보여주시며

하나님께서 귀하게 쓰시던 전을성 목사님의 1주기를 즈음하여, 간증집을 출판하시는 사업에 이 부족한 사람이 추모의 글을 올릴 수 있도록 인도하시는 하나님과 전을성 목사 사모님께 먼저 깊은 감사를 드립니다.

전 목사님과는 같은 제복을 입고 시무하시던 때부터, 전역 후 비록 섬기는 교회는 다를지라도 늘 이심전심으로, 신앙의 동반자로서 아낌없는 기도와 말씀으로 믿음의 버팀목 역할을 하여 주셨습니다.

특히 교육 사령부에서 군종실장으로 모실 때에는 뜨거운 기도와 열정적인 설교말씀을 전하시는 성령 충만한 목회활동으로 주말이면 교회가 차고 넘치는 은혜의 전당으로 일취월장으로 크게 성장시키셨습니다.

당시에는 너무도 젊은 병사들의 신도가 차고 넘칠 뿐만이 아니라, 타 종파에서도 많은 개종이 이루어져서, 때로는 다른 종파 가족들과 다른 종파 지도자들로부터 오해를 할 정도로, 새로운 성도들이 넘쳐서 긴급하게 이웃 건물에 영상 TV까지 설치하여, 구름처럼 모여드는 메마른 심령들에게 생수 같은 생명의 말씀으로 구원의 확신을 입증시키셨습니다.

목사님은 각계각층의 사람들과 일대일의 구원 사업은 물론 가급적이면 많은 부흥의 집회를 통하여 한 사람의 생명이라도 더 구원하시려는 의지와 열정이 타인의 추종을 불허할 정도로 대단하신 분이셨습니다. 목사님은 아마도 세계적인 목회자 김장환 목사님이나 빌리그램 목사처럼 더 넓은 무대와 더 높은 단위에서의 목회를 대비하여 모든 준비를 하시는 모습도 엿볼 수 있었던 것은, 전역 후에도 다양한 교회에서 목회 경험을 토대로 세계선교교회의 꿈을 키워가는 모습으로도 짐작할 수가 있었습니다.

비록 그 꿈은 완성을 못하고, 우리 인간의 생각으로는 너무도 일찍이 하나님의 부르심을 받았으나, 목사님께서 지금까지 뿌려놓으신 그 많은 좋은 씨앗들이 수많은 좋은 열매로 이어져서 목사님께서 계획하고 준비하셨던 사업은 영원히 이어져 결실을 맺을 것으로 확신 합니다.

더욱 감사하고 잊을 수 없는 일은 이 부족한 사람이 35년간의 군 생활을 마감하는 전역식 행사에 많은 내외 귀빈들과 사관학교 전장병과 가족들이 모임에 참석하는 전례가 없는 공식 행사에, 군목의 축도를 통하여 다시 한번 전 목사님의 하늘나라 확장의 변함없는 의지를 보여주신 고마우신 목사님이셨습니다.

이번에 출간되는 목사님의 간증을 통하여 목사님의 목회 철학과 신앙의 깊으신 심지가 우리 모두의 신앙의 나침판 역할이 되기를 기원합니다.

전) 공군사관학교교장 곽 영 달 장로

역경을 극복한 사람

전을성 목사! 자네와 나는 65년도 서울신대에 입학할 때부터 46년 동안 한결같은 친구였네. 우리만큼의 닮은꼴도 드물 것이네.

어릴 때부터의 경험했던 험악한 세월도 그렇고, 신학교를 거쳐 안수 받은 후 군목으로 입대한 것도 같았고, 계룡대 교회에서 공군과 육군의 담임목사를 함께한 것도 특이한 일이었고, 자네가 먼저 공군 군종감이 되고, 내가 뒤따라 육군의 감이 된 것도 지금까지 유례가 없는 일이라고 들었네.

그뿐인가 전역한 후에도 전국에 45개 지방회가 있다는데, 또 같은 지방에서 사역하게 되었으니 어디 쉬운 인연인가? 게다가 키도 비슷하고 체격도 비슷하지 않은가? 성격은 자네가 나보다 활달했고, 자네는 낙천주의자였지.

하늘을 향하여 입을 넓게 열고, 앙천대소(仰天大笑)할 때의 모습은 누구도 흉내 낼 수 없는 자네만의 독특한 브랜드였지.

이렇게 가깝게 느끼면서 46년을 살아왔는데, 나보다 한 살 아래인 자네가 이렇게 빨리 우리 곁을 떠나다니! 도저히 믿어지지 않는 일이라, 놀라움과 허전함과 벙벙한 느낌으로 3일을 지냈네. 작년 말부터 자네 안색이 안 좋아서 어디 아프냐고 물으면 감기 기운이 있는 것 같다고, 무리를 좀 해서 그런 것 같다고, 넘겨서 그런 줄만 알았지.

나뿐 아니고 아무에게도 자네 몸에 이상이 있다는 말을 한마디도 하지 않았다니 참 알 수 없는 일이네. 내가 자네의 친구가 맞는지 의심이 들 정도였네.

"목사는 설교하다가 하나님 나라에 가는 것이 최고의 영광이요 축복이라고 믿으면서 마지막까지 설교를 하신 것 같다는" 말을 듣고는 조금 이해가 되었네. 하나님이 허락하신 동안만 힘써 복음을 전하다가 주께서 부르시면 아멘 하고 주님 품으로 달려가리라. 이것이 자네의 결심이었다면, 자네는 우리보다 그 수준이 월등히 높다는 증거이네.

3주 전인가 내가 전화를 했지. 해마다 5월이면 함께 청계산에 올라서 함께 식사도 하곤 했는데, 근래에는 그것도 한번 하지 못했으니 이번 5월 9일 월요일에는 청계산에 한번 가자고 했더니 자네는 머뭇거리더니 한참 후에 다른 일이 있어서 안 되겠다고 답을 했지. 이제 생각하니 내가 청계산에 가자고 했을 때, 자네는 천국의 동산을 생각하고 있었던 것으로 추측되네.

그랬다면 전 목사! 자네는 진짜 목사네. 청계산이 좋기로서니 천국의 동산과 비교 될 수 있겠나? 몸이 그 지경이 되었는데도 그 여러 달 동안을 아무에게 아무말도 하지 않고, 오직 주님과만 교통하고 지냈다면 자네는 우리가 따라 잡을 수 없는 높은 경지에 올랐다고 볼 수밖에 없네.

'조지 와싱톤 카버' 라는 분이 이렇게 말했다고 하지. 사람의 성공은 '그 사람이 어떤 자리에 도달했느냐' 로 평가할 것이 아니라, 그가 그 자리에 도달하기까지 얼마나 많은 장애물을 극복했느냐로 평가해야 한다고. 그렇다면 전을성 목사야말로 가장 성공한 사람으로 평가 되어 마땅하다고 느껴지네. 왜냐하면, 자네만큼 무수한 역경을 극복한 사람도 많지 않을 것이기 때문이지.

어이 친구여! 자네가 그렇게도 좋아하고 사랑하던 주님의 품에 안겼으니 모든 것을 내려놓고 이제 쉴 때가 되었네. 주 안에서 죽는 자들은 복이 있나니… 그들은 쉴 때가 되었고, 그들의 행한 일은 그 뒤를 따르리라는 주님의 말씀 그대로이네.

왜 착하고 선량한 사람이 먼저 떠나는지를 생각하다가 '감나무에서 잘 익은 감이 먼저 떨어지는 것을 보고 하나님이 잘 익은 감처럼 먼저 익은 전을성 목사를 하나님 곁에 두시려고 불러 가신 것'으로 느꼈다고 어제 아침 신용철 동기가 말씀하였네.

선한 싸움에 승리하고, 달려 갈 길을 완주하고, 끝까지 믿음을 지키다가 면류관을 받는 자네의 장한 모습을 존경의 눈으로 바라보며 우리도 자네의 길을 따르다가 오래지 않은 그날 주님의 집에서 만날 것을 기다리며 이만 줄이네. 편히 쉬게.

2011. 5. 13

친구 홍 순 영 올림(신덕교회 담임목사)

애굽의 총리가 된 요셉의 삶

우리 부부가 전을성 목사님을 처음 만난 것은 신참 대위 시절인 1985년 여름이었다. 당시 나는 대구기지에서 팬텀 조종사로 힘든 비행 생활을 하고 있었고 아내는 서울 시댁에 지내면서 전문의 수련하랴, 갓 태어난 아이 돌보랴 정신없이 지내고 있었다.

주말부부인 우리가 교회에 가면 만면에 환한 웃음을 띠고 반겨주시던 전을성 목사님은 그 시절 큰 위로와 용기를 주셨다. 무슨 일이든 "기도합시다!"라며 일사천리로 상황을 주도해 나가는 목사님이 부담이 없고 좋았다.

나는 전 목사님이 "좋은 환경에서 자라서 성격이 좋으신가?"라고 생각했었다. 그러나 나중에 그분의 성장배경이 충격적일 정도로 불우했었다는 사실을 알게 되었고 그래서 더욱 존경하는 마음을 갖게 되었다.

그야말로 먼 나라에 노예로 팔려갔다가 애굽의 총리가 된 요셉의 삶과도 닮았다고 생각한다. 시골 보육원에서 자라 갖은 역경을 극복하고 공군 군종목사가 되어 군 선교에 온 몸을 던지시던 그 시절 목사님에게는 두려울 것도 없고 불가능한 일도 없었으리라 짐작된다.

한번은 초가을만 되면 극심한 알레르기로 고생하던 나에게 "내게도 똑같은 증상이 있는데 기도하고 강대상에 올라가면 절대 콧물도 재채기도 나오지 않는다."며 기도하라고 하셨다. 그때 목사님의 말씀을 믿고 기도한 끝에 10년간 나를 괴롭혔던 알레르기가 떠나게 되었던 기억이 지금도 생생하다.

간단히 말해 전 목사님은 긍정적 신앙관과 낙관적인 목양관을 갖고 계셨다. 하나님은 그의 자녀에게 좋은 것을 주려고 준비하고 계신데 우리가 알지 못하고 믿지 못하고 찾지 못해 방황하며 궁핍하게 살고 있다는 것이 그분의 철학이었다.

"여호와를 기뻐하라 저가 네 마음의 소원을 이뤄주시리로다."(시 37:4)

"너는 내게 부르짖으라. 내가 네게 응답하겠고 네가 알지 못하는 크고 비밀한 일을 네게 보이리라."(렘 33:3)

특별히 이 말씀을 좋아하셨던 전 목사님이 하늘나라에서도 세파에 시달려 일그러진 우리를 보면 빙그레 웃으시며 "뭘 그리 걱정하느냐? 기도하면 될텐데…"라고 말씀하실 것 같다.

공군군수사령관 윤 우 장로

해맑게 웃으시는 전 목사님이 그립습니다

역사가 'E.H.Carr'는 역사란 현재와 과거간의 끝없는 대화라고 했습니다. 그런 의미에서 전을성 목사님께서 남겨 주신 이 유고집은 우리에게 중요한 역사입니다. 전 목사님께서 이 글들을 통해 수많은 대화를 우리와 나누고 계시기 때문입니다.

전 목사님께서 공군 군종감으로 재직 시 보여 주셨던 구령의 열정과 진솔하셨던 삶의 모습 하나하나는 군목 후배들에게 큰 귀감이 되셨습니다.

본받고 싶고, 배우고 싶은 마음이 불일 듯 일어나는 가슴 따뜻한 전 목사님의 삶의 진솔한 이야기와 간증이 아름다운 한 권의 책으로 나오게 되어 너무 행복합니다.

이 책은 시련의 터널을 지나고 있는 사람들에게, 구령의 열정이 식어 있는 사명자들에게, 하나님을 향한 올바른 신앙이 무엇인지 알고자 하는 사람들에게, 그리고 하나님께 인정받는 목회자가 되기를 원하는 주님의 종들에게 좋은 길잡이가 되어줄 것입니다.

이 책을 통해 또 한 번 하나님의 큰일을 이루신 것을 우리 주님의 크신 이름으로 축하드립니다. 해맑게 웃으시며 부족한 후배의 어깨를 다독여 주시던 전 목사님의 사랑이 그립습니다.

한국군종목사단장 해군대령 유 영 승 목사

주 안에서 사랑하는 전을성 목사님!

주 안에서 사랑하는 전을성 목사님! 늘 인자하신 모습, 소탈하고 소박하셨던 인상, 권위나 꾸밈이 없는 시골 옆집 아저씨같이 편안하게 해 주셨던 목사님! 감사했습니다. 항상 적극적이고 긍정적인 믿음과 "나는 할 수 있다"(I can do)를 외치시며 따라하게 하셨던 목사님이셨습니다.

어떠한 환란과 역경도 하나님 앞에 무릎 꿇고 기도하면 응답해주신다고 기도의 능력을 가르쳐 주셨던 목사님…. 목사님의 목소리가 금방이라도 들려오는 것만 같습니다. 목사님의 공군교회를 향한 사랑, 기도와 간구, 기대에 부응하기 위해서 영혼구원을 위한 전도와 선교, 제지양육, 성경적 가치관으로 무장, 군대와 세상의 빛과 소금되는 십자가 정병 양성, 진리의 말씀의 지평을 넓혀가는 공군교회를 이루도록 최선을 다하겠습니다.

성령님의 도우심을 간구하겠습니다. 천국가시는 그때까지 주변에 행여나 걱정을 끼치지 않도록 환한 얼굴과 미소로 사역하신 목사님의 인품과 사명을 뒤따르고자 합니다. 목사님의 사랑의 흔적과 선교의 열정이 담긴 귀한 유고집 발간을 함께 기뻐합니다.

"그러나 내가 나 된 것은 하나님의 은혜로 된 것이니 내게 주신 그의 은혜가 헛되지 아니하여 내가 모든 사도보다 더 많이 수고하였으나 내가 한 것이 아니요 오직 나와 함께 하신 하나님의 은혜로라(고전 15:10)"

오늘의 공군교회가 있음이 전적으로 하나님의 은혜임을 고백하며 젊은 청년들이 복음적인 사고방식과 성경적인 가치관으로 무장될 수 있도록, 그리스도의 심장을 가진 새벽이슬 같은 청년들이 양육될 수 있도록 하늘에서도 함께 기도해 주십시오.

주님의 피로 값주고 세우신 공군교회를 향한 귀한 헌신과 섬김, 목사님의 사랑의 발자취와 기도의 흔적에 다시 한번 머리 숙여 감사를 드립니다.

공군 군종목사단장 이 성 일 목사 올림

전을성 목사님에 대한 추억

목사님을 처음 알게 된 것은 동네 체련장에서 였습니다. 항상 온화하게 밝게 웃으시는 그분의 모습은 만나는 이들을 기분 좋게 해 주시는 매력이 있는 분이라고 생각했습니다. 그런데 그곳에 다니기 시작하고 나서 한 달쯤 후에야 그분이 성직자라는 것을 알게 되었습니다.

목사님이라고 알고 나서 조금 남다른 관심을 가지고 교제를 가져보니 전 목사님은 그분만이 가지신 남다른 고귀하고 고상하시며 무척 너그러운 성품의 소유자이셨습니다.

그 후 우리 부부는 가정의 여러 가지 일들이 생길 때마다 늘 먼저 목사님께 도움을 청하고, 목사님께서는 비록 교회는 다르지만, 가끔 심방도 해 주시며 우리 가정을 위해서 항상 기도를 해주셨습니다.

어느새 우리는 우리를 참 믿음으로 이끌어 주시는 우리 가정의 목사님으로 전을성 목사님을 모시고 존경하게 되었지요.

제가 암수술을 받고 입원하고 있을 때 목사님 내외분은 건강에 좋다는 각종 식품들을 가지고 분당 서울대병원까지 거의 매일 오셔서 기도를 해 주셨습니다. 그때를 떠올려보면 목사님이시라고 하기보다 마치 마음을 같이 하는 사이좋은 형제 같은 사랑을 제게 한없이 퍼부어 주셨다는 마음이 듭니다.

그렇습니다, 기독교인이라면 지향하여야 할 '사랑'이란 직책을 넘어 이성과 감성을 초월한 영역에서의 행위라는 것이 목사님에겐 평소의 상식이었다는 것을 생각하면 할수록, 80줄에 막 들어선 후회 많은 저의 인생이 여러 면에서 자책됩니다. 기독교인의 '참사랑' 이란, 생명을 걸어야 비로소 이룰 수 있는 것이라는 소중한 기독교인의 참 신앙을 가르쳐 주시고 목사님은 떠나셨습니다.

편찮으시면서도 되도록 내색하지 않으시고 태연하게 일상적인 생활을 하시며 설교, 강의, 봉사 활동 등을 계속하셨던 목사님은 참 대단하신 분이셨다고 다시금 생각합니다.

의학의 발달로 평균 수명이 많이 길어진 오늘날의 문명화 사회에서 평균나이도 못 채우시고 우리 곁을 떠나 버리신 목사님을 생각할 때, 우리의 생명은 생명을 주신 하나님의 것이라는 믿음을 가지면서도 과연 하나님의 뜻이 무엇인지를 자꾸 여쭙고 싶은 심정이지요.

소천하신 지 1년이 되어오지만 아직도 목사님의 그 깊은 사랑과 인자하신 모습이 그립고 그리워져서 목이 멥니다.

전을성 목사님! 사랑합니다. 존경합니다.

2012년 4월

(전)한국과학기술연구소(KIST) 책임 연구원 정밀기계쎈터장
일본 화낙(FANUC)(FA의 세계 top maker)의 생산기술연구소 초대소장

이 봉 진 박사

사랑합니다! 목사님, 영원까지…

연산홍 붉게 물들고 녹음이 시작되는 5월 속에
하얀 치아를 들어내 보이며
구김살 없는 천진난만한 소년의 웃음을 짓던,
내 가슴속 깊이 저며 오는 얼굴이 있다.
순박하고, 순수하고, 소박하고, 소탈하고,
시골스럽기까지 한 그분.
전을성 목사님.
산으로, 강으로, 들로
어린 날 코흘리개 시절의 죽마고우처럼
헤매며 마음과 마음을 주고받던 그분…
신앙의 멘토가 되어주셨고 날 위해 늘 기도해주시던 그분…
지금은 하늘나라로 먼저 가신 그분을 뵐 길이 없었는데
그분의 자취를 담은 글을 통해
다시금 목사님의 체취를 느낄 수 있어
목사님을 뵌 듯 반가움에 눈물이 솟구친다.
언젠가 다시금 천국에서의 만남을 약속하며
마지막 병상에서
손을 들어 인사하던 그 모습이
지금도 눈앞에 아롱진다.
사랑합니다! 목사님. 영원까지…

목사님의 1주기를 추도하며

경기도 도의원, 안양성결대학 객원교수, TV탤런트 한 인 수 장로

사랑하고 존경하는 전을성 목사님을 기리며

활짝 웃으시는 얼굴로 진료실 문을 열고 들어서시며 겸손하신 모습으로 저희 병원과 자녀들을 위하여 간절히 기도해주시던 모습이 지금도 생생합니다.

목사님과는 1982년에 신촌세브란스병원 뒤에 위치한 '재활원'에서 매주 화요일 저녁에 열리던 연세기도모임에서 만나 뵙게 되었습니다. 많은 환자들을 진료하며 수련의 생활로 지치곤 하던 저에게 귀한 말씀으로 생명수와 같은 분이셨습니다.

우리는 열정적으로 기도하고 또 목사님의 순수하신 말씀으로 큰 도전과 은혜를 늘 받았습니다. 제가 결혼을 하고 둘째 딸 소정이와 막내 아들 상열이는 목사님께서 세계선교교회를 담임하고 계실 때에 요단강에서 가지고 오신 귀한 물로 유아세례를 주셨습니다. 두 자녀는 그 후로도 늘 힘들 때마다 목사님께서 기도해주셔서 건강하고 훌륭하게 잘 자라고 있습니다.

목사님 사모님께서 기쁨과 정성으로 그 많은 성도들의 점심식사를 마련하시던 모습을 또한 잊을 수가 없습니다. 그 정성어린 풍성한 식탁의 나눔은 그야말로 천국잔치와도 같은 기쁨이 가득했었지요.

1991년 제가 미국에서 돌아와 광명에 개원을 하였을 때부터 2004년 도곡동에 글로벌케어내과의원을 새로이 개원하게 된 이후 늘 변함없이 지켜보아주시고 기도해주시는 든든한 후원자이셨습니다. 또 1997년

국내외의 재난 구호활동을 하는 의료NGO인 글로벌케어를 시작했을 때도 크게 기뻐하시며 축하해주셨습니다.

방송에도 출연하시게 되셨을 때에는 저희에게 방송된 내용을 손수 주소를 쓰신 봉투에 담아 부쳐주시곤 하셨습니다. 하나님에 대한 깊은 신뢰와 위로와 용기를 주는 말씀들로 가득 하였던 것을 기억합니다.

그중 한 가지는 아직 소중히 간직하고 있는데 목사님의 힘찬 친필이 봉투에 씌여 있기 때문입니다. 막내 아들과 함께 그 편지의 내용을 읽으면서 늘 용기를 잃지 말 것을 권면하신 말씀이 유아세례를 주셨던 목사님의 간곡한 부탁과도 같아서 더욱 마음에 와 닿습니다..

또 서울 공항에서 군부대의 담임목사님을 하실 때 목사님께서 부흥회를 인도하시곤 하셨는데 그때 연세기도모임 식구들을 다 초대하신 것도 기억에 남습니다. 하나님을 어찌나 사랑하셨던지 늘 활짝 웃으시던 모습 그리고 아무리 작은 기도부탁이라도 들으시는 즉시 간절히 손 잡고 기도해주시던 모습.

제가 주님을 영접하고 신앙생활 하는 전 과정을 전을성 목사님께서 지켜보셨다고 해도 과언이 아닙니다. 이제는 주님의 품에 평안히 쉬고 계시며 우리를 위해 중보하고 계실 거라고 믿습니다.

목사님께서 힘든 투병생활을 하시면서도 도리어 저희 가정에 귀한 말씀액자를 선물로 주셨는데 이 말씀이 목사님의 저희 가족을 향하신 축복의 말씀이 되어서 저희 가정을 든든히 지켜주고 있다고 생각합니다.

"원컨대 주께서 내게 복에 복을 더하사 나의 지경을 넓히시고 주의 손으로 나를 도우사 나로 환난을 벗어나 근심이 없게 하옵소서." (역대상 4장 10절)

목사님께 늘 감사하는 마음으로 믿음의 경주를 끝까지 달려가려고 합니다.

글로벌 케어(globalcare) NGO 회장 박 용 준

전을성 목사님을 회고하며

목사님을 처음 뵌 것은 1988년 여름이었다. 2년간 미국 연수를 다녀와서 다시 연세의대 소아과 교수로 일을 시작하였다. 미국에서 뜻하지 않은 엄청난 하나님의 은혜를 덧입고, 귀국하여 한국에서 어떻게 하나님을 더 사랑할 수 있을까 기도 중이었다.

그러던 중에 진단검사의학과의 김백수 교수를 만나게 되었다. 여러 가지 이야기를 나누던 중에 지금은 다른 곳으로 옮겨졌지만, 당시에는 음악대학 밑에, 의수족부 건물 뒤편으로 자그마한 예배실이 있다고 하였다.

그 예배실은 예수원에서 사역을 하시다 얼마 전에 소천하신 대천덕 신부님의 아버지 되시는 토리 목사님을 기념하여 만들어진 예배당인데, 그분은 우리나라의 많은 장애자들의 재활을 위해 헌신하신 귀한 선교사셨다.

그래서 대천덕 신부님이 서울에 오시면 간간히 들르시는 예배당이라고 하였다. 그리고 그 예배당에서 매주 화요일에 기도회가 열리고 있는데, 나에게 참석하지 않겠느냐고 제안을 해왔다.

내가 다니는 정동교회에서 신앙생활뿐만 아니라, 이런 기도회가 그리웠던 나는 선뜻 그 제의에 응하였고, 그 기도모임에 참석하기에 이르렀다. 그 기도회는 전반부에 간단한 예배를 드리고, 후반부에는 여러 신앙단체들의 기도제목들을 정리하여 중보기도를 하는 모임이었다.

처음으로 참석한 기도회에서 나는 정말 신선한 기쁨을 맛보았다. 특히 예배를 위해 말씀 선포를 해 주시는 분은 공군 본부에서 군종감으로 사역을 하고 계시는 전을성 목사님이셨다.

나는 목사님을 처음 뵙는 순간, 그리스도 안에서 너무도 깊은 사랑을 느꼈다. 마치 남녀 사이의 첫 사랑에 빠지는듯한 그런 영적인 깊은 사랑을 느꼈다. 천사 같이 맑고 밝은 얼굴과 깊은 영성을 보여주는 깊고 검은 눈동자는 나에게 깊은 영적인 영향력을 주시기에 충분하고도 남았다.

그리고 또 어린아이와 같은 천진난만한 미소 또한 신선한 영적인 충격이셨다. 어쩌면 저런 목사님이 계실까? 목사님과 나는 첫 대면에서부터 너무나도 서로 사랑하며 아끼는 관계가 시작되었다.

선포하시는 말씀에는 영적인 권위가 넘쳤고, 내 영혼에 부어지는 은혜는 넘치고도 넘쳤다. 예배가 끝나면서 목사님은 먼저 자리를 뜨셨지만 그 여운은 일주일 내내 지속되기에 충분하였다. 먼저 자리를 뜨면서 나는 목사님과 따뜻한 포옹을 나누었는데 말로 형용할 수 없는 깊은 영적인 교감을 나누었다.

나중에 알았지만, 목사님도 이 기도모임을 사랑하셔서 대천덕 신부님이 오시는 주를 제외하고는 계속해서 말씀으로 섬겨 주서 왔는데 대전에 계시는 동안에도 친히 서울까지 오셔서 모임을 섬겨주시기로 했다고 하였다. 그래서 먼 길을 돌아가시기 위해 일찍 자리를 일어나신 것이었다.

언젠가 목사님이 자신의 간증을 들려주시게 되었다.

목사님 앞에서 아버지께서 공산군의 총에 순교하시는 것을 목격하시는 광경, 고아로 자라면서 점심 도시락을 못 싸서 학교에 가서 점심시간이면 물로 배를 채우고 허기를 면하시던 시절, 그래도 하나님을 사랑하시어 열심히 주님을 섬기는 이야기, 가슴 아프기도 하고 슬프기도 한, 그런 가운데 하나님의 놀라운 은혜 속에 인도하심, 이 간증으로 우리는 더더욱 목사님을 깊이 알게 되었고, 그래서 더 존중하고 사랑하게 되었다.

목사님이 전역하시고도 우리 연세기도모임 식구들은 계속해서 기도하며 교제를 이어갔다. 나는 돌아가실 때까지 매일 아침 목사님을 위한 기도를 빼지 않고 드렸다. 병원을 방문하시면 꼭 내 사무실이나 환자 진찰실을 찾아오셔서 나를 위해 말씀을 읽고 기도해주시고 가셨다. 당신이 불편하시면서도 내게는 꼭 심방을 잊지 않고 해 주시는 그런 분이셨다.

그리고 어느 날, 목사님은 우리 곁을 떠나가셨다.

세상에서는 어린아이처럼 순수하게 그래서 손해도 많이 보시는 적자 인생의 삶 그러나 하나님 앞에서는 탁월한 영적인 거장의 부유한 삶을 살다가 우리 곁을 떠나신 그분을 나를 비롯한 우리 연세기도모임 식구들은 절대로 잊을 수가 없을 것이다.

연세의료원 어린이병원 원장 김 동 수 장로

목사님과의 행복했던 시간을 기억합니다

전을성 목사님에 대한 기억은 지금으로부터 약 30년 전으로 거슬러 올라갑니다. 그때 저는 연세대학교 의과대학의 초임 교수 시절이었고 연세기도모임이라는 중보기도모임에 참석하고 있었습니다.

그 기도모임은 이름처럼 연세 캠퍼스에 몸담은 사람들뿐만 아니라 자원하는 다양한 지체들이 화요일마다 모여 나라와 조국 교회와 선교를 위해 기도하는 매우 은혜롭고 소중한 모임이었습니다.

그런데 그 기도모임에 어느 날 공군 장교 한분이 나타나셨습니다. 그분은 군목이셨고 온화한 표정에 겸손이 몸에 배인 친절하고 영적인 분위기가 스며 나오는 분이었습니다. 그분이 바로 전을성 목사님이었던 것입니다.

그분은 매주 화요일마다 당신이 근무하시던 오산 공군기지에서 그 먼 길을 손수 운전해서 오셨고 비가 오나 눈이 오나 빠지지 않고 그 기도모임을 말씀으로 이끌어 주셨습니다.

항상 긍정적이고 밝은 메시지, 때로는 일상에 지치고 낙심하기도 하고 침체되기도 했던 기도모임의 지체들에게 새로운 힘과 용기를 실어 주는 말씀을 저희는 오랫동안 기억하고 있습니다.

목사님은 그 후 대령으로 진급하시고 공군 군종감을 맡고 전역하실 때까지 조국과 군 선교에 헌신하시면서 늘 깨끗하고 겸손하고 신령한 사역자의 모본을 보여주신 분입니다.

더욱 원숙한 사역으로 양떼들을 이끄실 수 있는 나이에 하나님의 부르심을 받아 먼저 하나님 나라에 가셨습니다.

그리고 목사님을 기억하는 믿음의 형제자매들과 목사님의 유가족들이 목사님의 신앙을 기리기 위하여 간증집을 출간하여 되었습니다.

이 간증집은 목사님이 생전에 틈틈이 집필하시며 살아계신 하나님의 은혜를 기록한 것으로, 이번에 출간되는 이야기를 통하여 목사님과의 아름다운 추억과 행복했던 시간들을 기억하시길 바랍니다.

2012년 3월에

행복을 나누는 하나교회 담임목사 손 희 영

마지막 기도 응답

목사님!

오늘 주일예배를 드리고 집에 돌아와 사모님께서 요청하신 목사님을 회고하는 글을 쓰고 있는데 부엌에서는 남편이 아들 '삼웰'이의 간식을 만드는 딸그락하는 소리가 소란스레 들립니다. 제가 오랜 세월 꿈꾸어 왔고 목사님께서 끊임없이 기도해 주셨던 저의 행복한 결혼 생활이 이렇게 이루어졌는데 … 그래서 맘껏 자랑하고 싶은데 … 목사님은 이곳에 계시지 않네요.

목사님!

연세기도모임에서 목사님을 처음 뵌 것이 30년 전입니다. 지금 생각해 보니 목사님은 당시 30대 젊은 군목이셨던 것 같은데 영적 권위 때문인지 저와는 차원이 다른 아주 큰 어른처럼 여겨졌습니다. 그 후로 한동안 저의 어린 마음과 약한 믿음으로 인해 모임을 떠나 방황하던 시절이 있었습니다.

그렇게 한참을 지낸 뒤 다시 모임에 돌아와 목사님을 뵈었을 때 저는 세상사에 너무 지쳐 있었고 그동안 간절히 바랐던 결혼을 하기엔 너무 나이가 들어 있었습니다. 목사님은 그 즈음 개척 교회를 담임목사로서 섬기느라 여념이 없으셨는데 그제야 비로소 저에게는 목사님이 친근하고 인간적인 분으로 다가오기 시작했던 것 같습니다.

목사님!

목사님은 제가 직장에서 어려움을 겪고 결혼 문제로 힘들어 할 때마다 얼마나 많은 위로와 기도를 해 주셨는지 모릅니다. 절망에 빠졌던 저에게 항상 힘이 되어 주신 분은 목사님이셨습니다. 저에게 안수기도 해 주실 때마다 이렇게 기도하신 것이 생각납니다.

"주님, 장선분 집사는 결혼을 해야 하고 아이도 낳아야 하니 항상 아름다움과 젊음을 유지하게 해 주세요." 누군가 가까이서 이 기도를 들었다면 이상하게 생각했을 법도 합니다. 그런데 정말로 불가능할 것만 같던 쉰 살의 나이에 제가 결혼을 하고 아이까지 낳아서 주변을 깜짝 놀라게 했지요. 지금도 저에게 종종 이렇게 묻는 분들이 있습니다. "나이에 맞지 않게 언제나 젊고 건강하신데 과연 비결이 무엇인가요?" 저는 서슴없이 대답을 하곤 합니다. "어떤 목사님이 계셔서 저를 위해 꾸준히 그렇게 기도해 주신 덕분입니다."

목사님!
연세기도모임 사람들 사이에서 오랫동안 농담 삼아 해오던 말이 있습니다. 제가 결혼을 하게 되면 모임에서 했던 모든 기도가 응답받은 것이라고요.
제 결혼 문제는 모임에서 응답받지 못한 마지막 기도 제목이었습니다. 얼마 전까지도 그런 줄로만 알고 있었지요. 그런데 목사님께서 그렇게 황망하게 저희들 곁을 떠나신 날 삼월이를 데리고 남편과 함께 문상을 하면서 목사님께서 살아생전 그렇게 원하셨던 간증집을 출판하지 못한 것이 못내 아쉬웠고 안타까웠습니다.

그래서 돌아오는 길에 남편에게 부탁했습니다. "당신이 나서서 출판을 해 드리면 안 될까요?"라고요. 고맙게도 남편은 "할 수 있는 한 기꺼이 하겠다."라고 약속을 하더군요. 그러나 저희가 직접 나서지는 못한 채 몇 달을 보내고 사모님과 통화를 하다가 그런 뜻을 알렸는데 그 뒤로 예상보다 빠르게 일이 진행되는 것 같았습니다.

물론 목사님 글을 다듬고 손보기에는 남편이 바쁘고 시간이 모자라 변변한 도움을 드리지는 못했지만 저희의 마음만큼은 하늘나라에 계신 목사님께서 이해해 주시리라 믿습니다.

지금 이 순간 연세기도모임 사람들 가운데 가장 큰 사랑을 받은 제가 목사님을 회고하면서 드는 생각은 저의 결혼이 아니라 목사님의 간증집 출판이야말로 연세기도모임의 진정한 마지막 기도 응답이라는 것입니다.

목사님!

세월이 흐르고 흘러 연세기도모임 사람들이 모두 천국에서 다시 모이면 그때는 무엇을 가지고 기도하게 될까요? 목사님은 여전히 열정적으로 설교를 하고 계시겠지요? 그 목소리가 그리워집니다.

2012년 3월

연세대 학술정보원 장 선 분 올림

제6부

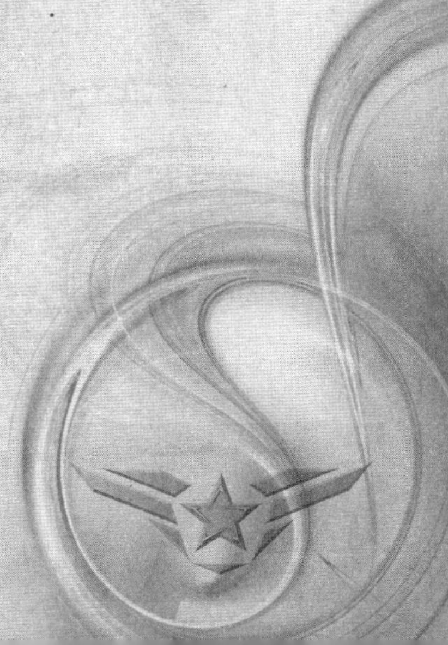

출판감사
Epilogue

사랑하는 아내에게 보낸 편지

사랑하는 아내에게

　주님의 크신 축복 가운데 당신이 날마다 건강하고 기쁘게 생활하며 보람을 찾고 사는 것을 볼 때 아빠의 마음은 감사하고 하나님께 감사를 드립니다. 우리의 가야할 사명의 길은 과거보다 더욱 빛나고 아름답고 할 일이 많은 줄 믿습니다. 자만하지 않고 겸손히 기도와 말씀으로 확실히 준비하고 나갈 때 축복이 따를 줄 믿습니다. 가정의 평강을 위하여 노력하며, 훌륭한 목사, 훌륭한 남편, 훌륭한 아빠가 되기 위하여 부단히 노력을 하겠습니다.

　오늘도 당신의 수고의 모습을 그리며 몇 자 적어 보았습니다. "당신은 행복할 권리가 있소!"
당신의 기도와 희생의 보필을 감사하며, 안녕히 계십시오.

1991. 6. 26. 15:00

당신의 사랑하는 남편으로부터

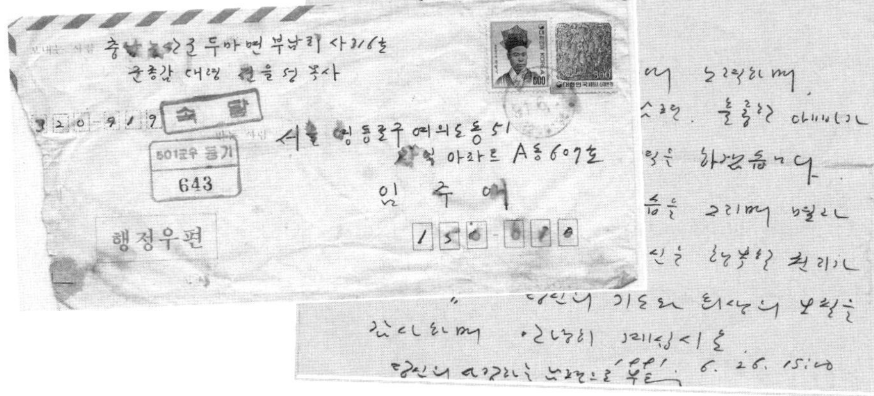

출판감사

'나의 작은 신음에도 응답하시는 주님'을 출판하면서

사랑하는 남편 전을성 목사님의 이야기에는 하나님이 쓰시는 귀한 분들의 이야기가 많이 나옵니다. 그리고 그분들로 인하여 주님의 나라가 확장되고 구원의 역사가 일어나는 사건들이 소개되고 있습니 다. 하나님이 쓰셨던 분들은 지위의 높낮이와는 상관이 없습니다.

총리, 참모총장, 그리고 사형수와 군내의 장병에 이르기까지 주님이 쓰시는 사람의 기준은 사람의 생각과는 다르다는 것을 알 수 있습니다. 그리고 간증문에 나오는 모든 성도님들을 축복하시고 칭송하며 감사하는 목사님의 글 속에서, 언제나 낮은 자세로 겸손하셨던 목사님 자신의 성품이 잘 나타나고 있습니다.

사랑하는 남편 전을성 목사님의 간증문은 실제 삶 속에서 숨 쉬고 살아가는 가운데에서, 작은 것 하나라도 감사하며 하나님의 은혜로 받아들이는 옥토의 마음으로 쓰신 글입니다.

위기의 순간이면 주님과의 기도로 사정을 아뢰고, 그럴 때마다 어김없이 응답을 주시는 하나님의 은혜에 대한 목사님의 간증을 읽을 때면 하나님이 우리를 얼마나 사랑하시고 은혜 내려주시기를 원하고 계신다는 사실을 알 수가 있습니다.

특히 하나님께서는 하나님이 사랑하시고 쓰시기 원하는 사람을 통하여 기도의 응답을 이루어 주셨기 때문에 한 분 한분의 성도님들을 소중하게 여기셨고, 목사님이 쓰신 '글' 어디를 보아도 이러한 진심어린 감사의 마음이 역력히 들어나 있습니다.

사랑하는 남편 전을성 목사님께서 하늘나라로 가신 후에 그동안 써 놓으셨던 글들을 모아서 한 권의 작은 책으로 만들게 되었습니다. 이 간증문은 목사님이 하나님과의 기도를 통하여 응답을 받은 이야기를 기록한 책입니다.

목사님이 살아계셨을 때에 계획하셨던 간증문 출판을 완성하지는 못하였으나 지금이라도 남은 가족들이 그 뜻을 이루어 "우리의 삶 속에 하나님의 은혜와 사랑이 늘 임재하고 있다는 사실을 알리고자합니다."

사랑하는 남편 전을성 목사님은 '하나님께서 사랑하고 선택받은 주의 종'이셨습니다.

어린 시절 어려웠던 날들의 연단 속에서도 꿈을 꾸며 주님을 사랑하는 목사님의 모습을 통하여, 하나님께서는 그를 쓰시기로 계획하셨습니다. 글 곳곳에서 전 목사님의 삶에 시련과 역경이 주어지는 것을 볼 수가 있지만 하나님께서는 곧 회복의 역사로 더 큰 축복을 내려주셨습니다.

평탄한 삶을 주시기보다는 주님의 뜻을 이루기 위하여 많은 역경을 통하여 단련시키시어, 방황하고 낙심하는 주님의 자녀들과 함께 할 수 있는 목자로 만드셨습니다. 그리고 하나님의 사랑과 보호하심으로 목사님의 삶 속에는 언제나 주님의 형제, 자매들로 가득하는 축복을 받으셨습니다.

하나님께서 말씀하시는 성공은 인간이 생각하는 성공과는 다릅니다. 하나님의 뜻과 인간의 뜻이 같다면, 우리는 모두가 세상에서 높은 자리에 올라서 명예를 누려야 하며, 병든 사람은 기적처럼 치유함을 얻어야 하나님의 은혜를 받았다고 할 것입니다. 그러나 하나님의 뜻은 그렇지 않습니다. 각 사람마다 받은 역할이 있습니다. 그리고 그 역할을 온전히 수행했을 때에, 하나님께서는 '잘 하였다' 칭찬하시며 성공했다고 말씀해 주십니다. 우리의 현 삶이 끝까지 원하는대로 되지 않더라도, 그곳에 하나님의 섭리가 있다고 믿으셔야 합니다. 하나님의 나라는 그 뜻대로 부르심을 입은 자들의 것입니다.

사랑하는 남편 전 목사님은 결코 낙심한 적이 없으셨습니다. 지저귀는 새소리와 봄에 피는 풀잎을 보고도 주님의 은혜에 감격하여 감사 찬양하셨던 모습은 아내로서도 존경하고 신앙의 지표로 삼고 있습니다.

또한 세 딸들에게 아빠 전 목사님은 이 세상에서 가장 사랑하고 존경

받는 분이셨습니다. 사랑하는 세 딸들이 아빠의 선한 마음과 성실하고 진실한 믿음을 배울 수 있어서 하나님께 감사를 드립니다.

사랑하는 남편 전을성 목사님은 생전에 "받은 은혜에 감사한다."는 말씀을 자주하셨습니다. 하나님께 감사함은 물론이고 성도님들에 대한 감사를 끊이지 않았습니다.

"주여, 저는 빚진 자입니다. 제가 받은 사랑의 빚을 주께서 갚아 주실 줄로 믿습니다. 만 배로 갚아 주옵소서!" 전을성 목사님의 생전에 뜻을 이어 받아 출판된 간증문을 통하여 목사님을 사랑해 주셨던 모든 분들에게 감사의 인사를 올리고 싶습니다.

마지막 하늘나라 가시기 전에, 생전에 사랑했던 친구 홍순영 목사님과 마음을 나눈 한인수 장로님, 늘 가까이에서 함께해 주신 이희연 장로님을 만나셨는데, 그분들에게 모든 분들을 대신하여 인사를 남기신 것 같습니다. 그리고 이희연 장로님 내외분께서 성도님들을 대신하여, 목사님 마지막 하늘나라 가시는 길을 함께 지켜주시고 축복해 주셔서 진심으로 감사를 드립니다.

사랑하는 남편 전을성 목사님 간증유고집 출판에 기도로 함께 해 주시며 격려와 축하의 글을 보내주신 어른들께 감사드리며, 변함없는 사랑으로 목사님의 간증문 출판과 추모 1주기를 주관해 주신 공군예비역

기독전우회, 군선교를 함께 했던 국군군종목사단, 가족 같은 기독교대
한성결교단, 한국해비타트 서울지회, 연세기도모임, 마담포라, 파월
백마부대 정훈대와 세계선교교회에 아낌없는 사랑을 베풀어 주시고
기도로 동역해 주신 많은 분들에게 진심으로 감사의 인사를 드립니다.

그리고 이 책을 출판해주신 도서출판 세줄 이명수 장로님께 감사드
리며, 끝으로 사랑하는 세 딸 경하, 경선, 경환(장영호)에게도 진심으로
감사를 드립니다.

전을성 목사의 아내 **임애자** 사모

사랑하는 아빠를 그리워하며…

사랑하는 아빠가 떠나셨다는 사실이 아직도 받아들이기 힘이 듭니다. 그 그리움과 슬픔이 너무도 커서 기억하지 않으려고 애써보지만 순간순간 밀려오는 그리움과 다시는 볼 수 없다는 괴로움은 제 가슴을 무너지게 합니다.

어느 자녀에게나 아버지란 가장 소중하듯이 저희 세 자매에게 있어서 아버지 전을성 목사님은 특별함, 그 이상이셨습니다. 어린 시절 친구들에게 "우리 아빠는 목사님인데 진짜 착하셔… 우리 아빤 천사 같아."라고 아빠를 표현했던 기억이 납니다. 어린 눈에 아빠는 천사이셨고 저의 큰 자랑이었습니다.

사랑하는 아빠는 누구에게든지 예의를 갖추시고 선한 마음으로 진심을 가지고 대하셨습니다. 저는 그런 아빠가 너무나 자랑스러웠고 그것이 저에게 자연스러운 가르침이 되었습니다. 아빠의 섬김의 모습은 밖에서 뿐만 아니라 가정에서도 마찬가지셨습니다. 언제나 엄마를 가정에서는 최고로 높여 주셨고 딸들에게는 세상에서 가장 다정다감하신 분이셨습니다. 이세상에 그런 아버지가 또 계실까 싶을 정도입니다.

저에게 "사랑하는 큰딸 경하야…"로 시작하는 편지도 자주 써 주시고 "하나님의 축복받은 딸 경하야… " 하시면서 이세상의 어떤 자녀보다도 존귀하게 말씀으로 양육시켜 주셨습니다.

아직도 어디선가 "경하야~~"하며 특유의 상냥하신 목소리와 해맑은 미소로 나타나실 것만 같고 그 목소리가 너무 그리워서 글을 쓰는 지금도 눈물이 흐릅니다.

예수님 닮기를 소망하신 아빠의 삶은 평생 딸들의 눈에도 정말 예수님 같은 모습으로 비춰졌습니다. 많은 분들이 전 목사님을 기억하면서 예수님과 같은 온화함과 어린아이와 같이 천진한 미소로 환하게 웃으시는 모습을 떠올리십니다. 아무리 힘들어도 내색 한번 않으시고 특유의 미소를 가지고 주님이 주시는 긍정의 힘으로 오히려 상대방을 격려하며 모든 일에 적극적으로 임하셨습니다.

저는 한 번도 아빠가 부정적으로 걱정하시는 걸 본 적이 없는 거 같습니다. 언제나 저에게 "할렐루야! 앗쉬레 하이쉬!!(축복받을 자여!!)"라는 말로 맘껏 축복을 해주셨습니다. 사실 이런 축복은 딸뿐만 아니라 목사님이 기도해주시는 어느 성도들에게도 마찬가지셨습니다.

아빠 전 목사님의 큰 믿음은 언제나 저희에게 본이 되고 힘이 되었기에 그런 아빠는 언제나 저에게 큰 산이었습니다. 물론 지금 그 산이 가까운데 안 계시니 가끔은 무섭고 두려움을 느끼지만, 그럴 때마다 더욱 더 담대히 기도하며 이겨나갑니다. 무엇보다도 아빠 전 목사님의 기도와 가르침이 헛되지 않도록 주 안에서 승리하는 삶이 되도록 날마다 노력할 것입니다.

사랑하는 아빠! 하늘나라에서도 그 아름다운 미소로 우리를 지켜봐 주시리라고 믿습니다.

내 삶의 영적 지도자이신 전을성 목사님이 나의 아빠이고 내가 그분의 딸로 태어나게 해주신 하나님께 감사드립니다… 아빠 사랑합니다… 그리고 너무나 보고 싶습니다….

2012. 4. 23

사랑하는 아버지, 전을성 목사님께 감사드리며

큰딸 경하

사랑하는 딸 경하에게

가을의 아름다운 풍경도 절정을 이루고 있어 온 산들이 붉게 물들어 자연의 신비에 깊이 빠져 잠기는 만추를 맞이하여 멀리 있는 사랑하는 딸 경하를 더욱 생각하게 하는구나!

전화로 딸의 소식을 들을 때 마다 마음이 놓이고 하나님께 감사를 드린다. 너의 긍정적인 생각과 항상 웃음 띤 희망적인 모습을 바라보며 아빠는 평안함을 갖고 있다. 경하는 우리 가문에 장손이라는 생각을 할 때 무엇보다도 신앙의 유산을 잘 이어가는 딸이라고 생각하며 그리고 신앙 안에서 잘 되어야 한다는 마음으로 아빠는 오늘도 경하를 위하여 기도하고 있다.

모든 일이 힘들고 어려워도 하나님을 의지하고 착하고 성실하게 살아가면, 하나님께서 경하의 길을 형통케 하여 주심을 확신한다.

"또 여호와를 기뻐하라 저가 네 마음의 소원을 이루어 주시리로다"(시편37:4)는 말씀을 마음에 새기며 생활하여라. 아빠, 엄마, 경선, 경환 그리고 영호도 잘 있고 주일이면 서로 만나 함께 예배를 드리니 참 기쁘다. 피아노 앞에서 반주하는 동생 경선이를 볼 때 마다 너의 모습이 문득 문득 떠오르는구나!

우리가 보고 싶어도 미래 축복의 가나안 땅을 바라보며 인내하며 열심히 살아가자구나. 무엇보다 건강을 생각하여 제 때 식사 잘하고 적당한 운동도 하고 잠을 잘 자야 한다. 사랑하는 딸의 형통한 삶을 위아여 기도한다.

사랑하는 아빠로 부터(05.11.03)

Heaven
Happy birthday to Lim se-ja.
축
생   신
2006. 12. 2
사랑하는 아내의 생일을 진심으로
축하합니다.
귀여운 딸. 경하, 경선, 경옥 그리고
영호 함께 축하해요.
기쁜 생일을 맞이하며 하나님의
축복이 넘쳐 ' 영혼이 잘되시고. 범사
가 형통하며 육신의 건강이 있으시기를 '
두손모아 기도 드립니다.
당신은 믿음으로 위대한 삶을
사셨기에 축하를 드립니다.
더욱 행복과 승리가 있기를
기도 드립니다.
당신의 사랑에 감사를 드려요.
— 당신의 사랑하는 남편 —

축
성   탄
Best Wishes for
A Merry Christmas and
A Happy New Year
사랑의종
한송하리로다.
주의 이름으로 오시는 왕이여
하늘에는 평화요
가장 높은 곳에는 영광이로다
누가복음 19 : 38
한 해 동안 베풀어주신
은혜에 감사드리며
기쁜 성탄절과
희망찬 새해를 맞아
하나님의 축복이 함께 하시기를
기원합니다.
성탄절 아침에 사랑하는 아내에게
금년도 성탄절은 어느 해 보다 주님의
다뜻함과 사랑 그리고 평안의 은혜가
넘침을 하나님께 감사 드려요.
힘들고 어려운 세파와 사명의 길에서
용기와 지혜로써 늘 승리한들 주께 감사
드려요.
성탄의 기쁨과 축복이 그리고 승리가
충만하기를 기도 드리며 --- 사랑하는 남편으로부터

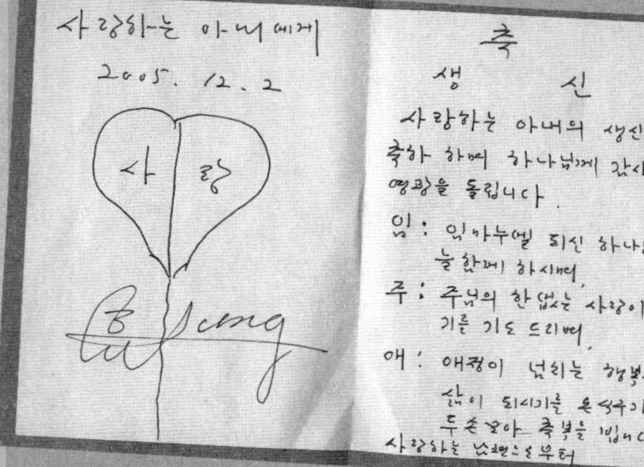

사랑하는 아내에게
2005. 12. 2
사   랑
BJung
축
생   신
사랑하는 아내의 생신을
축하 하며 하나님께 감사와
영광을 돌립니다.
임 : 임마누엘 되신 하나님께서
     늘 함께 하시며.
주 : 주님의 한없는 사랑이 넘치
     기를 기도 드리며.
애 : 애정이 넘치는 행복의
     삶이 되시기를 온식구가
     두손모아 축복을 빕니다.
사랑하는 남편으로부터